# 진정한 리더십과 혁신조직 실현

차 민 석

탑북스

## 초판 서문 • 문제의식과 연구여정 •

본 저서가 나오기까지 오랜 공부와 경험, 연구, 교육의 세월이 걸렸다. 처음 대전 캠퍼스에서 기술경영을 접하고, 물리학에서 경영학으로 전공을 바꾸게 되었다. 인생의 동태적인 변화 속에서도 안정성을 가지기 위해서는 어떻게 해야 하는가? 인생은 정체된 상태에서의 안정을 구하는 것이 아니고 변화하는 환경에서 동태적 안정성을 추구하는 것이다라는 명제가 오랜 숙제로 남았다. "어떻게 동태적으로 안정적인 상태에 있을 수 있는가?" 이는 전략경영이나 기술경영에서 핵심적인 연구주제이기도 하고, '동태적 역량'이라고 불린다. 이는 순전히 나 자신이 끊임없는 경쟁적 학습의 터널에서 빠져나가기 위해 고민하던 때였다. 스스로가 아니라고는 하지만, 성적의 경주는 인생을 관계의 불안정과 심리적 황폐함으로 이끌어 갔다. 하지만, 이러한 고민과 번민은 주변의 대부분 학생들이 하는 문제가 아니었고, 단숨에 풀릴 수 있는 문제도 아니었다.

대학원에서 공부를 계속하며 인간이 어떻게 세상을 바꿀 수 있는가? 세상 어디에서도 피할 수 없는 문제들, 아픔, 슬픔, 부조리함 등을 어떻게 해결해 갈 수 있는가? 어떻게 삶에서 변화가 가능한가?에 대한 주제에 천착하게 되었다. 특히 우리 삶에서 중요한 고용과 수익을 창출하는 기업과 과학기술의 역할은 어디까지 가능한가?에 대해서 연구하고자 하였다.

이 책은 이러한 문제들을 20여년의 연구여정과 10여년 교육현장에서의 실천과 실험을 통해 풀어낸 해결책들을 정리하고자 하였다. 이 책은 그간 연구과정에서 함께 했던 여러 인간관계의 대면 교류와 서면으로 접한 많은 석학들과의 관계 속에서 완성된 것이다. 무엇보다 이 책을 써내야 하겠다는 집필의지는 그간 가르친 학생들과 앞으로 가르칠 대학생과 대학원생들에게 보다 체계적으로 인생과 사업을 헤쳐나가는 단초를 마련하고자 하는 바램에서 나왔다. 다시 책을 낼 수 있을지조차 알 수 없으나 적어도 한 권은 선사하고 싶었다. 대학원 석박사과정과 직장경험을 서울에서 하고 지역에 돌아와 보다 서울중심의 생활을 넘어서 지역에 공헌하는 세월을 7년을 보내고 있다. 서울의 동태성에 비해서는 정태적이고, 연구와 사색에 몰입할 수 있는 시간적 여유는 많아졌다. 고등과학원에서 실적에 대한 요구가 없어도 꾸준히 글을 써냈던 어느 물리학자의 이야기처럼, 이렇게 연구하는 것은 세상으로부터 받은 기회이므로 무엇인가 세상을 위해 내놓기 위해 노력해야 한다.

이 책이 세상에 나온다는 것 만으로도 기쁘지만, 한 편으로 저자의 부족함도 함께 자명해지기에 부끄러운 마음이기도 하다. 앞으로 기회가 된다면 수정하고 보완하고자 하며, 이 책의 인세수익은 그 간 이 책이 나오는데 공부와 교육과정에서 도움을 준 대학과 사회, 학생들과 아이들을 위해 기부의 방식으로 환원하고자 한다.

본 저서에는 나오는 원고의 일부는 다음 논문들을 기반으로 하여 작성하였다.

1. 차민석 & 배종태(2017), 신생벤처의 지식기반 성장과 기업가적 여정: 조직학습의 지식 적합성과 내적 추동력의 근거, 중소기업연구, 39(1), 89-121. (근간)
2. 김상민 & 차민석(2016), 오센틱 리더십이 구성원의 심리적 웰빙과 정서적 몰입에 미치는 영향, 산업경제연구, 29(1), 347-382.
3. 안병주 & 차민석(2016), 소진과 이직의도가 조직시민행동에 미치는 영향, 산업경제연구, 29(1), 411-433.
4. 안병주 & 차민석(2013), 리더-구성원 교환관계(LMX)가 조직시민행동에 미치는 영향, 대한경영학회지, 26(9), 2453-2475.

5. Choi J., Ahn S.H., Cha, M.-S., (2013), "The effects of network characteristics on performance of innovation clusters," *Expert Systems with Applications*
6. 차민석 · 유효상(2012), "전문가적 사용자혁신 및 기업가정신 사례: 심장판막수술법의 개발과 사업화," 대한경영학회지, 25권, 7호, 2905-2914.
7. Gupta, Vishal. K., Yayla, A., Sikdar, A., & Cha, Min-Seok (2012), "Institutional environment for entrepreneurship: Evidence from the developmental states of South Korea and United Arab Emirates." *Journal of Developmental Entrepreneurship.*
8. Min-Seok Cha & Zong-Tae Bae, (2012), "Toward a Knowledge-based Model of New Venture Growth and a Knowledge Strategy Typology, *Asia Pacific Journal of Small Business*, Vol, 34
9. Zong-Tae Bae, Min-Seok Cha, Youngwhan Kim, Jungwoo Lee, (2012), "Entrepreneurial Career Stage Models: Case Studies of Successful Role Model Entrepreneurs," *Korean Management Review*, Vol. 41, No.1, pp.89-109.
10. 차민석 · 안상현 · 이정우 · 김영환(2012), "청년기업가를 위한 창업지원 체계 설계와 정책방안 수립," 기업가정신과 벤처연구, 제15권 1호, pp.93-125.
11. Bahn, S., S. Seo, H. Lee, Y. Lee, M. Cha, (2011) "CEOs' Entrepreneurship, Entrepreneurial Networks, Market and Performance: An Empirical Study," *Asia Pacific Journal of Innovation and Entrepreneurship*, Vol.5, No.3, pp.49-62.
12. Cha, Min-Seok, and Zong-Tae Bae (2010), "Entrepreneurial journey: Emergence from entrepreneurial intent to opportunity realization," *Journal of High Technology Management Research*, Vol. 21, pp.31-42.
13. 반성식 · 서상구 · 송경모 · 조동환 · 박종해 · 차민석(2010), "한국의 기업가정신 활동: 글로벌기업가정신연구(GEM) 2009," 한국창업학회지, 5권 3호, 67-119

14. 이인재 · 이지환 · 차민석, 2010. "조직시민행동의 부정적 효과에 대한 연구," 인사조직연구, 18:123-165.
15. 차민석 · 김영배 · 배종태, 2009. "사용자 혁신시스템과 정부정책," 기술혁신연구, 17권, 1-36.
16. Jang, Dae-Chul, and Min-Seok Cha (2009), "Cooperation strategy in asymmetric partnerships: A game theory approach to the relationships between large firms and SMEs," *The Korean Small Business Review*, Vol. 27, No.1, pp.253-270.
17. 배종태 · 차민석, "기업가정신의 확장과 활성화," 중소기업연구, 31권 1호, 2009년 3월. pp.109-128.
18. 배종태 · 차민석, "기업가정신과 벤처경영 부문의 연구동향-한국과 미국의 학술지 비교분석(1998-2004)," 벤처경영연구, 8권 3호, 2005년 11월, pp.57-94.
19. 차민석 · 배종태, "벤처기업의 성장단계와 지식활동 간의 관계분석," 벤처경영연구, 제5권, 제3호, 2002년 11월, pp.83-110.
20. 정지용 · 차민석 · 배종태, "배태조직 및 창업자 특성이 벤처기업 창업과정에 미치는 영향," 벤처경영연구, 제5권, 제2호, 2002년 7월, pp.61-92.

* 이 연구는 2015~2016년도 창원대학교 자율연구과제 연구비 지원으로 수행된 연구결과임

이 책은 진정한 리더십과 혁신조직에 관심있는 경영학도와 경영에 관심있는 인문, 사회, 자연과학, 공학, 예술 분야의 학생들을 위한 책이다. 동시에 학부생 뿐 아니라 대학원생이 세미나와 연구과제를 중심의 수업을 할 때도 활용될 수 있으며, 학생들을 가르치는 교육자들을 위한 책이기도 하다. 경영학에서 다루는 리더십, 창의성, 팀워크, 조직관리, 기술경영, 기업가정신, 프로젝트 관리 등을 통합적으로 다루는 일종의 메타텍스트이다. 궁극적으로 대학생 및 대학원생을 비롯한 평생학습자가 인생을 진정성 있고, 창의적으로 이끌어가고, 맺고 있는 관계에서 긍정적인 영향력을 주고, 사업의 장기적인 성과에 공헌하는 경영자가 되는데 도움이 되고자 한다.

책의 내용은 크게 네 부분으로 나뉜다.

제1부는 진정한 관계와 생태적 경영에 대해서 다루고 있다. 관계적 관점에서 진정한 리더십에 접근을 하기 위해서 자기자신과의 관계, 타인과의 관계, 조직구성원과의 관계, 이해관계자와의 관계를 경영성과에 포함할 필요가 있다. 이러한 상호의존적인 경영 생태계의 관점을 가지고, 성과지표를 확장하고 심화하여, 인생과 사업의 좌표를 잡아가는데 유익한 내용을 담고자 하였다. 특히 생태적 인재상인 숲(FOREST)형 인재를 제안하고, 각자 자기자신을 진단하고 개발하는데 도움이 되는 영역과 질문들을 제시하고 있다.

진정한 리더십을 갖추기 위해서는 각자 자기자신을 이해하고 인생을 이끌어가는 힘으로서 리더십을 갖도록 하는데 목적을 두고 있다. 구체적인 방법론으로는 숲 그리기라는 프로젝트를 통해서 자신의 인생의 숲을 그려보는 것이다. 스스로 그리는 것이 어려우면 역할모델을 선정하여 이들의 숲을 따라가면서 자신도 숲을 그리는 연습을 해본다.

진정한 리더십은 자기이해와 팔로어십에서 시작된다. 진정한 학습을 통해서 고착된 마인드셋(fixed mindset)에서 벗어나 성장 마인드셋을 갖도록 한다. 숲을 그려보고, 나날이 실천한다. 그리고 진전 일지를 쓴다. 그리고 나날이 나아진다. 인생을 여정으로 표현하는 말은 적확하다고 느낀다. 한편으로는 어딘가로 간다기 보다는 배경이 바뀌는 게 아닌가 싶다. 상황이 바뀌고, 자신이 바뀌고, 관계가 바뀐다. 그렇게 자신의 안과 밖은 끊임없이 바뀌어간다. 점점 나아지고, 행복해질 수도 있다. 하지만, 자신이 원하지 않는 모습으로 바뀔 수 있다. 그것은 자신이 최선을 놓쳤기 때문이다. 최선의 선택을 하지 못하였고, 차선의 실행도 하지 못하였다. 그렇게 후회가 남는다.

이 책은 성공하는 인생에도 도움이 될 수 있지만, 후회가 적은 인생을 사는데 도움을 주고자 한다. 그리고 진정한 배움을 통해서 인생의 숲을 풍요롭게 하기를 원한다. 인생 뭐 있나, 즐기다 가는 것이라고 생각할 수도 있다. 맞다. 인생을 누리고 살고 즐거운 모습도 좋다. 하지만 인생의 여름이 지나 가을이 되었을 때 배짱이처럼 추수할 것이 없다. 인생의 의미에 대해서 물었을 때 답하기가 궁하다. 자기자신이 풀고자 하는 문제들, 절실하게 느끼는 문제를 해결하고자 살아가는 인생은 충만감이 있다. 더 행복한 것이다. 진정한 행복은 진정한 성취에서 나온다. 즐거움이 단순히 인생의 문제를 잊고자 외면하는 것이라면 불행이다. 인생의 문제를 해결하는 진정한 사업을 시작하자. 그리고 실패에서 배우자. 그런 다음 함께 해결해 가는 것이다. 매일 아침 우리는 새로운 할 일들을 만난다. 그리고 될 수 있는 한 한 가지에 집중하자. 그러면, 적어도 한 가지는 할 수 있을 것이다.

자신을 이끌어가지 못하는 사람은 진정한 리더가 될 수 없다. 반대로 자신의 내면에 숲이 있고, 자신의 인생을 풍요롭게 만들 수 있는 사람은 다른 이들의 인생에도 긍정적인 영향을 준다. 그것이 진정한 리더십의 실체이다. 그러니 누구나 노력하면 진정한 리더십을 가질 수 있다. 반드시 최고경영자가 되고 권력을 갖는다는 의미가 아니다. 권력을 가진 보스는 리더십과는 다른 의미이다. 그러니 조직의 계단을 올라서야 리더가 되는 것은 아니다. 하지만, 조직을 책임지는 사람이 진정한 리더십이 없을 때, 조직은 위기를 자초하게 되고 번영하기 어렵다. 리더는 끊임없이 자신의 존재목적과 조직의 목적을 기억하고 보여주는 사람이다. 우리 내면의 숲을 일깨우는 사람이다. 그래서 현실이 숲이 되도록 번성하도록 하는 사람이다.

제2부는 다양한 창의성과 창의적 팀워크를 다루고 있다. 창의성은 인공지능 시대에 점점 더 중요해지는 인간성의 요소이다. 창의성은 분야마다 다른 모습을 나타내지만, 근본적으로 늘 새롭게 세상을 보고 느끼고 생각하는 인간의 본성에서 나온 것이다. 심지어 기억도 인출할 때마다 달라진다고 하지 않는가. 뇌 속의 뉴런들이 새로운 연결을 통해서 새로운 이해와 통찰을 제공할 때, 과학자는 새로운 발견을 하고, 공학자는 새로운 솔루션을 개발하고, 예술가는 새로운 작품을 완성해간다. 여기서는 인간이 가진 과학적, 예술적, 공학적, 의학적, 사회적, 기업가적 창의성을 살펴보고, 집단적으로 발현되었을 때 새로운 해결책을 만들어내는 그룹 창의성에 주목하고 있다. 팀워크를 보다 창의적으로 하기 위해서 개발한 창의성 기법과 팀빌딩 방법들을 소개하고 이를 통해서 배우고 익히는 과정을 촉진하고자 한다. 특히 팀프로젝트 기반으로 창의적인 문제해결력을 기르는 교육과정에 도움이 될 것이다.

자기내면의 숲이 풍성해지는 것과 함께 외연의 숲도 풍요로워진다. 그렇게 조직이 만들어진다. 커뮤니티, 동호회, 모임과 같은 비공식적인 조직일 수도 있고, 기업이나 벤처와 같은 회사일 수도 있다. 조직의 단위는 부서나 팀, 집단이다. 집단은 다양한 사람들이 모여있다. 이들이 함께 협력을 잘 한다면, 천재의 창의성을 보여줄 수 있다. 새로운 문제를 풀려면 새로운 답이 필요하다. 아인슈타인의 말처럼 "현재의 문제는 우리가 가진 것들로 풀 수 없다." 새로운 것을 만들어내는 것이 창의성이다.

창의성이라고 하면 우리는 피카소, 베토벤, 아인슈타인, 뉴턴, 모짜르트와 같은 예술가나 과학자를 떠올린다. 하지만, 이러한 발상은 우리를 창의성에서 소외시킨다. 우리는 스스로 천재가 아니기에 창의성이 별로 없다고 생각한다. 그리고 창의성을 발휘할 수 있는 기회는 점점 줄어간다. 시험을 잘 보기 위해서 해답을 찾는 문제풀이식 공부에서 얼마나 상실하였다. 성과기준에 맞추기 위해 실적을 쌓아가면서 또 얼마간 잊어버렸다. 어린 시절의 아이 같은 시선을.

세계적인 디자인 기업인 아이디오(IDEO)는 '아이 같은 시선'을 중시한다. 제품을 혁신할 때 다른 분야의 인재들이 모여서 새로운 인류를 보듯이 고객을 보고 그들의 문제를 해결해가는 답을 찾는다. 새로운 솔루션을 프로토타이핑(Prototyping)이라 불리는 사전모델을 제작하고 완성에 이르기까지 지속적으로 피드백을 받아 혁신을 해간다. 이를 통해서 마우스, 카트, 세계적인 기업들의 디자인을 제공하는 일을 하고 있다.

세계적인 지식기업인 구글은 SPRINT라 불리는 방식으로 일주일이면 새로운 서비스를 만들어낼 수 있다. 세계 여러 지사의 팀들과 협력하여서 신속하면서도 참신한 솔루션을 만들어내는 프로젝트 수행에서 중요한 것은 구성원이다. 최고경영진 등 권한이 있는 이들의 참여와 후원을 전제로, 필요한 다양한 인재를 섭외한다. 그리고 월요일부터 시작하여 개념을 잡고 모델을 학습시키는 방식으로 일주일만에 뚝딱 만들어내는 것이다. 그렇게 해서 성공한 서비스로는 행아웃과 같은 팀소통을 위한 화상채팅 플랫폼이 있다.

창의적 인재를 억지로 만들려고 하면 안된다. 마치 지붕위에다가 지붕을 올리는 격이다. 우리는 이미 창의성을 가지고 있다. 우리가 가진 고유한 진정성이 창의성의 원천이다. 세상에도 누구도 똑 같은 사람이 없다. 자신 만이 가진 고유한 능력과 시각, 누구도 대신할 수 없는 인생의 경험이 있다. 마치 여행자처럼. 새롭게 볼 수 있는 시각 만큼 우리는 창의적인 의견을 제시할 수 있다.

그리고 심지어 우리는 천재처럼 멋진 작품을, 솔루션을 만들 수 있다. 집단적 천재(Group Genius)라 불리는 원리이다. 서로가 부족한 부분을 채워주고, 마치 릴레이하듯이 아이디어를 키워가면 처음 시작과는 달리 아주 멋진 모습으로 영글어갈 수 있다. 새로운 통찰과 솔루션에 도달할 수 있는 것이다. 우리에게 필요한 것은 각자 가진 잠재력들을 토론의 장, 협력의 장을 만들어 공유하고 결합하고 실험하는 일이다.

제3부에서는 진정한 리더십의 이해와 개발이다. 기존의 특성이론, 행동이론, 역량이론, 상황이론, 변혁적 리더십 등의 연구흐름들이 있어왔고, 최근 10여년 동안 진성 리더십(Authentic leadership)이 주목을 받고 있다. 진성 리더십은 기존의 리더십 행동이론에서와 같이 과업지향과 관계지향의 특정한 행동을 했을 때 성과가 좋다거나, 직무기술 역량을 넘어, 관계적 기술, 개념적 기술을 가져야 한다는 기술적 관점에서도 모두 도구적 리더십을 선보이고 있다. 이는 기업의 중심에서 의사결정의 준거가 되는 도덕률과 경영철학을 주지 못하고, 성과를 내기 위한 비윤리적인 행동이나 권위주의적인 방식을 극복하는데 기여하지 못한다. 리더십의 근원으로 가서, 리더가 성장해온 뿌리에서부터 자신의 신념과 이에 바탕을 둔 타당한 도덕적 가치를 가지고 진정성 있는 소통과 관계를 해야 함을 강조하고 있다.

제4부는 혁신조직의 실현이다. 공학도들은 새로운 재료와 기기를 개발한다면, 경영학도는 새로운 전략과 조직을 개발한다. 개발은 설계를 통해서 이루어지고, 이를 구현하였을 때 이번보다 나은 효과성을 보여주었을 때

성공적인 것이다. 인간관계에 기반한 조직운용의 잠재적 가치실현은 아직 많은 여지를 두고 있다. 기존의 수직적인 조직에서 지시와 복종, 집단적 수행에 의해서 성과를 내는 실행중심 조직의 비중이 한국의 경우 유난히 높은 편이다.[1] 보다 혁신적인 조직은 진정한 리더십과 창의적 팀워크를 살릴 수 있는 조직이다. 이를 통해 조직의 번영과 지속가능성에 결정적인 역할을 하는 기술혁신을 보다 효과적으로 촉진하고, 조직건강도 보다 좋아질 수 있다. 구성원들을 챙기고, 일하기 좋은 직장은 단순히 조직체계에 적응하도록 요구하는 것을 넘어서 개개인의 자기학습과 표현, 자기실현이 가능하도록 리더십과 경영체계를 구현한다. 이러한 노력은 리더 개개인뿐 아니라, 구성원 모두가 함께 해야 할 부분이다.

혁신조직들이 기술혁신을 통해 출시하는 신상품이나 신서비스하는데, 기업가정신 현상의 중요성과 기업가적 경력개발에 대해서 최신 연구를 소개하고 있다. 기업가정신은 새로운 니즈와 고객의 문제에서 사업기회를 인식하고 이를 해결하는 과정에서 고객과 기술, 경영에 대한 학습과 기능별 문제해결을 해가는 기업가적 여정이다. 한국의 경제가 한강의 기적이라고 불리는 것도 1세대 근대 상공인, 가족중심의 중소기업의 기업가정신이 있었다. 2세대 현대 기업가정신은 식료품, 섬유제조, 전기전자, 중공업, 기간산업의 형성과 정부의 수출정책과 맞물려 대기업군을 형성하였고, 많은 중산층을 형성하는데 기여하였다. 3세대 기업가정신은 신기술기반 신생벤처들이 정보통신, 바이오, 나노, 문화 등 다양한 분야에서 선도적인 기술혁신을 보여주었다. 최근의 스타트업 정책은 3세대의 3기 정도에 해당한다. 미국의 우버(Uber), 리프트(Lyft), 에어비앤비(AirB&B)와 Y Cominator

---

[1] 대한상공회의소와 맥킨지서울사무소가 함께 한 조직건강 진단보고서에 보면, 한국기업들은 80% 정도가 실행줌심 조직이다. 조직 생태계가 그리 건강하다고 할 수 없으므로, 조직건강의 개선의 여지와 함께 보다 다양한 조직설계와 구현이 산업 생태계와 사회경제에도 잠재적으로 유익할 것으로 보인다. Keller, S. & Price, C. (2011)이 맥킨지에서의 컨설팅조사 결과를 바탕으로 작성한 연구결과에 바탕을 두고 있다. Beyond Performance: How Great Organizations Build Ultimate Competitive Advantage, John Wiley & Sons.

등 공유경제와 액셀러레이터 등이 등장하면서 창업 생태계도 매우 다양해졌다. 린스타트업은 실패비용으로 시장이 원하는 수준의 제품과 서비스를 론칭하는 방식도 가능해졌고, 다양한 창업 생태계가 조성되고 있다. 제도적 규제로 해외 만큼 공유경제가 활발하지는 않으나, 공공 기업가정신이 결합된 사회적 기업과 협동조합은 서구에 비해서 보다 정부주도로 사회적 문제를 해결하는 서비스와 일자리를 제공하고 있다. SK그룹, 현대차그룹, 카이스트 경영대학원 SE 과정 등에서 주도적으로 소셜벤처를 키우는 노력을 하고 있다. 기업가정신에서는 소비자의 역할이 매우 중요해지고 있는데, 크라우드펀딩을 통해서 소비와 투자를 함께 하기도 하고, 윤리적 소비를 통해 취약계층을 위한 제품과 서비스 구매력을 쓰기도 한다. 특히, 사용자혁신을 통해서 이전에 없던 신규 서비스와 제품을 개발할 수 있는데, 이는 선도적 사용자(Lead user)가 기술과 니즈의 트렌드를 읽고 있고, 혁신툴(toolkit)를 가지고 있기 때문이다.(Hippel, 1986, 1989, 1994)

이제 함께 하는 조직이 생겼고, 문제를 해결하는 창의성을 일깨웠으니 길을 떠날 수 있다. 목적지가 있다면. 세상 속에서 살아가면서 인간으로서 구성원으로서 우리는 핵심적인 문제를 가진다. 불만과 불행과 아픔이 만연한 세상이기에 누군들 슬픔이 없겠는가. 다소 거창하게 인류가 지금껏 세대를 이어오면서 문명을 발전시켜온 것은 숱한 좌절들과 불행들을 극복하고 해결하는 노력들의 결실과 잔재라고 할 수 있다. 기업가정신은 현재 풀 수 없는 문제를 혁신적인 방식으로 풀어가고자 하는 의지와 사고방식과 방법론이다. 새로운 기업들만이 기업가정신을 보여주는 것은 아니다. 우리가 가진 핵심적인 문제, 생의 목적으로서 문제해결을, 세상 한 부분이라도 좀 더 행복하게 만들고자 하는 의지가 있다면 우리는 기업가가 될 수 있다. 자신이 선택한 핵심 해결과제(Job to be done)가 무엇인가? 나 같은 경우는 구성원의 진정성을 살리면서 번영하는 학습조직의 실현이다. 조직은 가족일 수도 있고, 연구회나 동호회 같은 모임일 수도 있고, 학교나 기업일 수도 있다.

기업가적 여정은 새로운 기회를 찾고, 이를 실현시켜가는 과정이다. 자신이나 타인의 해결과제에서 출발하여 그 해결책을 찾고, 이를 무상으로나 시장에서 제공하면 사업이 성립하는 것이다. 무상이나 실비로 제공하면 공공, 비영리, 공동체적 사업이라고 할 수 있다. 시장에서 수익을 얻기 위해서 마케팅하고 판매를 한다면 영리 사업이다. 지금은 자본주의 시대이고, 지역 뿐 아니라 글로벌 창업이 가능한 시대이다. 1999년 처음 실리콘밸리를 찾았을 때, 이제 갓 생겨난 구글이라는 기업의 이야기를 들었다. 스탠포드 대학원생이 만든 기업인데, 스탠포드 재학생들이 관심을 가지고 있었다. 연구실의 학습조직이 기업이 되고, 기업이 대학 캠퍼스의 문화를 가지고 세계적인 기업이 되었다. 야후에 팔고자 한 검색엔진은 거래가 성사되지 않았고, 그 당시 총장의 소개로 만난 엔젤투자자, 그리고 벤처캐피탈리스트의 투자를 받아서 그들의 꿈을 실현할 기회를 얻게 된다.

기업가적 여정에는 자신의 팀뿐 아니라 외부의 수많은 고객과 투자자, 이해관계자들을 만난다. 아주 좁은 관계를 탄탄하게 구축하여 지속하는 지역 사업도 있고, 세계적인 관계를 구축하여 국적을 초월하여 제품과 서비스를 제공하는 기업들도 있다. 하지만, 어느 경우에든 시작은 자신의 일이거나 주변의 문제에서 시작하는 것이다. 그 여정을 통해서 지속적으로 배우고, 기업가도 구성원도 조직도 성장한다. 문제를 인식하고, 학습하고, 해결하는 과정을 통해서 새로운 기회를 찾고, 실현할 수 있는 것이다. 이 과정을 보다 효율적으로 만든 것이 린스타트업 방식이다.

고객의 해결과제에 대해 가설을 가지고 예비모델을 만들어서 실험한다. 시행착오를 최소비용으로 최단기간에 자주 일으켜서 신속하게 적정 솔루션을 찾아간다. 그렇게 학습과정에서 발생하는 비용과 시간을 슬림하게 만들 수 있다. 고객의 진정한 해결과제를 민첩하게 반영하여 새로운 버전의 솔루션을 만들어낸다. 단번에 성공할 수도 있지만, 그런 운 좋은 경우는 별로 없다. 한 번에 성공하여 머무르면 금방 도태된다. 그러니 성공에 이르고 머무르는 방식 모두에서 린스타트업의 방식이 기반이 되는 디자인싱킹이나 민첩한 문제해결 방식은 중요하다.

진정한 기업가정신, 서약적 학자의 길이 만나는 곳이다. 바로 교육혁신의 여정의 방법론에 대해 공유하고자 한다. 학습자가 진정한 인생여정을 찾아갈 수 있도록 경영역량을 수업조직에서 사회학습으로 배울 수 있기를 바랬다. 학습자 중심의 내포적 경영지식을 학습하는 방식이다. 팔로어십, 팀워크, 리더십을 배우고 인생의 파트너들도 생기는 교육의 장을 마련하는 것이다. 이는 단지 교실에서 뿐 아니라, 어느 조직에서나 팀을 구성하고 팀빌딩해서 프로젝트를 수행할 때에나 워크샵 형식의 교육 프로그램을 진행할 때에도 유용하다. 다양한 수업 접근방식을 융합하는 가운데, 창의성과 리더십을 키우는 학습활동들을 담고 있다. 이는 수업에서 자신의 역량을 제대로 개발하지 못하고, 관심도 적고 참여의지도 없는 교실에서 느낀 문제인식에서 시작되었다. 그리고 조직론 관련 수업에서 활용할 만한 학습활동에 대한 아이디어들이 있었으면 하는 교육현장의 요청에 대한 응답이기도 하다.

학습의 완성은 실천의 장에서 이루어진다. 완전학습은 단순히 개념을 이해하는 것이 아니라, 이를 실험해보고, 실천하는 가운데 완전한 의미와 방법을 터득하는 것을 말한다. 자신의 영역을 선택하고 하나의 조직을 만들어보자. 진정한 학습이 일어나는 조직을 만들어보자. 창의성을 일깨우고, 새로운 서비스를 개발하면서 자신이 성장하는 혁신조직(Innovative Organization)을 만들어보자. 누군가에게는 그것이 스타트업이고, 누군가에게는 동호회, 누군가에게는 스터디모임이 될 수도 있고, 대학이 될 수도 있고, 클러스터가 혁신조직이 될 수 있다.

2017년 1월

저자

## 참고문헌


- Hippel, E. Von. (1986). Lead users: a source of novel product concepts. *Management Science*. Retrieved from http://pubsonline.informs.org/doi/abs/10.1287/mnsc.32.7.791
- Hippel, E. Von. (1989). Cooperation between rivals: informal know-how trading. *Industrial Dynamics*. Retrieved from http://link.springer.com/chapter/10.1007/978-94-009-1075-1_7
- Hippel, E. Von. (1994). "Sticky information" and the locus of problem solving: implications for innovation. *Management Science*. Retrieved from http://pubsonline.informs.org/doi/abs/10.1287/mnsc.40.4.429

# 차 례

## 제1부 진정한 관계와 숲형 인재

# 제1부 진정한 관계와 숲형 인재

# 제1장 혁신의 시대와 생태적 경영지표

## 경영방식의 흐름

### 학습문제

1. 기존의 경영방식들에 대한 대표적인 경영기법들을 찾아서 비교해보자.
2. 최근 새롭게 등장하는 경영기법들에 대해서 알아보자.
3. 기업의 경영목표는 왜 변화하는가?
4. 경영의 발전과정을 아래 표와 같이 정리해보자.

| | 경영문제 | 경쟁력과 경영방식 | 주요 경영기능 |
|---|---|---|---|
| 레벨1. 생존경영 | 생존, 수익, 공급 | 비용, 노동력, 효율 | 회계, 인사조직관리 |
| 레벨2. 성장경영 | 시장점유, 수익 | 비용, 규모, 효과 | 생산관리, 재무관리 |
| 레벨3. 혁신경영 | 자본수익, 매출성장 | 차별화, 기술력, 설계 | 마케팅, 연구관리 |
| 레벨4. 생태경영 | 수익, 성장, 공헌 | 기술혁신, 사회적 관계 | 혁신관리, 사회책임경영 |

우리가 살아가는 사회와 경제에서 당면한 문제들과 지정학적 배치를 생각해본다. 새로운 경영은 어디에서 나타나고, 경영을 이해하고 혁신하는 경영학의 여정을 생각해본다. 새로운 환경에서 번영하기 위해서는 기존 경영체계의 기본가정들을 다시 검토하고, 실천방식들을 변화시켜야 한다.

기존 체계의 긍정적 극복을 위해서 해야 할 지적인 도전과 실무자들의 경험을 넘어설 수 있는 실천적 도전, 시대적 문제의식을 공감하고 해결하는 정신적 도전에 응해야 한다. 학문적, 실천적, 시대적 정체성을 확보하고, 존재의 의의를 찾기 위해서 학문의 사활과 존엄을 걸고 지적 여정에 나선다.

경영자가 당면한 문제를 외면해서도 안되고, 경영학계가 나아가는 흐름에 무지해서도 안되며, 시대적이고 사회적인 문제들을 외면해서도 안된다. 세 가지의 능력의 문제, 가치의 문제, 열정의 문제이다. 경영자의 능력을 키워줄 수 있어야 하고, 보다 나은 경영을 추구해야 하며, 사회적 문제를 공감해야 한다.

점점 더 중요해지고, 존폐에 영향을 미치는 요인들이 확대되면서 생태적 관점을 가진 경영자와 노동자가 필요하다. 고객관계에서도 고객의 문제에 공감하고 해결책에 대한 참여적 혁신을 수행하고, 노경관계에서도 사업체의 존폐와 번영에 대한 공동체적인 공감을 토대로 하는 지속가능한 경영으로 성숙해갈 필요가 있다.

## 제1절 산업혁신과 인간성 실현

기술혁신이 인간성을 실현할 수 있는 위기를 가져왔다. 산업적인 측면에서 매우 큰 변화로서는 네번째에 해당한다는 큰 파고이다. 인터넷으로 연결된 인간적인 문제해결이 가능하고 머지 않아 넘어설 기계들을 중심으로 고도화된 인간의 직무들을 수행하는 시대에 와 있다. 사용자의 입장에서 보면 더욱 편리한 시대이지만, 지식근로자의 입장에서는 새로운 직무전환을 채비해야 하는 위기를 의미한다. 인간이 기계에 보완되고 대체되는 시대가 전입가경에 접어들었다고 느낄 수 있다.

기술혁신은 산업혁명 이후 많은 분야에서 이루어졌지만, 개념이 나오고 실제로 적용되는데 20-30년의 오랜 시간이 걸린다. 그 과정에서 연구소와 기업들을 오가면서 보다 나은 기술들이 옥신각신 등장하는 것이 와해적 기술혁신의 동역학이다. 그것은 많은 사업기회의 이면이기도 하다. 1999년 실리콘밸리에서 가장 잘 나가던 야후(Yahoo)와 해성처럼 등장했던 알타비스타(AltaVista), 그 해에 창업했던 구글(Google)이 기술혁신의 역동성을 잘 보여준다. 검색엔진의 성능으로 보았을 때, 시장선도자를 후발주자가 능가하면서 시장의 주도권이 넘어간다. 시장에서 공존할 수도 있고, 독과점 형태로 집약(Consolidation)된다.

세상의 모든 지식을 표기(index)하고, 검색가능하도록 하는 전대미문의 프로젝트는 스탠포드대학교 캠퍼스에서 시작되었다. 기업은 마치 대학에 사업의 엔진을 부착한 것처럼, 캠퍼스라는 이름과 방식으로 혁신적인 사업을 추진한다. 저명한 작가와 학자들이 강연하는 구글토크(Google Talk)와 새로운 프로토타입을 테스트하고 이를 개선하는 과정에서의 학습을 강조하는 디자인 사고(Design Thinking)에 기반한 스프린트(SPRINT)도 지역대학의 루틴에 기반한 현상이다.

세상에는 여러 가지 조직이 있지만, 반복적인 일을 해야 하는 기계적 조직도 있고, 새로운 기술을 개발하고 세상에 새로운 솔루션을 내놓는 혁신조직(Innovative Organization)도 있다. 자신이 가장 하고 싶은 일을 하고, 이를 마음껏 펼칠 수 있는 조직을 여기서 진정한 조직(Authentic Organization)이라고 부를 수 있다. 구글이 가진 한계도 있겠지만, 구성원들이 자신이 원하는 프로젝트를 기획하고 자신의 생각을 마음껏 자신의 방식으로 표현할 수 있는 조직이라면 진정한 조직이라고 할 수 있다. 구글의 창업자인 래리 페이지와 세르게이 브린, 두 사람은 에릭 슈미트라는 전문경영인을 만나서 각자의 신념과 가치, 역량을 발휘하고 서로의 대화를 통해서 최선의 의사결정을 하는 지도력(Lead force)을 만들었다. 자신이 강점으로 가지는 전략, 혁신, 조율 등의 역할을 나눠서 기업이 비전을 실현할 수 있는 리더십을 보여주고 있다. 특히 악해지지 않겠다는 윤리적인 결기를 가지고 있고, 단순한 사용자 사용화면(Interface)에 다양한 혜택을 제공하고 있다. 창업한지 20년이 채 되지 않았지만, 이들의 기업가적 여정은 그들 자신의 흥미와 재능, 가치와 비전을 실현하는 진정한 인생여정을 보여주고 있기도 하다. 모든 살아있는 것들처럼 기업도 위험 속에 있으므로, 진정한 기업가정신을 어떻게 지켜가고 인류에 공헌을 지속하기 위한 여정은 아직도 과정 속에 있다.

## 제2절 진정한 경영방식과 인생측정 지표

자신의 진정성과 창의성을 찾고 발현하는 과정이다. 창의성은 진정성과 맞닿아 있는데, 창의성은 세상에 대한 신선함이고 타인과의 차이이다. 그러니, 우리 자신의 깊은 뿌리와 관련 있는 진정성에서 우러날 수 있다. 사회화된 자아에서 억압될 수도 있는 자신의 천진난만한 아이를 깨워서 '아이처럼' 새롭게 세상을 보는 방법은 창의성에서 좋은 방법이다. 혹시 조카나 자녀들, 주변의 아이들과 어울려 놀다보면 아이들이 얼마나 작고 사소해보이는 것들에 관심을 가지고, 몰입해서 놀 수 있는지에 놀란다. 아이들의 '순수한 호기심'은 새로운 발견과 신선한 시각을 제공한다. 우리가 언제 신선함을 느끼는 것은 바로 여행할 때, 여행자가 되었을 때이다. 세계적인 디자인 기업인 IDEO의 톰 켈리가 아내의 고국인 일본을 주로 여행하면서 창의적인 아이디어를 얻는다고 한다. "여행자처럼 세상을 보자."

일터와 삶의 터전에서 인생은 일련의 지피지기의 과정이다. 자신을 잘 이해하는 진정성을 가지면 변화하는 환경에도 중심을 가지고 적응할 수 있다. 소홀히 하면 인생의 미로에서 길을 잃게 된다. 복잡하고 빠르게 변화가 진행되는 세상을 알아가고, 많은 화려하게 성공한 유명인들을 보면서 우리는 자기자신을 알아가는 일에 소홀할 수 있다. 우선, 자신의 중심을 잡고 주변의 변화에 압도되지 않아야 한다. 타인의 목소리를 따라하기보다 자신의 고유한 목소리를 찾아야 한다. 다른 이들의 사업에 동참하는 것도 좋지만, 스스로의 가치에 부합하고, 잘 할 수 있고, 보람을 느낄 수 있는 자신의 핵심사업을 만들어야 한다. 자신의 내면에 비전과 가치와 능력의 숲을 가꾸어야 한다. 앞으로 이야기할 숲형 인재와 생태적 경영방식을 통해서 진정성에 맞게 창의적인 기여를 하는 인생여정으로 궤적을 찾아갈 것을 제안한다.

스스로 진정한 자신을 찾고, 가능성에 대해서 인식하는 것은 인생의 어느 단계에서든 근원적인 문제이다. 조직에 리더십을 발휘해야 하는 입장이라면, 조직의 진정한 모습과 문제를 인식하는 것이 새로운 변화를 모색하는 출발점이 될 것이다. 일터에서든 삶의 터전에서든 자기자신이 아닌 다른 누군가로 살아간다는 것은 허탈한 일이다. 이 책을 통해서 함께 하고자 하는 것은 진정한 인생여정을 위한 자기자신만의 리더십과 적합한 조직을 찾고, 자신을 표현하고 실현할 수 있는 사업을 일으키는 기업가적 항해이다. 새로운 사업을 한다는 것이 반드시 창업을 의미하지는 않으며, 가치를 만들어내는 일을 도모한다는 의미로 재정의하고자 한다.

인생에서 가장 의미있는 핵심사업이 진리를 탐구하는 연구와 후학을 양성하는 교육사업일 수도 있다. 누군가에게 핵심사업이 소외된 이웃이나 고통받는 이웃 나라의 아이들을 돕는 일일 수도 있다. 누군가에게는 출퇴근 길에 행복을 선사하는 맛있는 발효빵을 만드는 일일 수도 있다. 첨단 가전기기로 가정주부에게 편리함을 선사하는 일일 수도 있다. 누군가에게는 정원과 거리, 공원을 깨끗하게 단장하여 시민들을 맞이하는 일일 수도 있다. 우리의 핵심사업은 누군가의 문제를 해결하고 행복의 가능성을 여는 가치를 창출하는 일이다. 그 내용과 방식은 사람마다 다르기에 저마다 고유하고 진정한 리더십의 여지가 있다.

Christensen 교수는 하버드 경영대학원 교수 경력 이외에도 컨설턴트, 기업가, 선교사 등의 이력을 가지고 있다. 경영학자의 시각을 가지고 보다 인생을 폭넓게 경험하고 깊이 있게 사유하였기에 인생의 성과를 측정하는 것도 매우 독특한 접근을 가지고 있다.[1)] 인생 전반에서도 경영에서와 같이 성과측정을 하지 않으면, 이를 개선할 수도 없고, 관리좌표를 잡기도 어렵다. 여기서 중요한 것은 성과지표를 제대로 설정하는 것이다.

자신의 인생과 사업경영에서 중요한 성과지표를 찾기 위해 다음의 질문에 대해서 답해보자. 다음의 7가지 질문은 의미있는 제언적 성과지표를 내포하고 있다. 성과지표는 정량적일 필요는 없으며, 정성적인 답변들도 유의미하다.

① 기회실현 : 자신이 세상에 새로운 솔루션을 구현하여 문제를 해결했는가?

② 가치전달 : 어떤 가치를 전달하였고, 어떤 의미로 남았는가?

③ 영향력 : 성공과정에서 타인과 구성원에게 어떤 영향력을 발휘하는가?

④ 공유가치 : 조직, 지역, 가정에 모두 공헌하는 공유가치를 창출하였는가?

⑤ 지속가능성 : 사업이 자신과 이해관계자들의 신념과 실행가치와 부합하는가?

⑥ 자기학습 : 생애의 과정에서 자신에게 필요한 학습을 게을리 하지 않았는가?

⑦ 자기실현 : 얼마나 자신의 잠재력을 실현하였고, 자신을 완성하였는가?

## 제3절 자본가의 딜레마[2)]와 진정한 성장지표

경제의 성장은 새로운 혁신에 대한 투자와 시장에서 매출증대로 나타난다. 경제가 저성장과 불황에 들어서는 현상에 대해서는 몇 가지 설명이 가능하다. 경제주기(Business Cycle) 연구에서는 호황과 불황은 주기적으로 나타난다고 보고 있다.[3] 경기주기에 대한 연구는 콘트라티에프 주기처럼 20-30년 주기인 것도 있지만, 이에 대한 기제를 설명하는 작업은 완전히 이루어졌다고 하기 어렵다. 대표적으로 슘페터의 경우, 기술혁신을 통해서 새로운 시장을 창출하면서 경제가 호황을 맞는데, 성공적인 혁신에 대한 수많은 모방에 의해서 적정가격이 붕괴되고, 기업이 도산하면서 불황에 빠지고, 다시 기술혁신의 새로운 공급으로 호황을 맞이하게 된다.[4]

현재의 저성장의 경제상태에 대한 원인은 공급측면에서 금융경제의 투자행태와 기술혁신 모방에 의한 시장붕괴 등의 2가지를 집고 넘어갈 수 있겠다. 사업에서의 모방은 가전제품, 휴대폰, 자동차 등 대표적인 수출산업에서도 볼 수 있다. 과거 유럽, 미국, 일본의 선도적 제품을 모방했던 것처럼, 이제는 모방을 당하고 추월당하는 것을 우려하는 단계에 접어들었다. 지나친 경쟁은 소상공인과 자영업을 하는 시장에서도 나타난다. 가격경쟁이 심화되고, 노동에 대한 대가를 충분히 받지 못할 정도가 되고, 새로운 프랜차이즈의 등장과 기존 거래관행의 원가경쟁력의 한계로 인해 파산하는 사업체들이 많아진다. 이러한 생계형 창업의 지속가능성은 경제의 공급 측면 뿐 아니라 수요 측면에도 매우 부정적인 요인으로 작용한다.

여기서는 기업의 내부와 외부에서 투자의사결정을 어떻게 내리는지가 기업의 성장에 결정적 영향을 미치고 있음을 살펴보고, 성과매트릭스에 대해서 접근하고자 한다. 특히, 경제 내에서 자원을 배분하는 투자자들, 자본가들의 투자의사결정은 경제의 흐름에 결정적인 영향을 미치고 있다. 실물경제보다 10배나 큰 규모의 자금이 투자처를 찾고 있는데, 주로 단기적 이익을 낼 수 있는 투자처를 찾는 것이 가장 큰 문제로 지적된다(Christensen & Bever, 2014). 월가와 대기업의 경영기획 부서, 컨설팅 회사 등에 두루 포진해 있는 하버드경영대학원 졸업생들이 현장에서 느끼는 문제점이다. 결국 투자자들은 주주들과 자본가들의 단기적인 수익

기대에 부응하기 위해 노력한다고 볼 수 있다. 기업들의 제품시장에서 고객이 혁신에 대한 방향을 제안할 수 있는 것처럼, 금융시장에서는 투자자들이 보다 장기적으로 투자하는 인내자본으로 투입한다면 이러한 관행이 바뀔 가능성이 있다.

불확실성에 대한 기피는 인간이 가진 생존본능에 부합하는 행위이지만, 금융과 기술혁신에서 포트폴리오 기법은 이미 오래전에 개발되어 리스크 관리를 할 수 있다. 단기적인 수익처 뿐 아니라, 장기적인 기술혁신에 투자할 수 있도록 경영자의 성과 매트릭스를 바꿀 필요가 있다. 많은 기업들과 투자자들이 새로운 투자여력을 혁신투자에 사용되지 않고, 금융 분야에서 활용되지 않으며, 주로 효율성 증대 혁신이나 성능향상 혁신에만 주력하고 있다(Christensen & Bever, 2014).

일자리 문제에 대해서 고민한다면 더욱 기술혁신과 시장창출이 중요하다. 새로운 시장창출은 고용을 창출할 수 있기 때문이다. 제4차 산업혁명으로 일자리가 줄어드는 것을 염려하는 것은 당연한 반응이지만, 이를 통해 새로운 사업과 일자리를 창출하는 도전에 고용기회가 자리하고 있다. 다양한 경영기법과 시스템이 나아진다고 우리의 경영성과가 저절로 나아지는 것은 아니다. 보다 나은 경영지표를 마련하고 이를 기반으로 혁신하고, 고용을 창출하고, 성장하고, 풀지 못했던 문제를 풀고, 새로운 직무를 만들어낼 때 경제가 지속가능한 모습으로 선순환한다.

충격적인 수치는 실물경제보다 10배에 달하는 규모로 성장해 버린 금융경제가 향후 2020년까지 향후 3-5년 사이 다시 50% 가량 불어날 예정이라는 점이다.[5] 자본이 더 이상 희소한 자원이 아니며, 성장할 수 있는 잠재력을 가진 프로젝트들이 기업에 얼마나 있는가. 그 성장 잠재력, 위험과 함께 분석된 혁신지표, 지속가능한 혁신지표를 우리는 가져야 한다. 경영이 단순히 수익률을 높이고 이익을 내는 것에서 멈추어서는 안된다. 딜레마 상황에서 벗어나야 활로를 열 수 있다. 혁신이 성장의 원천이라는 것은 기존의 노동과 자본의 역할만을 강조하던 신고전주의 경제학에서는 새로운 설명이고, 노벨수상자인 폴 로머가 이야기한 내생적 성장이론의 주장이기도 하다.[6] 새로운 아이디어와 기술혁신의 중요성이 제도권의 경제학에서 받아들여진 것이다. 일찍이 슘페터가 '새로운 결합(New combination)'에 의한 '창조적 파괴(Creative destruction)'과 경제주기 이론에서 제안했던 것이[7] 계량적 실증연구로 입증이 된 것이다. 대기업의 입장에서는 새로운 성장동력을 마련하기 위해서 여유자원을 신기술과 신제품개발에 투자를 한다. 중소기업과 신생기업은 기술변화에 따른 생존의 기로에서 지속적인 혁신을 해야만 한다.

경제에서 금융 비중이 늘어나면서, 재무적 투자가 수익성장의 원천이라고 보는 것이 재무의 관점이 지배적인 역할을 할 수 있다. 반대로 인적자원과 프로젝트에 투자하는 세부적인 판단과 실천들로 성장을 이끄는 것이 장기적인 성장에 대한 경영학자의 관점이다. 사회의 일자리에 대한 한계를 극복하고, 기업들이 보다 나은 사업으로 일자리를 만들게 되면 고용상태가 좋아질 것이다. 나라들의 상황은 다르지만, 국경을 넘나드는 투기자본과 빈부격차, 금융시스템에 대한 불안과 기업들의 성장한계 문제들을 어떻게 해결할 것인가? 기업경영의 입장에서는 이를 제대로 측정하고 평가하는 작업이 기획과 관리의 선행되어야 할 부분이다.

결국 기술혁신과 서비스혁신, 기업변화를 일으키는 인재들에 대한 투자가 중요한데 의사결정에서 배제되거나 무시되기 쉽다. 특히, 획기적인 성과를 내는 기업들에서 나타나는 것으로, 수익률 이전에 기업의 목적과 가치를 중시하는 경영방식은 차별적인 성과에도 불구하고 보편적이지 않다.[8] 균형성과지표(Balanced Scorecard)의 도입이 대기업과 기관에서 이루어지면서 재무적인 관점을 극복하고, 보다 장기적인 관점을 갖는데 도움이 되었다.[9] 동시에 기업경영이 사회와 환경에 미치는 영향은 지속가능개발목표(Sustainable Development Goals)로 설정하는 것은 보다 성숙된 정책과 경영을 위해 훌륭한 지침이 될 수 있다.[10]

어느 분야를 가든지 경쟁이 존재하고, 생존하고 수익을 내야 사업이 지속되는 것은 기본이다. 이를테면 현실의 제약이라는 문을 뚫고 들어가서 유명해지고, 뒤따르는 부를 누리는 것은, 호화로운 생활들에 대한 것은 이제 우리들에게 유행가처럼 대부분 마다하지 않을 일이다. 자본주의 사회에서 정당한 수익을 마다할 기업은 없겠지만, 수익으로 경영지표를 삼고 이를 기반으로 경영을 하면 오히려 성장하지 못하는 모순적 상황에 빠진다. 이러한 현상이 모여서 경제적 저성장의 공급 측면의 중요한 패턴을 형성한다. 원하는 것들을 위해 필요한 노력의 경영을 등한시 한 것이다. 나아가서, 진정으로 원하는 것이 무엇인지에 대해서 제대로 묻지 않았고, 이러한 질문을 난처해 하거나 생소하게 여긴 만큼 기업과 경제는 배회하다 주저앉을 수밖에 없다.

일상생활과 소비의 측면에서 보면, 일자리와 수입이 적어서 소비를 못하는 것이 현상의 한 단면이라면, 이러한 상황에서 모두 비슷하고 안정적인 직장을 원하는 경향은 상황을 더욱 악화시키고 있다. 구직자 입장에서 벗어나는 출구는 지금 여기보다 좀 더 의미있고, 자신을 원하는 곳을 찾아서 몰입하고 기여하고 즐거운 시간들을 가지는 것이다. 크리스텐슨 교수가 졸업생들에게 제안하는 것은 이름이 잘 알려져 있지 않은 기업이나 학교로 가서, 조직을 혁신하고 성장하도록 기여하는 혁신자가 되라는 것이다. 이미 잘 나가는 기업은 개선의 여지가 적고, 누구나 가고 싶어한다. 히든 챔피온처럼 숨어있는 강소기업과 잠재력이 있는 조직을 찾아서 가치창출하는 구성원으로 인정받는다면 기업과 구성원 모두에게 유익한 일이다.

사업을 하고 경영을 하는 것은 고객 뿐 아니라, 산업생태계와 지역사회, 비중은 다양하게 세계시장에 관여하는 일이다. 경영을 하는 것은 자원과 프로세스, 제품과 서비스, 고객과 투자자, 파트너들과의 관계를 맺는 것이고, 개입하는 일이다. 경영자는 다른 사람의 인생에 현명하게 개입해야 한다. 수익만을 추구하는 사업을 한다는 것은 많은 사람들에게 기여할 수 있는 여지를 긍정적인 잠재성을 포기하는 것이다. GM을 미국의 국민기업이자 세계적인 자동차기업으로 이끈 알프레드 슬로언을 20여명이 넘는 부사장들과의 회의를 매우 합리적으로 이끌어 의사결정을 잘 하고, 인재를 개발하고 배치하는데 뛰어난 성과를 보여주었다고 한다.[11] 피터 드러커는 자서전에서 GM에서의 현장연구가 자신의 연구인생에서 매우 중요한 역할을 하였지만, 슬로언 회장이 공사의 구분이 지나쳐 진정한 자신을 드러낸 적이 없고, 수익과 고용창출 이외의 사회적 책임를 기피하고, 기업연구소를 통한 기술혁신에 대한 투자를 대외적으로 숨기는 태도를 보였다고 한다. 현대의 경영 관점에서 보면, 이 시기에 GM이 도입한 사업부제 등은 선구적이었고, 포드를 앞서는 전략적 조직이었지만, 사회적 책임과 생태적 경영의 관점에서는 덜 성숙한 방식이었다고 볼 수 있다. 물론, 지나간 역사에 대해서 현재의 기준을 들이대는 것은 적절하지 않을 수 있지만, 이 시기 드러커 박사는 사회적 책임과 기술혁신 투자의 중요성에 대해서 보다 선구적인 안목으로 지적한 것이다.

사회적 책임을 위한 기부를 넘어서 사회적 사업을 추진하는 기업들이 있고, 이에 대해서 깨어있는 소비를 하는 것도 많은 인생에 선하게 개입하는 것이다. 우리가 깨어있다면 우리는 세 가지 가치를 존중하는 소비를 해야 한다: 고용지표, 친환경지표, 친사회지표와 공유가치창출 등이다. 이는 지금 사회가 일자리를 필요로 하고, 지구온난화 등의 환경위기를 겪고 있고, 지역사회와 고객과의 관계가 더욱 중요해졌기 때문이다. 이를테면, 고용지표로는 얼마나 구성원들을 신규로 고용하고, 교육훈련에 투자하며, 복지에 투자하는가? 친환경지표로는 얼마나 환경을 고려하고, 친환경부품과 제품을 개발하고, 친환경공정을 도입하였는가? 등이 있겠다. 사회적 지표와 공유가치지표로는 얼마나 지역사회, 노동자, 고객, 투자자 등 이해관계자에게 가치있는 일을 고려하는가? 지역사회 주민과 소비자가 사업활동과 의사결정에 어느 정도 관여하는가? 주주 이외의 이해관계자들의 가치에 대해서 얼마나 반영하는가?

이렇게 기존의 사업에서 비용과 매출, 수익 측면에서 보던 단선적인 관점에서 제품과 기술혁신, 환경과 지역사회, 프로세스, 지식과 학습 등 다양한 관점으로 확장하는 경영은 공생을 추구하는 생태적 경영이라고 하겠다. 보다 지속가능성을 높이고, 장기적인 번영을 위해서 투자하는 기업경영은 단기실적을 원하는 이사회나 주주들의 압력을 이겨내고, 전문경영인조차도 장기적인 안목에서 경영을 할 수 있도록 이사회에서도 의사결정에 도입해야 할 부분이다. 이러한 노력은 기업의 장기적 성장뿐 아니라, 심리적 자산과 조직적 자산을 늘리는 내적 성장으로 이어질 수 있다. 뿐만 아니라 지역사회와 고객에게 보다 인정받고, 오랫동안 애정어린 관계를 형성할 수도 있다. 적어도 환경파괴나 비윤리적인 거래로 비난받는 일을 피할 수 있고, 긍정적인 브랜드를 형성할 수 있다. 아래 표는 균형성과지표를 지속가능성 관점에서 확장하고, 요소혁신과 아키텍처 혁신을 추가하여 생태적 성과매트릭스를 마련하였다. 이는 완전한 성과지표로 제안하기보다는 이러한 관점으로 기업경영을 확장하고 심화할 필요성을 인식하게 하는 잠재적 지표로 정리한 것이다.

〈표 1-1〉 생태적 성과지표(EPM: Ecological Performance Matrix)

| | 관리지표 | 요소개선 | 설계혁신 |
|---|---|---|---|
| 지속가능성<br>- 환경<br>- 지배구조<br>- 사회적 책임<br>- 고객관계 | <br>탄소배출 저감<br>이사회 활성화<br>사회책임투자<br>고객참여도 | <br>친환경제품<br>구성원참여<br>사회봉사<br>불만처리 | <br>친환경공정<br>이사회 다양화<br>인내투자자<br>공유가치창출 |
| 재무 및 시장 | 재무: 매출, 수익, 손실<br>고객: 충성도, 재방문 | 매출 신장<br>충성도 개선 | 사업모델 변혁<br>수익구조 변화 |
| 제품 및 서비스 | 성능: 속도, 용량<br>고객: 만족, 재방문 | 부품성능개선<br>서비스개선 | 신제품 출시<br>신서비스 개발 |
| 조직과 인적자원 | 역량: 자격증, 학위<br>태도: 조직몰입, 신뢰 | 교육훈련 투자<br>워크숍, 단합대회 | 사내 지식경영 정착<br>목적과 가치에의 몰입 |
| 프로세스 및 공정 | 효율성, 불량률<br>납기, 공정정지 수 | 작업자 숙련도개선<br>신공정 도입 | 숙련공 교육 프로그램<br>실행공동체 운영 |
| 기술 및 지식 | 연구개발 투자<br>연구원 채용, 특허수 | 논문 수<br>지적재산권 수 | 포트폴리오, 연구프로그램<br>플랫폼 기술 및 조직 |

앞의 표에서 보는 것처럼 기업의 번영은 보유하고 있는 기술 및 지식, 이를 통해서 돌아가는 공정과 각 부문별 프로세스(고객, 투자, 연구개발, 인사관리, 전략수립과 실행 등)들이 어떤 상태인가를 점검하도록 요청한다. 아울러 장기적 기업번영에서 가장 중요한 구성원들의 가치공유와 몰입(engagement)을 중요한 경영지표로 제안한다. 제품과 서비스의 구성과 시장과 재무 상의 성과를 넘어서 지속가능성 지표를 포함하고 있다. 이는 서로 유기적으로 연결되어 있고, 사업이 얼마나 건강하고 존속력이 있는지를 평가할 수 있는 종합적인 지표들을 개발하도록 하는 단초와 각 사업체에 맞는 성과매트릭스의 원형이 되었으면 한다. 조직이나 사업별로 구체적인 지표의 개발은 구성원들과 경영자가 고민하고 합의하고 유념해야 할 사항이기 때문이다.

# 제2장 숲형 인재와 진정한 인생여정

## 제1절 인공지능 시대와 인간성의 실현

### 1. 인공지능 시대의 개막

인공지능의 시대가 개막되었다. 지능화와 연결성으로 새로운 산업혁명을 진행하고 있다. 우리가 접하는 인공지능 솔루션이 인간의 영역에서 복잡한 게임에서 인간 중에 가장 숙련된 전문가인 분야별 챔피온을 압도하는 수준에 이르렀다. 오래 전 IBM의 인공지능 Watson[1]은 체스 챔피온을 꺾은바 있고, 2016년에는 바둑(Go)에서 세계 최강자들을 꺾은 딥마인드의 알파고는 놀라움을 넘어선 사회적 파장을 가져왔다.[2] 단순히 구글 나우, 파파고 등 검색과 단순한 번역 등에서 인간의 비서 역할을 하는 수준이 아니라, 인간의 숙달된 영역을 자동화하고 대체할 수 있다는 것이다. 이미 자율주행차는 캘리포니아의 테슬라와 구글을 중심으로 상용화 수준에 이르렀고, 도요타, 인텔, 애플, GM 등에서도 합종연횡, 인수합병 등의 방법으로 자동화된 운송기계의 미래에 대비하고 있다. 아마존의 키바는 물류센터에서 비용과 시간을 절감하는 효과를 보여주었고, 팍스콘은 대규모 공장을 자동화 기계로만 돌아가는 시도를 하고 있다. 물론 팍스콘은 실패하였지만, 아디다스의 경우 본국인 독일에서 스마트공장으로 신제품을 생산한다. 금융회사의 산업 보고서도 고연봉인력을 대체할 수 있는 인공지능 프로그램으로 대신할 수 있게 되었고, 인력의 선발에도 소프트웨어가 대신하려는 실험도 진행되고 있다.

아디다스는 자동화된 기계로 신발을 만드는 공장을 본사가 있는 독일로 옮겨서 3D프린팅, 스캐닝, 사물인터넷, 소프트웨어 기술을 결합하여 인더스트리4.0 시대를 열었다.[3] 5천명이 하던 일을 50명이 스마트 공장을 모니터링하고 유지보수하는 최소한의 일로 보다 효율적으로 생산할 수 있다. 새로운 제품설계를 공학적인 기준과 미적인 기준을 학습시켜서 새로운 설계도안을 만드는 일을 수행하기도 한다. 10만불 연봉의 애널리스트가 하는 일을 인공지능 소프트웨어가 대신하기도 한다. 회계사라는 직업이 없어지지는 않겠지만, 계량화되고 반복적이고 예측가능한 직무의 경우 인공지능을 가진 프로그램에 의해 대체될 것이라는 예측을 하고 있다.

**알아두기** **3D 프린팅**

누구나 엔지니어처럼 제품을 만들어보자는 취지의 미국의 Maker 운동으로 확산된 기술로서, 2차원에 종이에 인쇄하는 개념을 3차원으로 확장하고 소재를 다양화하여 여러 가지 제품의 디자인을 바로 찍어내는 기술이다. 이를 통해서 주물이나 용접이 필요없이 제품을 만들어낼 수 있다. 간단하게는 장난감 등 플라스틱 제품에서부터 운동화도 같은 원리로 제작 가능하다.

4차 산업혁명 내지는 인더스트리 4.0과 같이 패러다임이 변화한다는 명칭들은 일반인들에게 두려움과 불안을 야기하고, 변화 앞에 꼼짝하지 못하는(freeze) 비효과적인 방법으로 대응하게 만들 수 있다. 대표적인 스트레스 반응 중에 맞서 싸우는(fight) 방식으로 한다면, 물리적인 숙련노동을 대량생산설비가 대체하면서 일자리가 줄어들어 야기되었던 러다이트 운동과 같이 기계가 있는 공장을 부수는 사회적 운동이 일어날 수 있다. 지나고 봐서 알 수 있듯이 심정적으로는 이해할 수 있지만, 러다이트 운동을 했던 이들에 긍정적인 운동이었는지, 이로 인해서 기술과 산업의 변화가

정체되었는지, 결과적으로 일자리가 줄어들었는지에 대해서는 회의적이다. 아니면 기술혁신의 영향이 가장 적은 분야로 피하는 방법(flee)이 있다. 여러분의 선택은 무엇인가?

가장 현명한 선택은 기술변화의 속성을 잘 이해하고 이를 활용하는 것이다. 진로를 선택할 때 자신에게 맞게 잘 할 수 있는 일이 회계사인데, 인공지능 소프트웨어로 대체되는 기술적 리스크에 대해 회피하고 다른 분야로 진로를 바꾸어 피할 수 있다. 자신이 정확하게 사업의 운영상태를 파악하고 이를 바탕으로 컨설팅을 하고, 가치평가를 하고, 기업경영을 하고자 할 때 인공지능 회계프로그램을 활용하는 능력을 배우는 방법도 있다. 문제는 새로운 기술변화를 학습할 시간과 인재 재교육에 대한 투자가 적절하게 이루어지고, 고등교육기관에서 해당 솔루션을 활용하고 나아가서는 선도적으로 개발하는 노력을 병행하는 방법이 있다.

기술혁신의 순기능을 살리면서 새로운 일자리를 만들어가는 방향으로 인류는 답을 찾아왔다. 보다 다양해진 금융, 지식, 감성, 유통, 교육, 의료 서비스들로 생활이 더욱 편리해지고 물질적으로 풍요로워졌다. 앞으로 기술혁신에 따른 사회변화의 긍정적인 전망을 실현하기 위해서는 직무의 속성과 교육의 방식의 변화가 필요하다.

인공지능의 시대에 그대로 머물러 지금의 가치적 지위를 그대로 유지할 수 있는 분야는 거의 없다고 볼 수 있다. 한 때 사라져가던 컴퓨터 학원에는 희소식이 되겠지만, 새로운 코딩 열풍과 컴퓨터 학원의 부활 과정에서 기존의 프로그램 언어를 기계적으로 가르치는 일을 넘어서서 인공지능 프로그램을 하고, 창의적으로 활용할 수 있는 방법을 가르치는 내용 혁신을 전제하고 있다. 전공 교육에서도 단순히 지식을 전달하는 일을 넘어서 새로운 지식을 창출할 수 있는 능력을 가르쳐야 하는 도전에 직면해 있다.

## 2. 인간성의 실현과 기술혁신

기존의 지식을 기계적으로 암기하는 것은 기계가 더 잘 할 수 있는 일이다. 지식의 기억에는 분명히 활용가치가 있지만, 이로서는 앞으로의 세계에서 자기자신의 존재가치를 증명할 수 없다. 기억에서 인출되는 명시적 지식은 접속으로 찾을 수 있고, 반복적인 지적 업무는 인공지능에 의해서 대체될 것이다. 그 자리에 머물러 있지 않고 새로운 자신의 직무를 찾아나서야 한다. 자동화될 수 있는 과업요소들에 대해서는 과감하게 인공지능 프로그램을 활용하는 것도 좋다. 이미 상용화된 인공지능 비서가 검색과 예약을 해주는 서비스를 활용해볼 수 있는 것처럼 자신의 직무도 보다 효과적으로 수행할 수 있는 방법을 찾을 수 있다. 일종의 직무가공(Job Crafting)을 할 수 있는 것이다.

개인의 수준에서는 보다 보편적인 해결방향은 직무에서 기계화되는 부분은 기계를 도입하면서 보다 자기자신의 인간적인 잠재력을 발휘할 수 있는 기회로 삼을 수 있다. 아직 사회에 나서지 않은 대학생과 대학원생의 경우에는 자동화되지 않는 인간성의 요소를 보다 한껏 발휘해야 하는 도전에 직면하였다. 위기의 과정에서 새로운 변혁이 일어날 수 있는데, 앞으로 삶과 일의 방식이 어떻게 바뀔지는 인류가 해나가야 할 선택이다.

인간의 존재에 대한 지능화된 소통기계의 실존적 도전에 대응하는 방법은 바로 자기자신의 인간성에 대해서 이해하는 일에서 출발한다. 자동화된 기계에 맡길 수 없거나 맡겨서는 안되는 인간성의 측면을 이해할 필요가 있다. 인간의 가장 숭고한 존재가치에는 세상이 돌아가는 원리에 대한 이해능력을 들 수 있다. 칸트가 오성(悟性)이라고 부르는 순수이성이 가진 통찰의 힘은 가장 인간적인 기능에서 비롯한다.[4] 인간의 감관을 확장하고, 이성의 계산 기능을 인공지능이 일부 모방하고 계산 속에 있어서는 능가할 수 있다. 하지만, 언어표현의 뉘앙스와 맥락 등을 반영한 전체적인 번역의 정확성 등의 다차원 지표에서는 아직 인공지능이 앞서지 못한다.[5] 구글 번역기가 다룰 수 있는 언어와 어휘는 한 인간의 한계를 넘어서고, 비용적인 측면에서 우위에 있지만, 전문번역가가 번역한 결과와 질적인 수준에서는 여전히 큰 차이를 보이고 있다. 이는 인간 전문가가 문학을 이해하고 언어를 이해하고 표현하기 위해 사용하는 세상의 원리인 세계지식(World knowledge)를 인공지능은 갖고 있지 않기 때문에 직역을 할 수밖에 없는 것이다. 결국 온전한 인간성을 견지한다면 분야의 전문가인 인공지능에 압도되지 않고, 존재의 이유를 지켜가거나 오히려 높여갈 수 있는 여지가 있다.

세상이 어떻게 돌아가는지 이해하고 있기 때문에 문장의 맥락을 이해하여 의역할 수 있다. 우리가 문장과 책을 이해하고 삶에 적용하는 그 과정에 인간성의 가장 위대한 차원이 작용하고 있다. 진리탐색이 아니라 탐구하는 과정에서 우리가 가진 정신모형은 개인에 따라 획일적이지 않으면서 보편적인 토대를 가졌기에, 아직 기계가 흉내낼 수 없는 인간성의 영역이다. 교양교육에서 자연과학에 대한 부분이 빠져서는 안되는 이유이기도 하다.

아름다움을 느끼는 능력, 감성(感性) 역시 인간성의 중요한 부분이다. 물론 유명 화가의 스타일을 모방해서 인공지능 프로그램이 아름다운 작품을 만들 수는 있지만, 그 작품을 통해서 아름답다는 느낌을 가지는 것은 인간 고유의 능력이다. 커피를 음미하면서 다양한 신미와 풍미에서 감흥을 느끼는 것도, 예술을 통해서 행간을 읽는다거나 작가 고유의 문체에서 아름다움을 느끼는 것도 인간성의 영역이다.

인간이 가진 가장 중요한 잠재력은 창의성이다. 아인슈타인이 상대성 원리를 발견한 과정에는 어릴 때부터 해온 바이올린 연주가 큰 역할을 하였다고 한다. 예술적 감수성과도 연결되어 있는 창의성은 인간의 고유영역이다. 인공지능은 주어진 문제공간에서 최선의 답을 찾는 작업에 능숙하다. 체스도 그렇고, 바둑도 경우의 수가 많다는 차이가 있을 뿐이다. 두 가지 지적 스포츠 모두 제한된 경우의 수와 확실한 목적함수를 가지고 있다. 인공지능은 방대한 행태 도서관을 탐색하면서 인간과 대결을 펼친다. 단일한 개체 간의 대결이 원래 바둑의 규칙이지만, 수백대의 컴퓨터에서 병렬처리된 알파고의 선택들은 수많은 루틴들의 전문적 수행에 의해 얻어진 결과이다. 제한된 공간이 훨씬 더 넓어져도 가장 나은 솔루션을 도출해내는 연산능력이 커진 것이다. 인간은 이러한 인공지능의 속성을 이해하고 자신의 직무에서 창의적으로 활용하는 기본적 자세를 가지는 것이 현명하다. 자신의 일이 인공지능이 관여할 수 없는 일이라면 이용하지 않으면 되고, 필요한 일에는 잘 활용해서 효율적으로 과제를 해결하면 된다. 중요한 것은 자신이 해결할 문제가 무엇인가를 찾는 것이다. 문제를 정의하는 창의성은 인간이 가지는 능력이다.

문제를 선택하고 풀어가는 과정에서 인간의 도덕성은 매우 중요한 부분이다. 인공지능이 가장 결핍된 것은 도덕적 감수성이 없기에 어떤 것이 옳은지에 대한 판단을 지나친다는 것이다. 한동안 인공지능에 의해서 인사관리에서 채용절차도 자동화될 수 있을 것이라는 전망을 접하였다. 이를테면 해당 조직에서 가장 생산성이 높은 직원들의 패턴을 파악해서 이와 유사한 지원자를 뽑는 것이다. 실제로 그러한 인공지능 프로그램을 개발하여 채용하는 기업도 있지만, 도덕적인 결함과 실용적인 한계를 동시에 안고 있는 접근이다. 일반 기업의 채용에서 꼭 지켜야 하는 윤리적 기준이 있다. 개인의 어떠한 속성에 의해서든 차별을 해서는 안 된다. 성별, 나이, 취향, 지역, 학벌, 종교, 성적 취향, 인종 등에 의해서 차별하는 것은 윤리적으로 금기시되는 일이지만, 생산성만을 보고 채용하는 경우 특정한 학벌이나 인종, 성별의 지원자만을 체계적이고도 지속적이고 효율적으로 뽑게 되는 일이 벌어지는 것이다. 인간이 옳은 일에 대해 판단하는 양심과 잘못된 일을 두려워하는 수치심은 도덕적 토대가 되고, 이는 인공지능이 접근하기 힘든 영역이다. 이러한 부분은 기계가 인간성에 대해서 배워야 하고, 기계에 어떤 일을 맡길 때 전제되어야 할 도전과제이기도 하다.

인간의 오랜 진화과정에서 극복해야 할 부분은 두려움이다. 새로운 위협에 대해 두려움을 느끼고 맞서 싸우거나(Fight), 도망가거나(Flee) 꼼작하지 못하고 있으면(Freeze) 문제는 더 커질 뿐이다. 인공지능이 인간만이 할 수 있을 것이라고 생각했던 과업을 인간보다 잘 수행함으로써 야기된 사회적 두려움이 있다. 여러 곳에서 새로운 기술혁신에 의해 야기되는 사회적 문제에 대해서 토론하고 방법을 찾아가고 있다. 바로 두려움을 극복하는 협력의 과정이 인간성의 위대한 측면이다. 고통과 두려움을 공유하고 공감하면서 공동의 토대를 바탕으로 새로운 활로를 모색하고 학습하고 제도를 마련하고 사업을 벌인다. 이를테면, 기술혁신이 가져올 사회적 변혁과정에서 마찰과 고통을 최소화하기 위해서 해야 할 일은 교육훈련이 두드러진다. 시기가 늦지 않고, 개별적으로 적절한 재교육을 통해서 전환배치되는 이행과정이 필요하다. 동시에 미국, 일본, 유럽의 영국, 독일, 중국 등에서 주도하는 와해성 산업혁명의 파고를 견디기 위한 기술적 채비도 소홀히 하지 않아야 할 부분이다. 기간 산업, 산업재 제조업, 첨단 제조업, 소비재 제조업, 지식서비스, 감성서비스, 복합 산업 등 분야별로 다양한 활용처를 찾고, 경쟁력을 가질 수 있도록 기술혁신을 해나갈 필요가 있다.

인간과 기계를 대비하면, 점점 인간의 운동성과 지성에 대한 기계의 모방이 이루어지고 있다. 한편 생활이 편리해지고, 직무가 자동화되어 편해지기도 한다. 동시에 업무의 속성이나 산업의 구조자체가 변화할 때는 사회적 변화까지 내다보인다. 각자의 인간적 요소들에서 어떤 요소들이 인공지능이나 자동화 기계에 의해서 모방되지 못하고, 고유한 영역으로 남을 것인지는 매우 중요한 이슈이다. 인공지능이 인간의 동기와 감성, 의식, 도덕성 등을 모방할 수 없기 때문에 앞으로도 생활과 업무의 도구적인 형태로 활용가능하다.

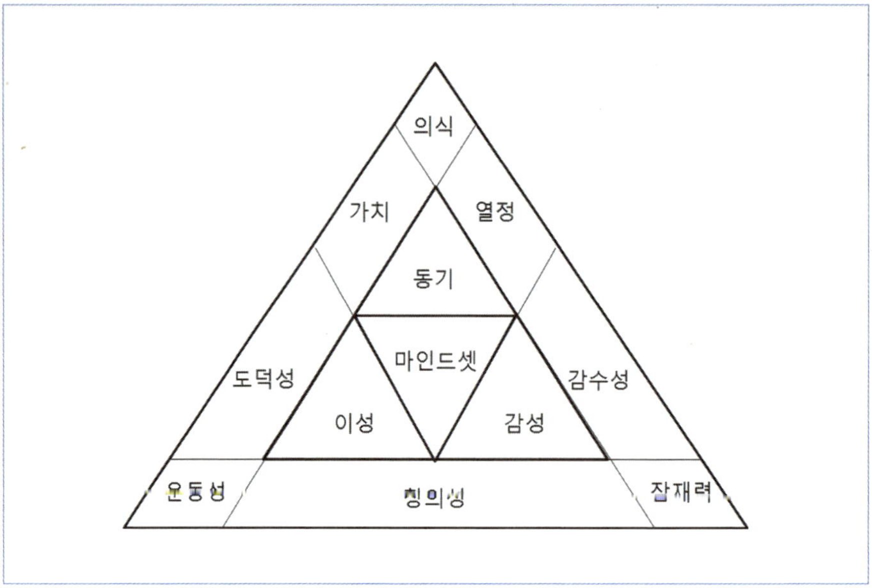


▲ 인간성의 구성요소: 숲형 인재의 구성

인간 존재의 생태성은 복잡한 인간의 구성요소를 통해서도 확인할 수 있다.

## 3. 인간적인 삶과 기술의 진보

인간적인 삶을 기술진보가 가져올 것인지가 가장 관건이다. 과학기술의 진보가 반드시 인간적인 삶을 보장하는 것은 아니다. 다만 인류가 기술진보를 활용하여 보다 인간적인 조직과 경제, 사회를 만들어갈 선택을 할 수 있는 여지는 있다. 보다 인간적인 잠재력과 필요에 섬세하게 다가가는 시대가 열릴 가능성은 여전히 존재한다. 업무에 있어서 반복되는 업무는 기계가 대신하고, 창의성, 윤리성, 감성, 협력성과 오성을 발휘하는 일에 집중한다면 보다 자기실현적인 삶을 살 수 있을 것이다. 매슬로우의 욕구단계에 따르면 생리적, 안전의 욕구와 소속의 욕구가 충족되었을 때, 인정의 욕구와 자기실현의 욕구를 추구하게 된다. 기술진보와 함께 사회적 성숙이 이루어진다면, 경제적 불안을 최소화하여 자신에게 맞는 조직에서 존중받으며 자신이 원하고 잘 할 수 있는 일을 자신의 방식으로 할 수 있는 가능성이 보다 커질 것이다. 진정한 조직과 혁신기업을 만들고 관리하는 리더와 기업가들이 존경받고 보상을 받을 수 있는 길은 열려있다.

기술진보가 사회가 뒤따르는 속도보다 빠를 때, 기업이 첨예한 경쟁에서 여유를 잃고 생존에 급급하게 된다면 다른 상황전개가 현실이 된다. 지금도 우리가 접할 수 있는 구조조정에 따른 조직구성원들의 고통스러운 비자발적 이직과 신속한 실행을 위해 효율성만을 강조할 수 있다. 현상적으로는 선진국에서 와해되는 산업지구에서 경험하는 것이 전자이고, 개발도상국의 기업들이 선진기업을 따라잡기 위해서 해온 방식이 후자이다. 세계의 기업들이 무경계로 경쟁하는 세계화의 진전으로 훨씬 더 저렴하고 나은 성능과 디자인의 제품을 다양한 메뉴를 보고 구매하게 되었다. 분명 유래없이 풍요로운 제품과 서비스를 누리게 되었지만, 이러한 제품의 공급이 일부 승자독식의 양상으로 전개되기에 기업도 구성원도 도전에 직면하였다.

## 제2절 기업가정신과 인재상의 변천: 생산성에서 창의성, 그리고 인성으로

50여년만에 우리는 산업화, 정보화, 지능화의 세 가지 변화를 경험하고 있다. 산업화는 정부와 대기업 주도의 추격전략으로 식품, 전자, 기계, 조선, 자동차, 철강, 석유화학 산업을 발전시켜왔다. 이 시대에는 타겟이 분명했다. 일본이나 미국의 특정 기업을 타겟으로 기술학습을 통해서 제품을 국산화하는 것이었다. 보다 저렴한 노동력으로 비용우위전략으로 세계시장에 수출하면서 국부를 키워 왔다. 70년대와 80년대의 이야기이다.

이 시대에는 산업조직도 군대조직의 장점을 학습하여 명령체계와 책임, 신속한 실행 등을 강조하였고, 생산성이 높은 인재와 조직을 추구하였다. 안정적인 고용으로 기업이 요구하는 인재상에 충실하고자 하였고, 열의를 가지고 업무에 숙달하고 장인성을 보유하는 것에 높은 가치를 두었다. 라이선스를 통한 공식적인 기술학습을 하기도 하였고, 비공식적인 학습경로를 통해서 선진기술을 배우기도 하였다. 해외에 유학한 학자와 기술진을 국내로 초청하여 기술진보를 앞당기고자 애쓰던 시기이다. 지금의 중국와 베트남이 산업기반을 조성하는 것과 유사한 시대였다고 할 수 있다. 이때에는 선진기업의 기술을 근접하기 위해서 애썼고, 개방되지 않는 기술에 대해서는 설계도를 비공식적으로 접하고 기억하고 재현하는 능력을 가진 인재가 인정받기도 하였다.

90년대 이후에 들어서면서는 컨텐츠, 미디어, 통신기술의 발달로 정보통신기술을 바탕으로 한 벤처기업들이 기술혁신을 주도하였다. 세계최초로 CDMA 기술을 상용화하고, RPG 게임을 처음으로 출시를 하고, 백신 프로그램, MP3, 내비게이션 프로그램 등을 세계시장에 선도적으로 개발하였다. 물론 세계시장을 주도하는 혁신제품들은 그간 금융기반과 제조기술을 쌓아온 대기업군에서 나왔다. 대표적으로 반도체, 철강, 디스플레이 분야에서 두각을 나타내었다. 학술적인 형태이긴 했지만, 인터넷을 세계에서 두번째로 개발하기도 하였고, 항생제 개발 등 신약 분야에서도 조금씩 두각을 나타내고 있다. 지적재산에 대한 개념이 형성되고, 이를 통해서 개인의 창의성을 보다 인정하고 장려하였다. 해외기업의 기술을 뒤늦게 답습하는 경우 시장의 제품주기 상 많은 기회를 잃게 되기 때문에 빠른 추격자 전략으로 안정성과 혁신성을 모두 확보하고자 하였다.

벤처기업이 세계최고의 기술을 추구하고자 하는데 중점을 두었다면, 대기업은 세계 최고의 기술을 보다 나은 공정으로 실현하는데 능숙해졌다. 대기업을 배태조직으로 한 네이버 등이 승승장구하는 것은 혁신성과 체계적 실행력이 결합되었기 때문으로 해석된다. 하지만, 여전히 세계 시장을 선도하는 제품과 서비스의 설계능력과 보급능력은 부족하고 도전과제로 안고있는 현실이다. 이를테면 보다 저가이면서 고성능인 MP3 플레이어는 만들어낼 수 있지만, 음원을 가진 음반사와 계약을 하여 스트리밍 서비스를 제공하는 서비스 플랫폼을 만들 수 있는 아키텍처 혁신을 해내는 생태적 관점과 역량은 부족한 것이다.

우리는 세 가지 산업적 변천을 한 시대에 경험하고 있다. 현재 경험하고 있는 지능화된 시대에 요구되는 것은 인간의 잠재력을 최대한 발휘하고 부각할 수 있는 사업과 인재가 필요하다. 기업은 보다 시민의 모습으로 사회적 책임을 다하는 것을 넘어 봉사하고 사랑받기 위해서 애쓰고 있다. 인공지능은 인간적 문제해결능력과 학습능력을 모방하고 대량 병렬처리를 통해 양과 속도를 현격히 높혔고, 솔루션에 대한 옵션들을 제안하고, 구조화된 문제에는 보다 확실한 답을 신속하게 제공한다. 보다 강화된 업무 수행능력을 바탕으로 인류가 할 수 있는 일의 범위가 넓어지고 많아졌다. 인간이 가진 보다 근원적인 문제에 공감하고 이를 보다 윤리적으로 해결하는 능력이 중요해졌다. 인공지능이 하는 일이 윤리적으로 문제가 없는지, 해결해야 할 가치있는 직무는 무엇인지 인성을 기반으로 제대로 변별해 내고, 복잡한 시스템을 의미있는 사업에 활용하는 도전이 우리에게 주어졌다.

## 제3절 숲(FOREST)형 인재[6]와 팀워크

앞에서 밝힌 것처럼 인간성을 실현하는 인재가 필요하다. 여기서는 숲형 인재라고 부르고자 한다. 생태적 관점과 능력을 가졌다는 비유적 표현이기도 하고, 아래와 같이 한글 '숲'자의 획에 의미를 담은 상징적 표현이기도 하다. 새로운 시대가 필요로 하지만, 인간이 오랫동안 갈구했던 자기실현적 삶을 조화롭게 이끌어낼 수 있는 인재를 의미한다. 이는 대학과 대학원이 키우고자 하는 책임있는 시민과 능력있는 전문가, 그리고 행복한 인생을 이끌어갈 수 있는 성숙함의 목표들과 연결되어 있다. 진리를 탐구하지만, 타인의 고민에 공감하고 공통의 해결과제를 발견하고, 자신의 고유성을 조직의 다양성의 요소로서 기여할 수 있는 인재이다. 자연스럽게 집단 창의성을 촉진하고 의미있는 프로젝트에 자신의 소중한 시간과 에너지를 쏟아낼 수 있고, 이러한 유익한 가치는 자신과 주변을 이롭게 한다. 생태적 인재는 보다 자신에게 충실하면서 동시에 조직과 사회에도 이로운 인재이다. 인간의 심원한 근원적 질문을 두려워하지 않고 자기자신을 탐색하고 인식하면서, 타인과 사회의 당면문제를 외면하지 않고 자신의 일부로서 관계하고 해결해갈 수 있다.

[그림 2-1] 숲형 인재의 인성, 학습과 토대

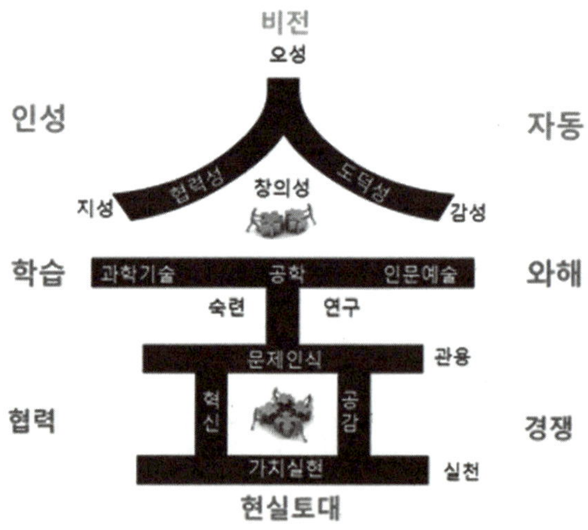


숲의 'ㅅ' 자에는 인성을 바탕으로 한 인생의 선택을 담고자 하였다. 2012년에 진행하였던 캠퍼스 내 c-TED에서 발표한 내용이기도 하다.

## ▌진정한 리더십의 개발 : 숲 그리기(ㅅ)[7]

- 인생의 가치 선택 : Value(Choice)
- 자신의 강점과 특성 : Verstility, Verity
- 자신의 동기와 의지 : Vigor, Volition
- 인생의 비전의 발견 : Vision(Creating)

## 1. 개요

인생에서 중요한 세 가지 영역을 들라고 하면, 마음가짐(이상)과 문제해결(현실), 이 모두에 영향을 주는 성장의 동력인 학습이다. 마음가짐은 학습에 의해서 바뀌기고 하고, 학습을 이끌어간다. 학습한 역량을 바탕으로 실천을 하며, 실천을 하면서 학습한다. 이를 기호로 표현하면 마음가짐에서 중요한 세 가지와 마음에 비전을 담는 것이 여정의 시작이다(ㅅ). 삼각형의 '시옷'에 담겨있는 비전이다. 각 꼭지점은 가치, 강점, 동기를 의미한다.

스탠포트의 저명한 조직학습의 대가인 제임스 마치 교수에 의하면 학습은 다른 영역을 개척하는 탐험과 자신의 영역을 심화하는 활용이 있다. 콜브의 모델에 의하면 학습의 영역은 내면과 외면, 사고와 실천을 오가는 순환적인 과정이다. 일본의 지식경영 대가인 이쿠지로에 의하면 암묵지와 명시지의 변환에 의해서 지식은 창출된다. 깊이있는 암묵지를 획득하는 것과 다양한 명시지를 획득하는 과정의 병행과 순환이 핵심적인 과정인 것이다. 숲의 '우'는 학습의 영역과 방식이 담겨있다.

마지막으로 숲의 '피읖'에는 융합과 통섭, 가치창출과 가치전달이라는 사업의 창출과 운영이라는 실천의 원리가 담겨있다. 자신의 인생에 어떤 사업을 하든지 혼자서 하는 것이 아니라 파트너들과 하고 고객이 있어야 하고, 맡은 영역의 지식과 사회영역이 관련되어 있다는 것을 이해할 필요가 있다. 이렇게 세 가지를 갖추었을 때 숲을 실현할 수 있다.

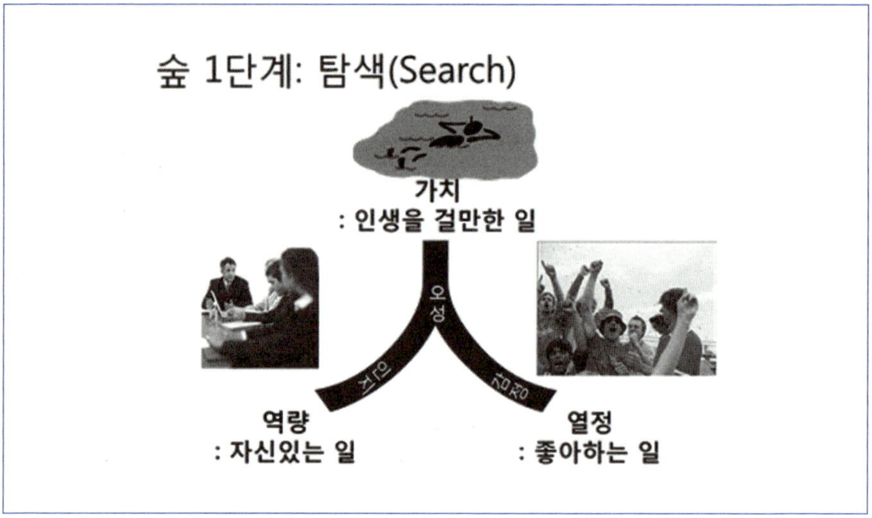


▲ 숲 1단계 : 탐색(Search)

## 2. 숲의 ㅅ : 진정한 자기자신 탐색

**학습활동...** 자신이 중요시 하는 가치들을 써봅시다.

건강, 성공, 월급, 승진, 성과급, 친구, 예술, 웃음, 꽃, 권익, 행복, 유머, 인내, 용기, 친절, 지혜, 우정, 스승, 영성, 국가, 공부, 주식, 집, 차, 배우자, 아들, 친척, 고향, 학교, 회사, 가족, 동료, 선후배, 여행, 쇼핑, 통장, 창조, 지조, 끈기, 호연지기, 책임, 지도력, 절제, 겸손, 감사, 신중, 용서, 배짱, 호기심, 사교, 판단, 비전, 정직, 성실, 친절, 사랑, 공정, 희망, 혁신, 사람, 인간관계, 돈, 여행, 재치, 환경, 곤충, 농사, 가축, ...

자기자신의 가치에 부합하는 일을 찾을 때에는 경제적 가치는 일단 부차적인 것으로 감싸놓는(브래킷) 과정이 필요할지 모른다. 하지만, 가치 안에서도 돈의 가치를 보다 상대적으로 매겨보면 인생에서 반드시 일순위가 되지 않는다는 통찰을 얻을지 모른다. 돈의 수단성이 어디에 쓰여야 할지에 대해서 다시 물어보면, 보다 근원적으로 자신에게 중요하고 필요하고 의미있는 인생의 상태와 방식으로서 가치를 찾을 수 있을 것이다.

도덕적 가치를 고려하면 자신의 행복 또한 최우선순위가 아닐 수 있다. 이는 경제적 인간에서 이야기하는 이기적인 인간의 전제를 극복하고 보다 진정한 인간성에 다가가는 과정이기도 하다.

경제적 가치를 보완적으로 극복하는 접근방식에는 사회적 기업가정신이 있다. 사회경제적으로 해결하지 못한 문제들이 여전히 다양하게 존재한다. 사회적 격차와 틈새를 메워가는 일은 보다 온전한 사회를 만드는 가치를 품고 있다. 이는 인간의 감정, 특히 행복과 불행의 정서가 서로에게 영향을 주고, 서로의 문제를 공감하고 연민하는 인간 감성의 원리이기도 하다. 개인별로 공감의 장(Compassion field)이 차이가 있겠지만, 다른 이의 고통을 인간은 느낄 수 있다. 타인의 고통과 문제를 해결하는 일 자체가 자신에게 의미있고, 사회적 복지를 높이는 길이기도 하다. 이는 현재 가속화되고 있는 금융화와 양극화로 인한 중산층이 부재한 불안정한 사회를 통합하고, 보다 지속가능한 지역사회들을 만들어가는 방안이기도 하다. 지역사회의 문제를 해결하는 사업을 한다면, 일자리가 없는 사람에게, 따뜻한 집이 없는 사람에게, 제때 식사를 못하는 사람에게, 아프거나 외로운 어르신께, 학교폭력에 힘든 학생들에게, 부모가 곁에 없는 아이들에게, 먹거리가 충분하지 않은 해외의 아이들에게 해결책을 지속가능한 형태로 제공할 수 있다. 단순히 복지의 수혜자가 아니라 스스로 참여하여 자신의 문제를 해결할 수 있도록 플랫폼을 제공할 수 있는 여지를 찾는다면 인간성의 보다 많은 잠재력을 실현하는 진정한 사회를 만들어갈 수 있을 것이다.

두번째는 자신이 열정적으로 생각하는 것을 찾는 것이다. 자신이 가장 좋아하고, 내재적 동기부여가 되는 일이다. 스스로 결정하고 자신의 인간적 존엄성을 느낄 수 있으며, 몰입할 수 있는 일이다. 이 과정에서 자신의 강점들이 자라나고, 일하는 과정 자체가 보상이 되어서 외재적 보상에 연연하지 않을 수 있는 일이다. 이렇게 몰입하는 일은 능력을 길러주어 어느 순간 자신이 가장 잘 하는 일과도 일치할 수 있는 접근방법이다.

돈이나 성공은 좇는 것이 아니고 따라오는 것이 될 수 있다면, 바로 몰입을 통한 강점의 축적과 발휘의 과정을 지속해가는 일이라고 할 수 있다. 물론 실제의 직무나 사업이 전환될 수 있지만, 어디를 가나 일하는 사람들이 없는 영역이 드물고, 어느 정도의 경쟁을 통해서 각자의 경력이 확립된다. 몰입과 강점은 서로 연관되어 작용하면서 진정한 자신의 경력을 개척해가는 견인차 역할을 한다. 다만 자신의 능력이 직무와 사업, 시장이 요구하는 수준을 넘어서고, 다른 구성원과 파트너들의 능력과 어우러 졌을 때 성과를 내고, 원하는 의미의 성공을 이룰 수 있을 것이다. 다음에서 다룰 자기학습(ㅜ)과 팀워크(ㅍ)의 두 가지 덕목은 자신의 선택이 원하는 비전으로 실현될 수 있도록 하는 가장 핵심적인 노력의 분야이다.

## 3. 진정한 학습 : 탐험과 심화(ㅜ)

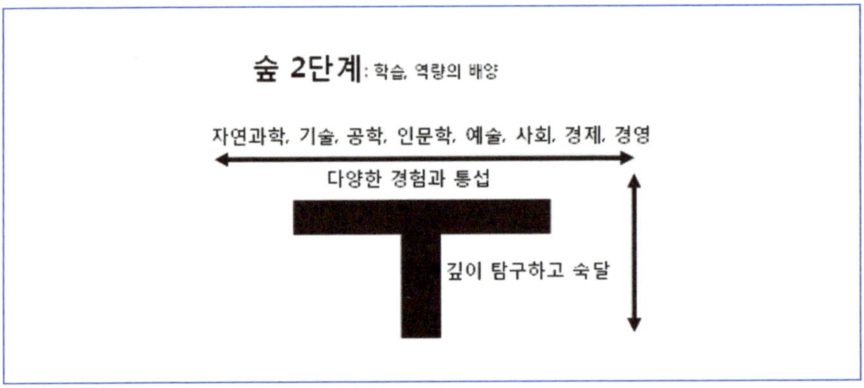


▲ 숲 2단계: 학습, 역량의 배양

숲형 인재는 스스로를 개발하고 주변의 관계를 확장하고 심화하는 진정한 학습을 할 줄 안다. 탐험하는 학습과 자신의 주요영역에서 능력을 심화하는 활용학습의 두 가지로 나누어볼 수 있다. 각각의 학습의 의미와 방법을 아는 것은 일종의 메타학습이라고 할 수 있다. 학습방법을 이해하고 배우는 과정이라고 보면 되겠다. 탐험과 심화 혹은 활용은 조직

학습 이론의 세계적인 석학인 제임스 마치 교수가 20여년 전에 제시한 것으로 기존의 학습전략들을 두 가지 다른 목적과 방법으로 정리하여 경영학계에 가장 큰 영향을 미친 이론이 되었다. 여기서는 두 가지 목적과 방안으로 진정한 자기자신을 설정하고 이를 성취해가는 방법을 보여주고자 하였다.

### 공부 1 : 흐름을 이해하기(STREAM)

인성교육과 재능개발, 기초학습 능력을 쌓고, 본격적으로 인류가 지금까지 축적해놓은 지식들을 학습하는 시간을 가진다. 특히 현대의 인재들에게 필요한 학습 분야는 흔히 스템이라고 부르는 과학, 기술, 엔지니어링, 수학(STEM: Science, Technology, Engineering, Mathematics)으로 현대인이 배워야 할 자연과학 및 공학에 대한 공부이다. 21세기 인류의 삶을 좌우하는 것은 보다 감성적이고 예술적인 부분들이 있기에 이에 대한 공부를 포함하여 스팀(Science, Technology, Engineering, Arts, Mathmatics)이라고 한다. 통합적 교육의 방법으로서 각 과목들을 별도로 가르치기 보다 예술로서 표현하는 방식을 통해 보다 친근하게 접근하는 효과적인 학습의 흐름이다. 여기서는 이러한 공부들이 단순히 지식에 대한 공부가 되어서는 안되고, knowledge worker로서 지식창출 능력을 가져야 한다는 의미에서 연구(research)를 넣었다. 스트림(STREAMs: Science, Technology, Research, Entrepreneurship, Arts, Medical science)을 가르치고 배운다면, 보다 복잡하고 불확실한 현대사회와 경제시스템에서 자신의 인생의 항로를 정하고 개척하고 항해하는데 매우 유익할 것이다. 연구는 진리탐구의 과정으로서 새로운 지식을 가설로 설정하고 이를 실험 및 조사의 방식으로 검증하고 반증하여 지식을 축적하고 확장해 나간다. 이러한 근원적인 방법에 대해서 익히지 않으면 아무리 많은 과학지식과 기술지식을 인지하더라도 실제 적용하거나 새로운 지식을 창출하지 못한다. 기존의 지식에 대한 엄청난 저장 및 접근기술이 실현된 시대에는 지식 자체의 보유능력보다는 이에 대한 이해와 활용, 새로운 지식의 창출방법 자체를 배우는 것이 중요하다.

과학은 크게 자연과학과 사회과학으로 나뉠 수 있다. 자연과학에서 다루고 있는 물리학, 화학, 생물학, 미생물학, 지리학, 수학 등의 학습은 세계지식을 제공함으로서 편협하거나 미혹하지 않고 현상을 보다 객관적으로 보고 판단할 수 있는 토대가 된다. 과학적 지식을 활용하여 실제 문제를 해결하는 지식의 집합으로 전환한 것이 기술이다. 기술은 일상생활에서 활용하는 제품과 서비스를 가능하게 하는 지식이다. 기술지식에는 제품 자체에 대한 지식과 만드는 공정에 대한 지식이 있다. 공정에 대한 지식에는 엔지니어링에 대한 지식이 포함된다. 새로운 지식을 만들어내는 활동은 연구로서 우리가 고등교육 과정에 보다 많이 도입되어야 할 뿐 아니라 중등에서도 학습방법처럼 메타과학에 대해서 학습할 필요가 있다. 과학사, 과학철학이나 과학적 방법론에 대해 배우고 이를 실제 연구 프로젝트로 익혀야 진정한 의미에서 지식근로자 내지는 문제해결자로서 창의적 전문가가 될 수 있을 것이다.

기업가정신은 사회와 경제의 전반을 만들어가는 가치창출과 사업창출 방법이다. 어떤 사업이든지 처음에 만드는 이들이 있고, 이를 지속적으로 혁신하는 생명력을 불어넣는 활동이 있다. 기업가정신이라는 용어는 17세기 정도에 프랑스에서 유래하였다고 하지만, 이는 인류사의 아주 오랜 인간사회 본연의 활동이다. 일종의 탐험활동으로 가장 오래된 형태는 부족사회나 마을의 지도자들이 조직구성원들이 먹고 살 새로운 방편을 찾는 과정이다. 현재까지도 태평양의 일부 부족에서는 빅맨이 있어서 마을공동체가 새로운 먹거리를 찾는 일에 주도적인 역할을 하면서 새로운 시도를 감행하는 현상을 인류학자들이 기록하였다. 어느 어촌 마을의 지도자가 근해에서 잡히는 물고기의 어획량이 줄어들어 막막할 때 사비를 털어서 큰 배를 장만하고 사람들을 모아 먼바다로 어업을 나가는 일도 원형적인 기업가정신의 발현이라고 할 수 있다. 농촌이라면 새로운 작물이나 농사법을 개발하여 마을사람들에게 보급하는 혁신적 활동이 농촌 기업가정신이라고 할 수 있다. 물론 현대에 와서는 농업기술센터와 같이 기술 허브가 존재해서 공공 기업가정신으로 발현되고 있다. 이처럼 기업가정신은 인간 사회에서 아주 오래되었고, 깊숙히 자리하고 있는 사회경제적 생명력이라고 할 수 있다.

현대에 와서는 기업들이 이러한 역할을 주도하고 있고, 이를 통해 새로운 혁신, 제품, 서비스를 시장에 소개하고, 기업가는 실패 혹은 성공을 맛보고, 투자자는 몇 배의 수익을 올리기도 한다. 기업가정신은 핵심적인 역할 만큼 사회경제에 미치는 영향이 매우 크다. 전세계 기업가정신의 요람이라고 할만한 미국 캘리포니아 산호세 지역을 중심으로 한 실리콘밸리는 현대의 혁신기업들의 본거지라고 할만 하다. 스탠포드대학교를 중심으로 혁신적인 숲형 인재들이 무에서 유를 창조하는 듯한 기업가정신을 발휘하고 있다. 휴렛패커드, 선마이크로시스템즈, 야후, 구글, 퀄컴 등 유수의 기업들이 신생기업으로 시작하여 글로벌 기업으로 성장하였다. 샌프란시스코 지역과 LA, 샌디에고 지역에도 다양한 정보통신, 엔터테인먼트 분야의 기업가정신으로 막대한 부와 고용을 창출하고 있다. 심지어 캘리포니아 하나의 주의 총생산이 프랑스 전체의 총생산에 이를 정도라고 한다. 기업가정신의 중요성 만큼이나 파급효과도 큰 데, 세계적인 부자인 워렌 버펫이 지적했듯이 세계의 부의 쏠림 현상은 자신과 같은 기업가들에 의해서 더욱 심화되고 있는 측면이 있다.

기업가정신 자체를 보다 보편적으로 보급하고자 하는 움직임도 있다. AoL의 창업인 또다른 스티브가 미주 전지역을 버스를 타고 다니면서 투자를 하고 신생기업들을 후원하고 나선 일이 있다. 기업가정신이 지역적으로 분산되고, 누구나 필요시 활용할 수 있고, 목적이 보다 친사회, 친생태적으로 자리잡을 수 있다면, 현대 사회의 문제를 보다 효과적으로 해결해갈 수 있을 것이다. 그런 의미에서 자신과 사회를 모두 이롭게 하는 숲형 인재가 꼭 배워야 할 것이 기업가정신이라고 할 수 있다. 사업을 운영관리하는 것이 경영이라면 새로운 사업을 창출하는 것이 기업가정신이다. 따라서, 경영과 경제분야에 한정된 학술체계라기 보다 공학이나 예술 분야에서도 매우 중요한 형태로 보완적으로 가르쳐질 수 있다. 교육기관이 아니라도, 자신의 분야에서 새롭게 사업을 일으킨 기업가들이 있으면, 이들과 가까이서 그 분야를 배우고, 사업에 필요한 여러 가지 지식과 네트웍을 구성해간다면 효과적인 기업가정신 교육이 될 것이다.

예술에 대한 학습은 인간의 감성을 이해하고, 공유하며, 음미할 수 있는 능력을 길러 인생을 보다 풍요롭게 만들어준다. 각자가 가진 예술적 창의성이 어릴 적 어느 순간까지 개발되다가 지식의 학습에 의해 후순위로 밀려있는 경우가 많다. 하지만, 예술은 여가처럼 부차적이기 보다 인생 자체가 자기표현을 내포하고 있으므로 보다 핵심적인 위치를 배정하고 지속적인 학습이 필요하다는 점을 지적하고 싶다. 예술은 자신과 사물, 타인의 관계를 과학적인 대상화를 넘어서 상호의존성과 연결성 차원으로 이끌어간다. 사물의 이름을 불러주고, 그 안에서 감정적이고 심미적인 표현을 찾고 타인과 공유하는 과정은 인생의 진정한 의미를 알게 해주기도 한다. 이런 아름다움을 음미하는 것이 인생의 가장 중요한 순간이구나 하는 느낌을 받을 수 있다면, 쫓기듯이 지식을 습득하고 시험에서 성적을 거두는 것 이상으로 중요한 차원이 있음을 인지할 수 있다. 자신의 감정을 타인과 공유할 수 있는 능력은 단순히 이해관계를 넘고, 지식의 창출이라는 수단적인 과정 이전에 인간적인 교류를 통한 진정한 관계를 경험하기 위해서 필요하다. 인간의 감정은 생각보다 인생에서 중요한 역할을 하는데, 논리와 지각은 판단의 합리성을 알려줄 때 감정은 진정 원하는 것이 무엇인지 판단기준을 알려주기도 한다.

보다 기능적으로 보았을 때도 제품이나 서비스를 보다 아름답게 만들어 심미적인 기준을 충족하는 디자인으로 고객의 선택을 받도록 하는 산업디자인도 예술의 한 분야이자 역할이라고 할 수 있다. 보다 학술적인 측면에서도 예술을 공부하는 것은 연구과정에도 매우 중요한 역할을 한다. 우리가 과학의 가장 획기적인 전환점이라고 부르는 아인슈타인의 상대성 이론도 단순히 수식을 공부하고 실험하는 것에서 나온 것이 아니라, 시간과 공간이 서로 연결되어 있음을 바이올린 연주를 하는 취미생활 속에서 영감을 얻었기 때문에 가능하였다고 한다. 아이디어를 발전시켜 가는 창의적 과정에서 바이올린 연주가 준 영감과 에너지가 결정적인 역할을 한 것이다.

마지막으로 별도의 전문대학원에서 가르치는 의학은 실제 인간의 생활을 건강하게 영위하는데 위생요인으로서 작용한다. 인간 스스로의 신체와 병리에 대해 이해하는 것은 자신과 타인의 건강을 지키고, 행복을 영위하는데 매우 중요하다. 실제 학습에 있어서는 이러한 부분이 오랫동안 전문가에게 맡겨져 왔고 스스로 무지의 영역에서 많이 벗어나지 못했다. 세균이나 심각한 질병에 대한 치료제와 치료법에 대한 지식을 배워야 한다는 것이 아니라, 내면상태의 건강이나 신체적인 구성과 원리에 대한 이해를 하는 것이 자신의 인생을 건강하게 만들어간다. 인생의 여러 가지 좌표가 있겠지만, 공통적인 것은 스스로 행복하고자 노력한다는 점이다. 우울증이나 강박증이나 불안증 등의 마음의 병리뿐 아니라 긍정심리학의 관점에서 보다 긍정적인 몰입과 행복의 방법을 배우는 것이 필요하다. 인체에 대해서도 세포와 뉴런, 의식 등 인지과학과 뇌과학에 기반한 인간 스스로에 대한 지식을 가지는 것이 인생을 보다 현명하게 이끌어가는데 참고가 된다. 특히 건강의 생태학적인 관점에서 보면, 바이러스와 면역체계처럼 슬픔이나 불행도 심리적으로 전염이 되고 행복과 긍정적인 심리도 옮겨져가는 것을 알 수 있다. 우리가 속해 있는 조직과 사회의 병리를 이해하고 이를 해결하고자 하는 프로젝트를 통해 건강과 행복에 대한 실용적 지혜를 갖는 수준까지 학습할 수 있었으면 한다. 어떤 조직에 속해 있든지, 어디에서 살든지 자신과 조직, 사회가 보다 건강하고 행복할 수 있도록 문제와 병리를 파악하고 해결할 수 있는 혁신적 문제해결자가 바로 새로운 생태적 숲형 인재라고 할 수 있다.

### 공부 2: 잎새들을 키우기(LEAPHs: Literature, Experiment, Analysis, Philosopy, History, and sprituality)

연구를 하는 방법은 크게 다섯 가지로 볼 수 있다: 문헌, 실험, 분석, 철학, 역사 등이다.

첫번째는 문헌(Literature)을 읽고 음미하고 행간을 상상하고 오랜 지식의 보고를 자신의 것으로 만드는 일이다. 대학의 지적 보고가 도서관인 것처럼 지역사회의 중심에 도서관이 문화적 중심으로서 역할을 할 때 구성원들이 보다 현명한 인생의 궤적을 찾아가는 지도가 될 것이다. 인류가 수천년 수만년간 찾아낸 지혜와 지식들을 우리가 실행착오와 실험으로 찾아내려고 하면 시공간적으로나 사회적으로 불가능하다. 그러니 연구의 첫번째 단계는 문헌과 살아있는 책들이 사람들에게 귀를 기울이는 것이다. 공감적 경청이라는 말처럼 단순히 표현만을 보는 것이 아니라 감정과 상황, 숨은 의도와 맥락을 함께 들어야 한다. 어떤 문제의식을 가지고 있고, 어떻게 풀고자 하고 있고, 어떤 난관에 처해있는지를 읽어내고 들을 수 있도록 노력하는 과정이다.

그 다음은 실험이다. 실험은 원인과 결과의 경험을 의미한다. 원인과 조건을 측정하거나 살펴보고, 어떤 결과가 나오는지를 측정하거나 경험하는 일이다. 실험실에서 모든 외부요인을 통제하고 내적 타당성을 높인 상태에서 실험을 하면 인과관계를 보다 명징하게 보여줄 수 있다. 하지만, 많은 현상들이 자연적인 상태와 사회적인 상황에서 일어나기 때문에 실험을 의도할 수는 없고 일부만 측정하거나 주시하는 것으로 대체해야 한다. 사회과학의 많은 연구들이 설문지나 사례조사연구를 통해서 이루어지는 이유이기도 하다. 물리학의 실험들, 이를테면 중력 지수를 측정하거나 빛의 속도를 측정하거나 우주 공간의 휨을 입증하는 실험을 많은 학문분야에서는 수행하기 어렵다. 특히 생명과 관련된 유전공학에서 유전자를 조작하고 그 결과를 보는 것은 생명윤리와 관련되어 매우 엄격이 규제를 받는다. 타인과 생명에 개입하는 실험은 실험행위 자체의 여파를 생각해야 한다. 양자역학에서 보어와 하이젠베르크가 보여준 것처럼 대상과 관찰자는 서로 연관되어 있어 완전히 간섭하지 않고 각각의 역할을 수행할 수 없다. 입자세계에서도 그러하고 생명의 세계에서도 그러하다. 그러니 윤리적인 고려와 함께 원인과 결과를 탐구하고 정리해가는 노력이 필요하다. 때에 따라서는 아인슈타인이 즐겨했다는 사고실험을 통해서 가상의 조건에 대한 결과를 유추해보면서 새로운 통찰을 얻는 것도 창의적인 연구방법이다.

실험을 하였으면 그 효과와 영향을 분석해 보아야 한다. 예상한 패턴이 나오는지, 원인의 영향이 어느 정도인지, 다른 조건과 얼마나 차이가 있는지에 대한 자료를 분석해볼 수 있다. 현상 자체에 대해서 보다 세분해서 보는 것을 분석이라고 하는데, 다양한 유형이나 경우로 나누기도 하고, 큰 문제를 작게 나누기도 한다. 현상은 여러 가지 복합적으로 나타나는데, 그 중에 어떤 것이 원인이고, 어떤 것이 조건이며, 이외에 어떤 요인들이 영향을 주었는지 분별해내는 것은 지적으로 매우 중요한 능력이다. 서구적 학문이 대세인 20세기에서는 분석적 능력이 특히 중요하였고, 이에 대한 여파로서 학술체계와 활동도 세분화되고, 과학도 환원주의적 관점에서 구성입장에 대한 추구와 미시적 토대에 대한 탐구가 여전히 가장 중요한 연구 프로그램으로 간주된다. 논리 실증주의적 연구가 현대 과학철학에서 한계를 지적받고 있지만, 여전히 실험과 이에 대한 해석을 통해 가설의 지지여부를 밝히는 것이 가장 보편적인 연구방법이다.

보다 오래된 연구방법은 철학적 사고가 있다. 테슬라의 성공이 철학적 사고에 연원하고 있다는 분석도 있다. 풀고자 하는 문제의 근원으로 돌아가서 가장 기본적인 원인과 원리를 파악하고 여기서부터 새로운 혁신 아이디어를 얻는 것이다. 그러므로 인생의 의미를 묻는 것뿐 아니라 혁신에 있어서도 근원적인 사고능력은 분명 매우 중요하다. 현상의 근본의 정체에 대해서 질문하고 파악하며, 현실적인 제약들을 풀어놓고 생각하여 해답을 찾을 수 있는 능력을 기르는 것이다. 조직의 리더의 제1의 역할도 "우리 조직의 근원적인 문제가 무엇인가"를 자문하는 것이다. 현재 상황의 근본적인 문제가 무엇이고 어떻게 해야 해결할 수 있는지 묻는 것, 왜 우리가 이 사업을 해야 하는지에 답하는 것 모두 철학적 사고인 것이다. 이는 새로운 혁신과 조직의 변혁의 출발점이자 나침반을 제공하는 방법이다. 진정한 리더가 새로운 운송수단으로서의 조직과 생존의 활로로서의 궤적을 찾아가는 지적 사유의 방법이기도 하다. 자기자신에 대해서 성찰하는 질문들과 사유는 철학하기와 다름 아니니다.

사유의 근거는 현재 일어나는 시공간의 현상뿐 아니라, 흘러갔지만 아주 많은 이야기들을 품고 있는 역사에서 찾을 수 있다. 역사는 박물관에 있는 것이 아니고, 우리의 현재 위치가 오랜 역사의 원인과 과정을 품고 있는 결과라는 것을 인식할 필요가 있다. 역사는 고착화된 사실들로서 어떻게 할 수 없는 것이 인류사라고 인식해서는 안된다. 역사의 선택들과 노력들, 조건들이 지금의 상태를 만들어내었기에 앞으로의 미래도 가변적일 수 있다는 점도 우리가 얻을 수 있는 역사적 지혜이다. 하늘 아래 새로운 것이 없다는 금언처럼 인간 현상에서 인간조건은 예나 지금이나 공통적인 것이 훨씬 더 많다. 기술과 문화의 수준이 달라지고, 인류의 규모와 문명의 발달 정도가 달라져서 나타나는 현상의 모습은 달라졌고, 앞으로도 달라질 것이다. 하지만, 변화의 원리와 패턴, 인간의 심리와 집단 간의 상호작용, 사회적 갈등과 조정, 종교와 문화적 대립과 갈등과 공존상태도 닮은 패턴들을 한 세기 전에도 오래 전의 역사에서도 발견할 수 있다. 현재 우리 사회가 안고 있는 문제들이 역사적으로 어떻게 연원하고 발전해왔는지를 이해하고, 현재 우리가 해결해야 할 역사적 소명이 무엇인지를 아는 것도 매우 중요한 학습주제이다. 여러 수단적인 지식들을 배워서 어디에 쓸 것이냐에 대한 고민이 없다면, 우리는 지식 저장고와 시험문제를 풀이기계로 전락하고 인생의 의미를 상실하는 자기방임이 된다. 대학 교육에서도 과목 교육과 지식전달에만 치중할 경우 이러한 결핍과 상실과 방황은 심각한 결과를 초래할 수 있다.

마지막으로 덧붙인 정신성(Spirituality)은 근대과학의 발달 이후 대학교육에서 가장 소외된 주제이자 방법이다. 물론 중세 교회에서 지구를 중심으로 돈다는 잘못된 믿음으로 케플러와 갈릴레이 등의 근대 지성을 엄벌한 것은 오류이지만, 인간에게 정신성과 의식은 가장 근원적인 현상임을 잊어서는 안된다. 다양한 과학지식과 기술지식을 익힌다고 인생이 풍요로워지고 행복해지지 않을 때 의아함을 느낀다. 지속적으로 과학영재들이 심화되는 과학교육에 대해서 회의하고 대학교 3-4학년 쯤부터 본격적으로 새로운 지적 탐험에 나서기보다 학습동기를 상실해가는 것도 우려스러운 현상이다. 현대 대학교육에서 소외된 인간의 정신성에서 해결해야 할 인생의 목적과 의미, 인간본연의 가치에 대해서 다시금 되새겨볼 필요가 있다. 경영학 교육도 이러한 정신 소외 현상에서 예외는 아니다. 성과를 강조하고, 수익창출을 강조할수록 기업의 진정한 목적과 구성원들의 가치와 존엄, 의미를 망각하거나 무시하는 실수를 저지르는 것이다. 현대 기업들이 가장 고민하는 종업원의 탈참여(disengagement) 현상도 구성원들의 내면상태와 인간정신에 대해 의도적 눈가리기(willful blindness)에서 비롯된 것이 아닌가 진단해본다. 특히, 선진기업을 되도록 빨리 모방하고 따라잡아야 하고, 주어진 목표를 신속하고 정확하고 정밀하게 달성해야 할 때는 구성원의 내면, 정신에서 일어나는 병리적인 현상을 돌볼 여력이 없었는지도 모르겠다.

하지만, 21세기는 인공지능에 의해서 인간의 전문적 문제해결능력이 대체되는 현상이 가속화될 것이다. 게다가 한국은 중국과 일본의 숱한 기업들에 의해서 추격과 견제를 경험하면서 새로운 활로를 찾아내야 하는 위기에 있다. 인간의 의지와 창의성, 윤리성, 감성 모든 잠재력을 일깨워야 헤쳐나갈 수 있는 도전이다. 역사의 도전에 우리는 인간의 정신성이 가진 가능성과 의지와 창의와 협력의 힘으로 대응해가야 한다. 인간에게 가장 중요한 현상인 정신성은 목적과 일치하는 일을 만났을 때 헌신하고 자기희생하며 몰입하여 가장 근원적인 창의성을 이끌어내는 생명력이자 생존력이기도 하다. 우리가 서로 연결되어 있고, 서로의 고통을 느낄 수 있다는 공감과 연민(Compassion)은 정신적이면서 심리적인 측면이지만, 혁신과 기업가정신을 이끄는 근원적 인간성이기도 하다. 타인의 고통을 해결할 때 보다 심리적으로 치유되고 후련해지고 보다 행복해질 수 있는 것은 인간본연의 정신성이다. 이를 바탕으로 올바른 종교활동도 가능하고, 정신적인 진리가 사랑인 것도 '인간이 관계적 실재'이기 때문이다. 인간의 관계적 실재는 현재까지 종교학자들이 연구를 통해 내놓은 답이기도하다. 고등교육에서 정신성에 대한 배제 현상을 중세의 근대과학을 무시했던 종교적 행태에 대한 합리성의 무의식적 방어로 볼 수도 있을 것 같다. 자연현상에 대해 무지하고 권위주의적 해석을 내놓고도 교정할 줄 몰랐던 종교기관의 행태 또한 인간사회가 가진 집단사고의 오류를 보여주는 것일 뿐이다. 어떤 체계의 일부분이 잘못되었다고 해서 모든 신념체계가 오류라고 보는 것도 방법론적인 오류이다.

뉴턴과학조차도 상대성이론에 의해서 모든 방정식이 부정되는 것은 아니고, 적용할 수 있는 경계조건과 영역을 제한하는 것으로 과학은 발전하고 있다. 정신성에 대한 영역도 과학적 합리성의 견지에서 충분히 수용되고, 연구되고, 통합될 필요가 있다. 나아가서는 인간이 가진 사랑과 연민의 정신성, 목적의식과 보다 큰 존재에서 의미를 찾고자 하는 본연의 속성에 대해서 이해할 때, 보다 진실하고 올바른 자기인식과 표현, 헌신적인 실천이 이루질 수 있을 것이다. 정신성에 대한 통합적 학습과 공부는 근원적인 질문에 대한 직접적인 지혜를 제공할 수 있다. 인간적으로 공감할 수 있는 목적을 찾고, 자기반성과 성찰, 변혁과 내면적 성장을 가능하게 할 수 있다. 일터와 사업의 실천 속에서 자기희생과 헌신 속에서 역사의 흐름을 보다 긍정적으로 돌려놓고, 개인의 삶과 조직생활에서도 의미를 찾을 수 있는 구성원과 지도자로 길러질 것이다.

요컨대, 공부의 영역에는 과학기술 및 공학과 인문·사회·예술 및 의학 등이 있다. 과학과 기술은 근현대의 교양이자 사회발전의 동력이다.

후자는 오랜 세월 동안 인간성을 구현하는 원천이자 근간이다. 이 두 가지 영역에 고르게 공부를 하여야 세상을 이해하고 적응할 수 있는 능력을 갖출 수 있다. 세계가 존재하고 움직이는 원리와 생태계가 탄생하고 진화해온 과정들은 자연과학(Science)에서 풀고 있다. 이를 중심으로 과학과 공학에 대한 공부를 중요시 하는 서구의 교육분야를 STEM이라고 칭하기도 한다. 여기에 예술을 더한 것이 STEAM이다. 하지만, 교육이 과학적 지식의 전달과 문제풀기에 그치는 경우가 많다. 그래서 과학과 공학 교육의 근원적 원리와 방법을 적용하는 연구(Research)를 포함해야 한다. 그런 의미에서 스트림이 되어야 한다. 수평적인 흐름(STREAM)이 이를 의미한다.

경영학 분야에 국한해서 보면, 조직심리, 조직설계, 마케팅, 생산관리, 재무관리, 경영전략, 정보시스템, 혁신경영, 기업가정신 등의 분야가 있다. 특히 이 중에서 우리가 다루고 있는 기업가정신, 혁신, 인사 및 조직 분야에서는 인간성의 이해와 실현이 매우 중요한 역할을 한다. 기업을 포함하여 다양한 조직의 탄생과 가치실현 및 성장과정에는 조직학습, 제도와 시스템의 설계와 구축, 시장기회와 산업의 변천, 정책환경의 변화 등이 영향을 미친다. 게다가 리더와 구성원의 가치, 동기, 감정 등 다양한 내면상태가 몰입과 참여, 창의성에 결정적인 영향을 미친다. 리더십과 혁신조직에 대한 지식은 혁신와 변혁의 현상에 대해서 보다 객관적으로 과학적인 연구를 해야 하고, 이러한 지식으로 효과성을 높일 수 있도록 공학적으로 조직을 설계해가야 하고, 인간성의 이해와 표현, 조직 구성원 정신건강에 대해서 이해하고 종합해야 구축될 수 있다. 전형적인 T형 학술분야이다. 확장된 범위와 인간성에 대한 깊이있는 탐구가 병행되어야 한다.

**학습활동... 인생여정 지도그리기 : 상류에서 대양까지의 여정(STREAM to OCEAN)**

- 자신의/우리의 비전을 만들어보자.
- 인생을 모두 걸 만한 사업을 찾아보자.
  * 비전(Vision) = 핵심이념 + 바람직한 미래의 모습
- 꿈의 여정 : 찾기, 떠나기, 방황하기, 추구하기, 목적지에 도달하기
  선택à 여정 : = 성공과 실패, 그리고 회복 à 실현의 시점

## 4. 통섭과 융합, 팀워크와 가치전달 (Ⅱ)

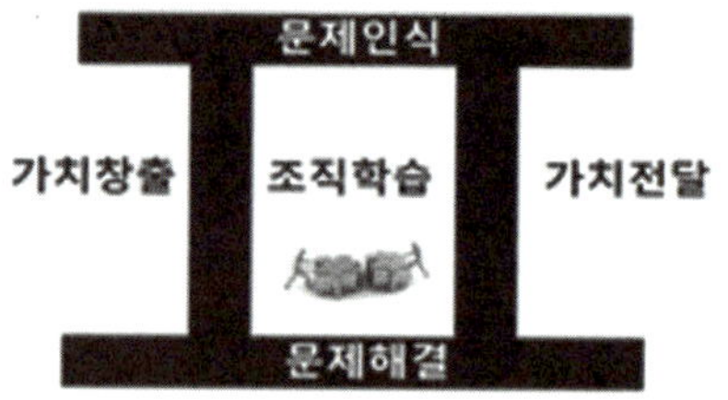


▲ 숲 3단계: 실천과 실현

인간성이 가진 잠재력을 최대한 발휘하기 위해서 인간의 창의성과 협업은 핵심적이다. 각자 자신의 고유성과 차이를 표현할 수 있으면 집단창의성에서 중요한 다양성을 갖추게 된다. 하지만, 구성원이 서로 신뢰하고 협력할 수 없다면 실현될 수 없다. 학문적인 발전과 융합도 협업을 통해서 가능하다. 하지만, 협력은 어렵다.

### 협력이 어려운 이유

- 서로 같지 않기 때문에, 오해하거나 거리감을 느낀다.
- 서로 다른 점이 무엇인지 이해하지 못하기 때문이다.
- 서로 기대하고 바라는 것이 다르기 때문이다.

- 서로 바라는 점을 맞추지 못하기 때문이다.
- 협력에 대해 준비가 부족하기 때문이다.
- 협력의 가치에 대한 인식이 부족하기 때문이다.
- 협력의 경험과 능력이 부족하기 때문이다.
- 협력에는 에너지와 시간이 필요하기 때문이다.

다양한 이유들로 협력은 기피되거나 실패하게 되기 때문에, 구성원들의 헌신과 참여, 소통과 통합을 이끌어낼 수 있다면 대단한 성취를 할 수 있다. 서구적인 접근은 보다 큰 목표를 제시하고 서로 협업할 수 있는 유인인 인센티브와 성과공유를 제공하는 것이다. 보다 집단주의적인 한국의 기업에서는 조직의 응집력과 위기의식을 통해서 집단적인 협업노력을 이끌어내곤 하였다. 보다 탐험적인 협업이 필요한 상황에서는 몰아붙이는 듯한 협력의 방식은 재고될 필요가 있다. 보다 창의적인 팀워크는 지속적으로 중요한 이슈가 될 것이다. 혁신조직을 실현하는 것도 조직을 이루는 팀의 진정성과 협력적 창의성에 달려있다.

### 진정한 핵심사업을 실현하자.

- 자기인식 : 내 인생의 의미, 핵심사업
- 자기규율 : 인생의 철학, 방식, 내면의 소리, 인생의 콤파스
- 문제인식 : 무엇이 절실한 문제인가? 나의 경우 교육 시스템의 혁신
- 공감과 소통 : 우리의 문제는 무엇인가? 무엇으로 힘든가?
- 즉시적 해결방식 : 브리콜라주, 즉흥적 해결방식, 민첩한 접근방식

### 우리가 세상을 보는 법

- 프레임에는 자기, 이름, 시간, 변화라는 네 가지가 행동경제학과 심리학에서 다루어지고 있었다.

- 자기중심성을 극복→타인 중심성→객관성→공감성→통합성
- 시간에서 과거, 미래에 대한 관점→현재 무엇을 할 수 있는가?
- 이름, 무엇이라고 부르는가? 이름을 어떻게 붙일 것인가?
- 변화에 저항하는 것, 특히 현재보다 손실에 대한 것, 변화에 대한 저항

## 어떻게 해야 사람들이 변화로 접어들 것인가?

- 더 나은 대안이라도 지금 그대로가 더 나은 것.
- 이것은 현상태 편향이라고 할만한 현상이다.
- 자신이 어떤 입장에 있느냐에 따라서 의사결정이 완전히 달라진다.
- 벤자민 바버가 "세상을 배우는 자와 배우지 않는자로 나눈다." 라고 했다.
- 강자와 약자, 성공과 실패가 따로 있는 것이 아니다.
- 여러분이 열심히 배우면 더욱 강해지고, 실패를 하더라도 성공에 이를 수 있고,
- 성공하다가 실패하지 않게 되는 것이다.

**지혜로운 사람의 10 가지 프레임** : 정확이 세상을 보는 시각 차원은 아니고, 학습과 실천, 언어, 소비, 행동 등이 모두 포괄된 것들이다.

1. 의미 중심 : 자신에게 어떤 의미가 있는 것인지가 중요하다.
2. 접근 중심 : 행복의 순간에 다가갈 때 우리는 더욱 행복하다.
3. 지금 여기 우선
4. 비교 프레임 버리기 : 누구를 생각하고 있느냐에 따라 자기개념이 달라진다.
5. 긍정의 언어 : 부정적인 언어, 긍정적인 언어의 차이, 5배 이상

6. 롤모델을 찾기
7. 주변물건을 바꿔라.
8. 체험 프레임으로 소비하라.
9. 누구와 프레임
10. 위대한 반복 프레임 : 학습, 꾸준함

### 학습활동... 창의적 프로젝트팀을 구성해봅시다.

각자의 가치에 보합하고 사업기회가 존재하는 공동사업을 전제하여, 신생기업이나 최고경영진에서 각자 자신에게 맞는 역할을 상정해봅시다. 의사진행과 결정을 담당하는 최고경영자(CEO: Chief Executive Officer), 최고 운영관리자(COO: Chief Operation Officer), CMO, CTO, CHRO, CFO, CSO 등 최대 7명으로 팀을 구성해보기 바랍니다. 자신의 현업이나 향후 원하는 직무영역을 각자가 살피고 수행을 책임진다고 보면됩니다.

**핵심사업과 인생계획 수립하기** : 1년 후, 2년 후, 10년 후… 변화된 모습

1) 우리의 핵심사업은 무엇인가요? 구체적인 모습(비전)과 목표하는 날짜(due date)까지 써보세요.
2) 중간목표(Milestone)와 실천계획을 짜봅시다.
3) 예상되는 어려움은 무엇이 있을까요?
4) 어떤 준비와 노력이 필요할까요?
5) 내 인생의 고객은 누구일까요?
6) 어떤 가치를 줄 수 있을까요?
7) 지역사회에 어떤 의미를 남길 건가요?
8) 최종적으로 지속가능한 사업모델을 설계해봅시다.

| 공급자 | 공동개발자 | CHRO | 엔지니어 | 고객상담 |
|---|---|---|---|---|
| 협력자 | CTO<br>공동개발 | 개발자 | CSO<br>시장조사 | 핵심고객 |
| 가치창출 | CFO<br>투자활동 | CEO | CMO<br>고객관리 | 가치전달 |
| 외부협력사 | 설계자 | COO<br>생산자 | 유통관리자 | 판매자 |

▲ 다양한 역할과 창의적 팀구성

### 학습활동... 인생의 오딧세이 계획짜기

자신의 인생에서 향후 10년의 계획을 4단계로 나누어서 짜보자. 현재의 흐름으로 가는 계획과 자신이 하고 싶은 일, 가치있게 생각하는 일을 각각 준비, 진행, 완성, 결과를 생각해보고, 최종적으로 이를 선별적 종합하는 방식으로 여정계획을 짜보자. 일, 놀이, 사랑, 건강의 관점에서 인생계기판을 만들어서 관리해보자.

- 자신의 인생을 평가해보고, 앞으로 어떻게 무엇을 하며 살 것인가?
- 단순히 생존모드에서의 정서는 어떠한가? 불안과 스트레스에 어떻게 강해질까?

〈자료원: 빌 버넷, 디자인 유어 라이프, 와이즈베리, 2016〉

## 제4절 숲형 인재와 역할모델 사례

한번 쯤은 접해보았을 만한 탐스(TOMS) 슈즈는 남미와 아프리카 등지의 신발이 없는 아이들에게 한켤레 당 한켤레의 신발을 기부할 수 있는 사업을 하고 있다. 소비의 외부성이 긍정적인 생태적 효과를 갖는 사업이다. 탐스 슈즈의 창업자는 블레이크 마이코스키로 처음에는 여행을 갔다가 현지 아이들의 고통에 공감을 하고, 천으로 만든 신발을 보고 아이디어를 얻어서 사업을 시작하게 되었다. 현지에 신발을 만들어서 원래 살던 캘리포니아로 와서 신발을 팔기 시작했다. SNS에 자신의 이야기를 지인들에게 알리자 많은 이들이 구입을 하고자 해서 사업이 돛을 올리게 되었다. 사업은 국제화되고 한국에도 진출하여 유명백화점에서도 구입을 할 수 있게 되었다. 1+1 소비와 기부의 결합 아이디어는 탐스 글래스 등 다양한 물품으로 파급될 수 있었고, 다양한 지역에서 실행될 수 있었다. 좋은 아이디어를 가지고 있으면 의식있는 소비자들에게 보다 쉽게 다가갈 수 있고, 어려움에 처한 세계에 공헌할 수 있는 일을 보다 쉽게 참여할 수 있다.

▲ 사진출처: 탐스슈즈 TOMS Shoes www.tomsshoes.co.kr

탐스슈즈는 사업의 대의가 매우 선하고 아름다운 일이므로 많은 인재들이 몰려들어 인턴십과 봉사로서 사업에 참여하고 있다. 의식있는 소비자와 함께 숲형 인재들이 함께 해서 보다 큰 숲을 만들어낸 것이다. 인간이 가진 감성과 오성, 도덕성, 이성, 창의성을 마음껏 발휘할 수 있는 자기실현공간을 마련해준 것이다. 근무한 기간이 짧던 길던 진정한 조직에서는 구성원들이 보다 많은 보람과 의미를 찾을 수 있고, 자기자신을 실험하고 새로운 해결과제에 몰두해볼 수 있다. 그 결과로 구성원 뿐 아니라, 소비자, 지역사회와 관련된 지역 공동체, 기부를 받은 아이들, 업계의 관행에도 좋은 영향을 미칠 수 있다.

▲ 사진출처: 탐스슈즈 TOMS Shoes www.tomsshoes.co.kr

숲형 인재인 블레이크 마이코스키 대표를 예로 여러분 스스로 자기탐색과 자기인식에 기반하여 자기실현적 숲형조직을 만드는 과정을 상상해보자.

## 1. 유연성과 친화력(Flexible & Friendly)

숲형 인재는 변화에 보다 유연하게 대처하고, 인간관계에 있어 보다 친화력이 높다. 숲이 늘 변화하는 날씨와 천재지변에도 견디는 것은 시시

각각 변화에 반응하고 함께 하기 때문이다. 다양한 대비책이 있고, 서로 협력하여 비바람을 견디는 숲의 수풀들처럼 숲형 인재들은 고유한 능력들을 갈고 닦는 동시에 세상의 변화에 무심하지 않고 세계에 대한 지식을 쌓아 변화에 대응해낼 수 있다. 마이코스키 대표의 경우, 새로운 나라 아르헨티나로 가서 현지에 잘 적응하는 유연성과 친구들을 사귀는 친화력을 가졌다. 사업의 초창기에도 고객들과의 친밀한 교류를 통해서 보다 빠르게 사업이 도약할 수 있었다.

새로운 변화에서 새로운 문제를 인지하고 대처하는 태도, 능력이 중요하다.

## 2. 개방성과 독창성(Open-minded & Original)

새로운 가능성에 열려 있어야 한다. 그러면서 새로운 결합을 자신 안에서 이루어야 한다. 그것은 자신의 고유성과 개방성을 모두 견지해야 하는 모순된 상황에 의해서 가능하다. 새로운 지적, 감성적, 사업적, 기술적 변화들과 경험에 열려 있으면서, 이에 반응하는 자신의 고유한 속성과 자질, 생각들이 독창성을 이룬다. 무엇보다 자신의 고유한 문제인식이 중요하다. 아르헨티나에서 신발을 신지 못하는 아이들이 길거리에 많이 보이고, 이에 대해서 당연한 현실로 받아들이는 현지인과 블레이크는 분명 다른 태도를 보였다. 새로운 환경에 열려있으면서, 자신의 감성으로 느껴지는 불편함, 문제, 고통스러움, 연민 등이 보다 자신만의 문제의식과 문제해결의 시도로 이어진 것이다.

## 3. 회복력과 적절성(Resilient & Relevant)

인생 여정은 생각보다 고되고 뜻하지 않은 장애물도 많이 만난다. 사업을 일으키는 기업가적 여정도 마찬가지이다. 좋은 제품을 만들었지만 잘 팔리지 않을 수 있고, 고객이 원하는 것은 다른 것일 수도 있고,

더 나은 것일 수도 있고, 다른 스타일일 수도 있고, 브랜드일 수도 있다. 좋은 제품은 불량없이 신뢰할 수 있게 전달하는 것도 매우 큰 도전이다. 주문에 대응하여 공급물량을 조달하는 과정에 재료비와 생산시설을 마련하는 과정도 기술적으로나 재무적으로 도전적인 일이다. 그 과정에 존재하는 위험요인들은 실제 실패나 실수로 난관이 된다. 거절 당하거나 불량이 나거나 자금에 쪼들리거나 구성원들의 갈등으로 심리적으로 소진되는 등의 실패들에도 멈추지 않는 것은 회복력이 있기 때문이다.

회복력은 자기 조절능력과 대인관계능력, 긍정적 심리자산 등으로 구성되어 있다. 감정조절, 충동을 절제하고, 원인을 이해하고 일이 일어나면 인과적으로 분석하고, 적절히 행동한다. 회복력은 부정적인 상황변화에 그간 쌓아놓은 긍정심리자산으로 버티고, 친밀하고 신뢰하는 관계속에서 치유하고, 감정을 추스리는 한편 적절한 해결책은 찾는 전환과정에 있다. 결국 어려움을 던져준 상황에 적절한 답을 찾아야만 해결이 되고, 진정한 회복이 되는 것이다. 평소에도 적어도 한 사람의 신뢰하고 의지할 수 있는 진정한 인간관계를 가지도록 해야 한다. 많은 사람이 있어도 신뢰할 수 있는 한 사람이 없다면 어려움 속에서는 소용이 없다. 솔직하게 진실하게 이야기하고 그 사람의 선의와 최선에 대한 기대를 의심치 않을 사람이 있는지 스스로 물어볼 필요가 있다.

## 4. 공감과 활력(Empathetic & Energizing)

새로운 일을 하게 되는 이유는 자기자신의 고민에서 출발할 수도 있지만, 타인의 고민과 문제에 대한 공감에서 출발할 수 있다. 탐스슈즈의 시작에서 아이들의 고충에 대한 공감은 새로운 성공적인 사업으로 이어졌다. 이 경우 문제를 해결하기 위한 무료 슈즈를 벌기 위해 유료 슈즈를 판매해야 했다. 이 과정에서 SNS를 통해 보내준 지인들의 공감이 매우 중요한 역할을 하였다. 공감하는 기업가와 공감하는 소비자가 많은 혜택을 세계에 보내줄 수 있게 된 것이다. 공감하는 인재들이 조직에 들어와 활력을 더하고 사업은 구글 글래스 등으로 다채로워졌다. 일하는 과정은 보다 즐겁고 캐주얼하여 각자의 스타일을 숨기거나 억누르지 않아도 좋다. 활력을 억누르는 대신 적절한 과업에 몰두하게 하고, 구성원 간의 즐거운 소통으로 이어지게 하는 숲형 조직을 구현할 수 있다.

### 5. 공생과 지속가능(Symbiotic & Sustainable)

탐스슈즈는 특정한 직업이 없이 아르헨티나를 좋아했던 어린 청년을 어엿한 기업가로 자리잡게 하였고, 많은 구성원들이 자기실현하는 장이 되었고, 소비자에게 타지역의 아이들에게 선행을 전할 수 있는 채널이 되었고, 아이들에게는 신발을 선물하는 일을 하였으며, 지역 제조업체에는 일감을 제공하였다. 여러 지역에 지점과 판매점을 내면서 이러한 공생적 파급효과는 지구촌으로 퍼졌다. 공생적이고 생태적인 관점을 가진 인재는 기존의 사업들이 충족하지 못한 구성원과 소비자, 사회성원의 필요를 충족하고, 보다 행복한 소비와 생활을 가져다 준다. 이러한 선순환적 사업관계들에 집중한다면 지속가능성도 높아진다. 가죽 재질이 아니라 천으로 된 신발이므로 동물애호가나 환경보호 입장에서도 긍정적이다. 보다 진실하고 올바른 사업을 일으키면서 자신의 인생여정도 세워나간다.

혼자만 좋은 신발을 신겠다고 하면, 백화점에 가서 브랜드 신발을 고르거나 제화점에 가서 치수를 재고 좋은 재질을 고르고 주문하면 된다. 이런 경우 자신의 문제는 해결한 셈이다. 이러한 통상적인 거래관계도 경제적인 효용을 가지지만, 사회적으로나 생태적으로 보다 지속가능한 형태의 사업과 인재는 좀 다른 관점을 가질 필요가 있다. 어떤 제품이 어떤 재료로 만들어졌고, 어떤 경로로 전달되고, 수익은 어떻게 보상과 사회적 공헌으로 이어지는지에 대해서 살펴볼 필요가 있다. 우리가 가진 사고, 끈기, 창의, 문제해결, 혁신, 재치, 즐거움, 몰입 등이 한 사람이 아니라,

구성원들의 인격이 되고, 정신적 유산이 되고, 정체성으로서 받아들여진다면 그 조직은 정말 강한 조직이다. 멋진 조직이고, 아름다운 조직이다. 그 지역, 시민들을 위한, 지역사회를 위한 사업을 하는 조직은 사랑받는 조직이다.

## 6. 관용과 협업력(Tolerant & Teamwork)

다양한 구성원과 이해관계자들의 권익과 자기실현, 참여와 창의성을 이끌어낼려면 차이에 대한 관용과 협업력이 필요하다. 혼자 시작한 사업에서도 마이코스키는 지인들의 도움을 받으면서 사업에서 탄력을 받았다. 수익을 내려는 기존의 사업방식에 대한 이해와 자신이 해결하고자 하는 지역아동의 문제의 상충의 갈등 속에서도 다른 요구들에 대한 수용과 관용적 태도를 견지했다. 그러면서 지역에서 신는 천으로 된 신발에 착안하고 이름은 전략의 SWOT 분석을 거꾸로 뒤집어서 사용하는 창의성을 발휘한다. 이를 실현하기 위해서 여러 가지 직무를 혼자서 하지 못하고, 동업자들과 숙식을 함께 하다시피 하고, 인턴들의 호의와 헌신을 좋은 협업관계로 이끌어내었기에 사업이 정착될 수 있었다.

사실 탐스슈즈의 이야기는 일면 동화처럼 느껴지는 부분도 있고, 아르헨티나 혹은 캘리포니아 만큼 문화적으로나 현실적으로 거리감을 느낄 수 있다. 하지만, 적어도 한국 지사에서 인턴을 해본다거나 백화점 탐스슈즈 매장에서 구입을 해보는 것으로 현실감을 느껴볼 수도 있다. 그러면서 자기자신의 일터와 삶의 터전에서 자신의 가치와 문제의식이 무엇인지 돌아보고, 이를 해결하는 방법을 탐구하는 문제의 배태(Incubation)로 나아가볼 것을 권유한다. 어느 순간 해결책이 유레카하는 통찰의 조망(Illumniation)으로 나타날 수 있다. 더 나은 방법은 같은 고민을 하는 다양한 사람들과 교류하고 협업하는 것이다.

### 학습활동... 그 한 사람을 가졌습니까?

- 언제든 솔직하게 모든 것을 이야기하고, 조건없이 신뢰와 정을 나누는 사람
- 자신의 부모님, 형제, 친척, 친구, 지인, 멘토, 선생님, 선배들, 상사들 중에는 긍정적인 기대감을 주면서, 고민들을 들어주고 함께 고민하는 분입니까?
- 신뢰하는 사람과 정기적으로 자신의 고민을 이야기하고 있습니까?
- 누군가의 어려움과 고민을 공감해주는 역할을 하고 있나요?
- 타인의 고민과 고통에 대해서 자신의 문제와 연결되었다고 느낀 적이 있다면 누구와 언제 그러했습니까?

### 학습활동... 경청(Listen) : 생태적 사업관점

상업의 관점에서는 거래를 통해서 수익을 내는 것이 우선한다. 장인의 관점에서는 완성도 높은 제품을 만드는 것이다. 학자의 입장에서는 선함과 정의로운 처우를 해주는 사업을 권장한다. 기후변화 문제로 지속가능성은 지구적인 문제가 되었다. 다양한 관점에서 사업의 목적을 들어보자.

추천 TED: Mayo Clinic History
https://youtu.be/2FEj6fcUzT4

### 사례탐구 탐험(Explore): 메이요 클리닉(Mayo Clinic)

세계 최고 수준의 의료서비스를 받으려면 이 곳을 찾으라고 한다. 세상에서 가장 사랑받는 의료서비스기관인 "메이요 클리닉"의 이야기를 들어보면 좋겠다. 다른 분야와 마찬가지로 분과별로 전문화가 이루어진 의료계에서 유래없이 협업이 잘 되는 기관이다. 어떻게 해서 이렇게 협업이 잘 되는지 이유를 찾아보자.

### 학습활동... 실행(Action)

자신의 가치를 찾아보자. 공통의 가치가 조직에서 가지는 힘은 대단하다. 그러므로 가능하면 어떤 스터디모임이든지 학습팀원들과 공통의 목적을 찾아보자. 공동의 목표를 설정하고, 공동의 가치를 찾아보자. 이를 통해서, 구체적인 행동으로서 프로젝트를 제안해보자. 이를 통해서 스스로 납득하고 마음이 움직이는 명분과 가치를 지닌 프로젝트를 시작해보기를 권한다.

### 학습활동... 관점(Perspective)

가장 최근의 프로젝트를 생각해보고, 잘 된 부분은 무엇이고, 잘 되지 못한 것은 무엇인지를 생각해보자.

잘 되지 못한 이유는 무엇인지, 특히 우선순위에서 무엇이 달랐는지, 일하는 방식에서는 무엇이 달랐는지를 생각해보자.

프로젝트의 고객은 누구이고, 문제는 해결이 되었는가?

# 제3장 진정한 기업가적 여정

## 혁신과정의 흐름(Stream)

인생여정에서의 경력 단계들은 기업가적 여정을 포함하고 준비기간을 포함하여 5단계로 나눌 수 있다. 탐색기-학습기-창업기-성공기-지속기의 5단계와 전환 및 정리기로 구성된다. 이는 조직수명주기 상에서 신생벤처들이 창업기-성장기-성숙기로 나눌 수 있었다. 기업가의 경력단계도 일반 경력개발단계에 따라 준비기-확립기-안정기로 나눌 수도 있지만, 경력의 마무리를 의미있게 마무리하거나 전환하는 부분에서 다양한 양상이 나타날 수 있다. 커리어도 과정이고, 창업도 과정이다. 한 때 성공했다고 보도가 된 성공기업이 하루 아침에 문을 닫는 경우도 있고, 어려운 시기를 지나서 성공을 하는 경우도 있다.

### 학습활동... 모든 것은 여정이다.

질문 1. 기업들 중에서 지속적으로 성공하는 기업을 찾아보자. 100년 이상 성공을 유지한 기업을 찾아보자.

질문 2. 성공했다가 한 순간에 무너지는 사례를 찾아보자. 오랜 시간 어려운 순간들을 지나서 성공한 기업을 찾아보자.

질문 3. 주변에서 어려운 기간을 버티고 성공적으로 경력을 찾은 사람을 만나보자.

### 혁신의 여정 이야기

혁신은 오랜 시간을 필요로 한다. 많은 자금을 투자해서 새로운 기술을 개발해도, 상용화까지는 기나긴 시간이 필요하다. 아이디어 중에 기술이 되는 경우도 적지만, 기술특허 중에 활용되고 있는 특허보다 활용처를 찾지 못하는 특허들이 훨씬 많다. 캘리포니아 샌디에고 동쪽으로 가면 죽음의 계곡(Death Valley)이 나온다. 너무 더워서 생명의 기운을 느낄 수 없는 곳이다. 모든 씨앗이 이 곳에서는 싹을 틔우지 못한다. 실제 제품에 이르지 못하는 기술들의 무덤을 비유하는 말로도 쓰인다. 연구소들의 성과지표는 특허와 세계적인 학술논문 편수 등으로 구성되어 있는 경우가 많다. 새로운 지식을 창출한 지표로서 타당하지만, 기술지식의 사업화에 대해서는 중요성을 인식하는 만큼 반영되지 못하는 경우가 많다. 단순히 성과지표의 한계라고는 볼 수 없는데, 학자와 연구자의 역량은 새로운 지식을 창출하는데 있어서, 이를 사업화하는데 필요한 정밀한 조정작업이나 시장의 성능지표를 뛰어넘도록 하는 추가적인 지원노력을 기울일 여력이 없는 경우가 많다. 그래서 많은 우수한 기술지식들이 사장되고, 시간이 흘러 가치가 빛바래게 되는 경우가 발생할 수 없는 구조가 형성되어 있다.

죽음의 계곡(Valley of Death)의 비유는 미국의 국립표준기술연구소(NIST: National Institute of Standards and Technology, www.nist.gov)에서 나온 것으로서 새로운 기술이 연구소에서 현장(Field)까지 도달할 수 있도록 관심과 투자, 개입 등의 연결(Bridging)이 필요하다는 점을 강조한다. 새로운 기술이 다행히 죽음의 계곡을 건넜다면, 다윈의 바다(Darwinian Sea)로 비유되는 진화와 경쟁의 시장에서 선택을 받아야 하는 상황에 처한다. 시장에서 외면당하는 신제품은 역시 사장되기 때문에, 성능, 디자인, 마케팅 투자 등 다방면의 노력이 필요하다. 핵심적으로는 어느 제품과 서비스가 고객의 문제를 더 잘 해결해주는지가 관건이지만, 고객의 체험 서비스, 유통채널과 판매촉진과 노출, 브랜드 등 마케팅 상의 변수들도 존재한다. 고객의 마음에 자리잡게 되고, 다행히 다시 찾게 되면 혁신은 상업적인 성공(Commercial success)에 이르렀다고 할 수 있다. 하지만, 여기도 정글과 같은 상황으로 언제든 도태될 수 있는 것이 시장의 상황이다.

#### 학습활동...

1. 죽음의 계곡과 다윈의 바다를 포함한 혁신의 과정을 시각적으로 표현해보고, 각 여정의 당면 문제를 표시해보자.

## 제1절 진정한 기업가적 여정

인생여정은 개인적인 생애와 전문가로서의 생애, 공인으로서의 생애(Personal, Professional, and Public Life)로 나눌 수 있다. 경력은 여러 가지 직무들로 구성되는데, 매우 안정적인 직장에서 반복적인 업무를 하거나, 새로운 사업을 개발하는 부서나 기업에서 일하는 경력들이 있다. 안정적인 직장에서도 새로운 사업을 개발하고 수행해야 하는 활동들이 포함되기도 하는데, 이를테면 대학의 경우에도 새로운 사업단에서 사업을 수행하거나 연구센터나 교육센터에서 새로운 프로그램을 개발하는 활동들은 대체로 기업가적이다.

기업가의 경력단계도 일반 경력개발단계에 따라 준비기 - 확립기 - 안정기로 나눌 수도 있지만, 경력의 마무리를 의미있게 마무리하거나 전환하는 부분에서 다양한 양상이 나타날 수 있다. 기존의 기업가적 경력을 4단계로 나누고 기업가적 경력유형을 16가지로 나누어서 역할모델에 따라 다양한 스타일이 있음을 볼 수 있었다.[1] 경력 단계(Career Stages)들은 기업가적 여정을 포함하고 준비기간을 포함하여 5단계로 나눌 수 있다. 감각기(Sense) - 학습기(Study) - 시작기(Start) - 성공기(Success) - 지속기(Signinificance)의 5단계와 전환 및 정리기(Sidestep and Summary)로 구분할 수 있다. 이는 조직수명주기 상에서 신생벤처들이 창업기-성장기-성숙기로 나눌 수 있었다. 여기서는 의미(Sense) 단계를 추가하여 자신의 신념과 가치, 잠재력, 열망을 성찰하고 선택하는 단계를 두었다. 이는 진정한 리더십에서도 가장 핵심적인 요소이고, 경력개발에 있어서도 나무가 되는 씨앗과도 같은 중요한 단계이다. 열망과 비전에 지식과 능력의 습득이 영양이 되고, 물이 되고 빛이 되어 나무로 자라기 시작하는 것이다. 그리고 잎들을 띄우고, 줄기가 굵어지고, 꽃을 피우고, 열매를 맺으면 성공적인 생육을 하였다고 할 수 있다. 그와 같이 경력도 맨처음 씨앗을 마련하는 단계가 매우 중요하기에 추가하였다.

[그림 3-1] 진정한 기업가적 여정의 단계별 주제와 의미 <<<<<<<<<<<<<<<<<<<<<<<<<<<

| 단계 | S1. 인식기 (Sense) | S2. 학습기 (Study) | S3. 시작기: 창업과 진정한 리더십 (Startup stage) | | S4. 성공기: 혁신조직 (Success) | S5. 영향기: 여정지속 (Significance) |
|---|---|---|---|---|---|---|
| 설명 | 자기가치와 신념 인식 | 탐험과 심화, 통찰과 연마 | 새로운 사업구상과 팀워크 형성 | 진정한 관계에서 긍정적 영향력 발휘 | 진정한 관계와 혁신의 실천과 실현 | 새로운 사업을 일으키는 건설적 성장 |
| 주제 | RAINS | LEAPS | FOREST | ARCH | CARRIER | SHIPS |
| 단계 요소 | Reason<br>Affect<br>Intent<br>Needs<br>Senses | Listening<br>Exploration<br>Action<br>Perspective<br>Synthesis<br>Learning cycle | Flexible<br>Original<br>Resilient<br>Empathetic<br>Tolerant<br>Talent & team | Authentic,<br>Righteous,<br>Compassionate<br>Holistic<br>진실하고, 올바르고, 연민하고, 전일적인 리더십과 팔로어십 | Creative,<br>Appreciative, &<br>Relevant<br>Quests-Relating<br>Innovating,<br>Executing, &<br>Resulting<br>Organization | Sustainable strategy<br>Habitat for resolution<br>Innovative organization<br>Platform of value delivery<br>Solution-set |
| 단계 의미 | 자신의 삶의 이유, 주요한 감정적 구성, 의지와 의도, 주변과의 연결의 인식과 자기 자신에 대한 동기화를 통해서 행동하고 표현하는 시기 | 지식과 방법에 대해서 습득하는 시기로서 과학적인 지식 등 다양한 습득을 하고, 새로운 경험을 통해 가능성을 탐험, 구체적인 실행과 경험, 성찰과 통합적 통찰을 통해서 지혜획득 | 보다 사회적으로 친화하는 사회성을 기르고, 스스로 유연하고, 독창적이고, 회복적, 공감적, 포용적 인재가 되기 위해 노력하고, 인재들이 모여서 새로운 집단이나 공동체를 형성함. | 새로운 관계들이 변화를 이끌어가기 위해 진정한 영향력을 발휘함(이를테면 진정한 리더십과 팔로어십) | 사회와 경제, 조직이 당면한 문제를 창의적이고, 긍정적이고, 적절한 질문으로 던지고, 이를 해결하기 위해서 관계를 형성하고 혁신하고 실행하고 결과를 도출하여 해결하는 조직을 통해 성공을 거두려는 과정 | 지속적 해결책을 만들어내는 생태계 조직과 플랫폼 형성하는 과정. 이는 생태적인 성공을 거두는 단계 |

<<<<<<<<<<<<<<<<<<<<<<<<<<<<<<<<<<<<<<<<<<<<<<<<<<<<<<<<<<<<<<<<

### 1단계 감각기(Stage 1: Sense & Savoring)

탄생 이후에 우리는 감각기관들이 발달하고, 주변에 일어나는 일들의 의미부여(Sense-making)을 하고, 나름으로 이를 수용하는 감수성이 발달한다. 인생의 단계로 보면 유아기에 해당하는 시기로서 심신의 건강한 성장과 정서적 발달 등 인격적 토대가 형성되는 시기이다. 자신의 정체성과 진정성을 구성하는 자기자신의 뿌리는 어디인지를 살펴볼 때, 우리는 어린 시절을 돌아볼 수 있다. 특히 인간관계 방식의 근원이 되는 부모님 등 보육제공자와의 애착관계는 어떠하였는지도 매우 중요하다.[2] 어떤 환경에서 자라고 지냈는가? 인생에서 가장 중요하다고 느끼는 것은 무엇인가? 가장 좋은 느낌, 편안한 느낌, 가장 행복한 순간의 장면과 상황은 각각 무엇인가? 자신을 믿어주고, 신뢰하고 의지할 수 있는 사람은 부모나 보육제공자, 선생님, 형제자매 등 다양한 사람들이 될 수 있으며, 위험감수 등의 활동과 실패에 직면해서도 회복하고 탐험을 할 수 있는 기반을 제공한다.

하루로 보면 아침과 같다. 아침에 감각을 깨우고, 음료를 한잔 하면서 다시 주어진 하루를 음미(Savoring)하는 시간을 가진다. 성장과정에서도 촉각, 후각, 미각, 청각, 시각이 발달하고, 환경을 파악하는데 감각을 활용한다. 감각에 대한 의식에 기반한 느낌을 되새기는 것이 음미라고 할 수 있다. 자기자신의 상태에 대해서 만족할 수도 있지만, 불만이나 불편을 느낄 수도 있다. 이를 해결하고자 하는 노력들이 일상적으로 장기적으로 이루어질 수 있다. 생애 기술(Life skill)에 대해서는 가정에서 학교에서 배우게 된다.

### 2단계 학습기(Stage 2: Search & Study)

탐색과 공부의 시기이다. 생애주기로 보면 학창시절인데, 다양한 기초 공부를 하고, 자신의 진로와 꿈에 대해서 생각해보는 시기이다. 자신에게 어떤 강점과 잠재력이 있는지 시험해볼 수 있다. 학습의 영역은 다양한데, 오랫동안 인문학의 가치에 대해서 강조를 해왔고, 대표적으로 문학과 역사, 철학, 예술 등이다. 근대과학와 현대의 기술문명의 시기에는 과학기술 분야(STEM: Science, Technology, Engineering, Mathematics)의 공부를 강조한다. 특히 아시아 지역의 과학기술 및 수학의 성취도는 세계적으로도 매우 높은 편이다. 학습의 기회를 다양하게 만들고, 개념적 지식 뿐 아니라, 인간관계와 일상생활 속에서의 인간관계와 놀이 등 인생기술(Life skill)에 대한 습득도 매우 중요하다. 고등교육의 단계에서는 이미 내가 좋아하고, 즐거워하는 공부는 무엇인지, 어떤 진로로 나아갈 것인지에 대해서 답에 접근하고 있는 것이 바람직하다. 나는 무엇을 하고자 하는가? 즐겁고, 가치있고, 강점이 있는 일을 한다면, 그 자체로도 인생의 많은 부분을 성취했다고 할 수 있다. 근로 혹은 노동 자체의 가치를 음미할 수 있기 때문이다.

인생의 시기적으로는 학창시절, 특히 고등교육을 받을 때 전문성을 심화해가는 동시에 세상에 대한 지식을 넓히고 실재화해간다. 교과과목 뿐 아니라 다양한 만남과 경험, 프로젝트들을 통해서 협력하는 방법과 문제를 효과적으로 해결하는 법을 배운다.

하루의 시간 중에서도 학습에 쓰게 되는 부분들이 있다. 이른 아침에 신문을 보는 것은 깊이보다는 세상지식의 폭을 넓히는 시간이 될 수 있다. 다양한 소식들로 세상의 최신 상태에 대해서 업데이트를 하는 것도 학습활동이라고 분류할 수 있다. 이보다 한 주제에 대한 책을 읽거나, 전문분야의 직무를 수행하는 시간이 있다면 깊이를 더하는 학습활동이다.

### 3단계 시작기(Stage 3: Startup & Struggle)

자신의 핵심사업을 시작하는 단계이다. 시작과 분투는 마치 등산코스에서 입구를 지나면 만나는 오르막, 초반의 힘겨움, 경우에 따라서 좌절을 느낄 수도 있지만, 결단과 의지, 노력이 상당한 영향력을 미칠 수 있는 시기이다. 단순히 주변에서 추천하는 경력을 시작하였거나, 시류에 편승하는 사업을 시작했을 때는 장미빛 기대와 다른 현실에 좌절감을 느낄 수 있다. 반대로 자신이 진정으로 가치있게 생각하고, 자신의 강점을 발휘할 수 있는 일들로 구성하였고, 사업팀이 서로 보완적이고 유기적인 협업이 된다면 집단적 몰입을 통해 보다 창의적인 과정과 결과물들을 경험할 수 있는 시기이다. 사내 창업이든 독립적으로 신사업을 시작하였든지, 가장 중요한 것은 초기 솔루션에 대한 아이디어를 구현해내는 것이다. 피고용인으로서 경력을 시작하는 경우에도 새롭게 만난 팀구성원들과 함께 일하는 법을 배우고, 자신의 진정성을 살려서 목소리를 낼 수 있다면, 좋은 시작이라고 할 수 있다. 물론, 세상과 직장이 요구하는 가치와 목표에 대해서 경청하고 자신이 적응해야 할 부분, 맞추어야 할 요건이 분명히 존재한다는 것도 잊어서는 안된다.

세상과 사업에 자신의 고유성을 적절하게 살리는 방법을 찾아야 진정한 팀워크가 다채로운 창의적 아이디어로 가치를 만들어낼 수 있다. 시작하지 못한 이들과 다시 시작하고자 하거나, 기존의 사업과 병행해서 새롭게 의미를 찾고자 하면 다음 질문을 던져보자. 나 자신의 핵심사업은 무엇인가? 자신의 신념과 가치, 잠재력, 자신의 목소리를 찾으며, 자기실현을 할 수 있고, 새로운 사업기회를 실현할 수 있고, 자신이 원하는 내적 성장과 배움이 있는 일인가? 핵심사업의 가치가 자신의 시간과 위험감수할 만한 사업인지를 잘 살펴보고 시작할 필요가 있다.

인생의 단계에서 20대 중후반에서 30대 후반의 청년기에 해당하는 시기로 자신의 경력을 선택해서 확립해가는 시기라고 할 수 있다. 기업 내에서 여러 가지 프로젝트를 수행하는 것도 작은 단위의 사업이라고 할 수 있고, 작은 프로젝트가 하나의 스타트업이 되기도 한다.

### 4단계 성공기(Stage 4: Success & Strive)

성공하기 위해 노력하는 단계이다. 노력은 조직을 만들어가고, 시장에서 통하고 문제를 해결하는 제대로된 혁신을 하는 일이다. 혁신에서의 성공은 단계적 성공으로 구성되어 있다. 새로운 솔루션을 설계하는 제안적 성공, 기술적으로 구현하고 엔지니어링으로 돌아가게 만드는 기술적 성공, 시장에 출시하여 고객들이 구입하고 만족해 하는 상업적 성공, 수익을 거두어 충분한 고용을 하고 구성원들에게 약속하고 기대하는 복지를 제공할 수 있다면 조직적 성공이라고 부를 수 있다. 따라서, 단순히 돈을 번다는 차원보다는 복합적인 성공이다. 진정한 성공은 최소한 창의적인 제안, 기술적인 성능, 고객의 구입, 지속적 가치창출, 자신을 포함한 구성원의 자기실현과 만족으로 구성되어 있다. 이 중 하나라도 빠진다면 성공의 의미가 퇴색된다고 하겠다. 사업으로 이루어낸 혁신은 고객과 공감하고, 고객의 니즈, 고민과 일상적 문제나 고통을 해결하고, 이해관계자들과 서로에게 유익한 결과를 가져오는가?

성공기라는 시기 자체는 여러 가지 성공을 경험할 가능성을 의미하는 것이어서 무조건 성공해야 한다는 당위는 아니다. 성공은 여러 가지 의미에서 쓰일 수 있다. 여러 가지 단계에 쓰일 수도 있는데, 첫 번째는 새로운 문제나 기존의 문제에 대해서 새로운 해결책으로서의 아이디어를 제안하는데 성공하는 것(제안적 성공), 두 번째는 팀을 꾸리는데 성공하는 것(조직적 성공), 세 번째는 기술적으로 작동하는 솔루션을 만드는데 성공하는 것(기술적 성공), 네 번째는 고객이 솔루션을 사용해서 가치를 느끼고 구매를 하는 것을 의미한다. 이를 바탕으로 지속적인 가치를 창출하는 조직체계와 사업모델을 만들어냈다면 사업적 성공이라고 할 수 있다. 다음 단계에서는 그 이상으로 추구할 수 있는 성공의 의미를 살펴본다.

### 5단계 지속가능기(Stage 5: Significance & Sustainability)

지속가능성의 단계는 보다 성숙한 경영의 성공을 성취하는 단계이다. 경영성과가 경쟁우위와 수익률, 시장점유율을 기본으로 할 수 있지만, 전략적 의미와 성취를 넘어서서, 공익과 사회와 맺은 다양한 이해관계들에서 환경 및 사회 생태적으로 지속가능할 수 있도록 내밀한 성취를 시도하는 단계이다. 최근에는 경제적, 사회적, 환경적 지속가능성에 대한 강조를 하기 때문에 외적인 기준으로는 보다 성숙하고 바람직한 방향으로 성공을 바라보고 있다. 기업들도 사회적인 기대와 의무를 다했을 때 지속가능한 성공이라고 부를 수 있다. 이를 위해서는 성공의 생태적 속성을 이해해야 한다.

성공을 거두는 과정에서나 지속하는 과정에서 구성원, 고객, 지역사회, 투자자, 다양한 이해관계자 등이 복합적으로 관여하고 있다는 점이다. 사회적 책임과 지구적 위기에서 비롯된 생태적 책임 등 기업윤리적 고려와 함께, 심리적 차원에서의 진정한 성공은 스스로 느낄 수 있어야 한다. 사업의 성공이나 성취를 인정하고 축하해주는 자리에서 스스로 진정한 자기자신으로서 자기실현을 느낄 수 있는지가 중요하다. 내면적 생태성으로서 이 일을 통해 소중한 가족 구성원이나 지인들이나 자신의 심정 깊은 곳에서 보람을 느낄 수 있는지, 아니면 성취를 위한 희생과 소진으로 허탈감을 느끼는지도 매우 중요하다. 특히, 사업의 중심에 있는 최고경영자나 중간관리자, 주요 헌신적인 구성원들과 고객들이 사업의 목적을 진정으로 느끼고, 계속 헌신하고 몰입하고자 하는지는 무형적으로 가장 중요한 심리적 지속가능성의 차원이다. 구성원들이 함께 해야 하며, 투자자와 공급자 등과도 함께 공유할 수 있고, 사회와 시장이 인정할 수 있어야 한다. 구성원들이 잠재력과 저력을 다 하고, 직무를 행하는 어디서든, 보람을 느끼고, 자기실현에 이르는가?

### 전환단계(Stage transition: Saturation, Sideline & Switch)

각 단계에서는 주된 도전 및 발달과제가 있고, 당면문제가 있고 이를 해결하면 다음 단계로 나아갈 수 있다. 물론 해당 단계에서 문제를 완전히 해결해야만 하는 것은 아니지만, 해당 문제를 건너뛰는 경우에는 사전적인 준비가 안되어서 겪는 결핍의 문제를 중첩적으로 겪을 수 있다. 이를테면, 학습기에 충분히 세상의 지식을 학습하지도 못했고, 전공분야의 지식과 기예를 익히지도 못했을 경우에 자신의 경력에서 성공하기 위해 몇 배 더 어려움을 겪을 수 있다. 감각기에 충분히 감각을 발달시켜서 주변환경에 대해서 파악하는 능력을 키우지 못했다면, 사업의 활동이든 나중에 사업의 성공을 나누는 시기에도 제한된 관찰력과 파악력으로 어려움을 느낄 수 있다. 새로운 사업을 시작하지 않고, 세상에 필요한 솔루션을 개발하여 전달하지 않은채 성공을 거둘 수는 없다.

시간적인 자원의 제약이나 자신의 결정으로 다음 단계로 나아갈 수 있지만, 토대에 해당하는 단계에서의 충실함과 결핍은 나중에 그 영향을 미칠 수 있다는 점을 염두에 두어야 한다. 각 단계의 노력이 포화되어서 적절한 수준의 발달과 성장을 이루었다면 다음 단계를 시도하고 기대해 볼 수 있다. 각 단계에는 해당 문제를 해결하는 다양한 선택과 접근방법이 가능하다. 현재의 방법이 잘 되지 않거나 선택이 내키지 않는 경우에는 경력을 바꾸는 것(Switch)과 같은 시도를 할 수 있다. 이를 위해서 잠시 병행(Sideline)하는 방법도 있다. 파트타임으로 기업가로 성공하는 경우가 있는데, 이는 본업 이외에 다른 사업에 투자자, 자문가, 파트타임으로 참여를 하는 것이다. 이를 통해서 수익을 거둘 수도 있고, 본업보다 나으면 전환할 수도 있다. 본업이 이외의 새로운 사업을 하는 경우 10% 기업가 혹은 기존 사업에 덧붙인 경우에는 110% 기업가라고 할 수 있다.[3)]

어떤 사업을 완성도 높게 확립하고 나서 어느 순간 그 일에서 자신의 역할에 대해 재고하게 되는 순간이 온다. 그 이전의 어떤 경력의 단계에서든 지금까지의 경력에 대해서 재고하고 진정한 경력을 탐색하고 추구하는 전환은 가능하다. 지금까지 자신이 따라온 궤적과 남긴 영향력과 흔적, 의미들을 정리해보고, 성찰하고 통찰하는 시간을 가질 수 있다. 과연 이 경로가 자신이 원하는 진정한 성공에 이르게 하는지, 지금까지 거둔 성공이 과연 자신의 가치와 신념에 부합하는지 점검해보고, 전환할 수 있다. 지금의 일이 성공적이라도 가능하다면 보다 재밌고 일을 몰입하고 즐겁게 하며, 가치와 의미를 전달하고, 스스로도 인격적으로 탁월하게 성장하는 일은 무엇인가? 등을 자문해볼 수 있다.

매일 자신이 해야 할 일들(To-do-list)를 만들거나 행동 아이템을 만드는 것은 아이디어를 실행으로 옮기려는 노력이다. 하루 일과가 지나서 자신이 해낸 일들이 무엇이고, 어떤 의미가 있는지를 살펴보고 음미하는 시간도 매우 중요하다. 하루를 정리하는 시간처럼 생애 여정의 중간

중간에 하고자 하는 일을 얼마나 하고 있고, 제대로 나아가고 있는지를 점검하고, 잘못되었다고 느끼는 순간이 오거나 그 전에 방향을 전환해야 할 것이다.

### 진정한 여정의 조망(Outlook of Authentic Journey Stages)

생태계적 은유에서 바탕으로 새로운 가능성이 배태되고, 성장하고, 단계별로 해결하는 방식에 따라 고유한 형태로 경력과 사업으로 성숙해져가는 단계를 살펴볼 수 있다. 이는 복합적인 수준을 가지고 설정한 단계모델이지만, 개인의 수준에서 출발하여 조직 수준으로 성장해가는 다중 수준의 모델이다. 이를테면 자기자신에서 출발하여 자신의 진정성을 발견하고 자신의 인생의 궤적을 정해가는 학습기를 거쳐서, 함께 일할 파트너를 구하고 사업을 시작하는 단계에서는 집단수준으로 발현한다. 발현적 모델의 장점은 다양한 구성원들이 개인 수준에서의 발달과제를 조직과 사업 수준으로 연결할 수 있다는 장점이다.

특히 기업가의 관점에서 보면 1인칭 시점으로 전체 과정으로 살펴보아도 일관성 있게 적용이 될 수 있다. 전문가적 경력을 추구하는 경우에도 자신이 영리 사업을 하지 않더라도 자신이 진행하는 부분 프로젝트들을 분석하는 틀로 활용할 수도 있고, 인생 여정을 살펴보는 개념틀로 활용할 수 있다. 각 단계에 속해 있는 기업의 경영자의 경우, 기업경영을 보다 성숙하는 방향으로, 생태적 경영을 하기 위해서는 어떻게 해야 할지에 대한 단서를 제공할 수 있다. 이를테면, 사업의 성공기(Success stage)에는 성공을 추구하는데, 다양한 성공이 존재하며, 어떤 사업이든지 개선적이든 획기적인 수준이든 혁신이 필요하고 이를 실현하는 혁신조직(Innovative Organziations)을 만들어가야 할 필요를 느낄 것이다. 혁신조직은 설계와 구축의 과정이 필요하고 지속적인 관계경영이 필요한 조직이다.

단순히 구조만의 문제가 아니고, 지속가능한 전략과 조직체계, 스킬과 솔루션들의 구성으로 이루어져 있다. 이를 바탕으로 지속가능한 형태의 사업은 이해관계자, 투자자, 전문 서비스, 인프라스트럭처, 제도적인 조건 등의 생태계적 구성과 조건이 수반되어야 한다는 관점을 성숙시켜 가야 한다. 도달하고자 하는 성공의 수준을 보다 지속가능한 형식과 내용의 생태계적 비전(Habitat vision)으로 설정한다면, 중간에 상업적인 성공에 의해서 자만(Hubris)과 방만한 경영에 빠지는 위험을 덜 수 있고, 기술적인 어려움 속에서도 지속할 실천의지를 지탱하는 사업의 가치에 대한 확신을 제공할 수 있다. 난제들을 해결하는 과정에도 숱한 협력과 교류가 필요한데, 이는 투자자, 자문, 고객, 구성원들이 무경계로 협력을 하는 이상적인 조건에서 보다 해결에 가까워질 것이다. 현실에서는 갈등과 의사소통 상의 오해나 지체, 마찰로 인해서 의도한 대로 구현되지 않는다. 이러한 제한된 협력조건을 극복해가는 것도 경영의 중요한 부분이다. 특히 복잡성과 다양성의 도전이 커지는 현대 사업경영에서는 더욱 그렇다.

각 단계에서는 개인별로 자신의 스타일과 방식을 점검해볼 수 있는 질문을 제시할 수 있고, 이에 따라 매우 다양한 인생과 학습, 기업가적 여정이 가능하다는 것을 파악할 수 있다. 이를테면, 진정한 인생여정을 위해서 자신의 가치와 신념 등이 사람마다 매우 다양할 수 있다. 자신의 인생에서 진실하게 다가오는 세계지식(World knowledge)에 기반한 신념(Belief)과 이에 기반해서 형성되는 가치(Value) 체계도 중요한 자기인식이고, 가까이 느끼는 문제들, 어려움들에 대한 공감(Compassion)은 실천적인 의미에서 더욱 중요한 부분이다. 행동의 선택을 내리기 위해서는 법적인 기준 뿐 아니라 도덕적인 기준에서도 옳다는(Righteous) 판단이 서야 한다. 즉, 공감하고 진실하고 옳다는 자기인식과 실천에 의해서 인생여정이 출발한다면 이를 진정한 인생여정이라고 부를 수 있다. 마치 씨앗이 좋으면 잘 자라서 숲을 이루는 나무가 될 가능성이 높은 것과 같다.

씨앗이 잎을 틔우고, 줄기를 곧게 뻗어올리고, 뿌리를 내리면 커가는 과정에 다양한 영양분과 햇살, 물 등이 필요하다. 그처럼 인생여정, 변혁의 과정에서는 다양한 관계와 경험 속에서 성찰하고 연습하고 통찰하며 관점과 능력을 키워가는 자기학습이 필요하다. 이는 Kolb의 학습 사이클에서 지적한 바 있는 구체적 경험과 추상적 이론화, 실험과 성찰의 과정이 필요하다는 관점을 계승하고 있다. 동시에 Nonaka가 지식창출에서 제시한 것처럼 암묵지의 차원과 상호전환적 과정이 필요하다. 이는 순환적으로 일어날 때 지식이 선순환적으로 창출되며, 필요한 해결책과 노하우에 더욱 가까워질 수 있다.

학습과정은 창의적인 팀조직에서 더욱 활발하게 일어날 수 있다. 창의적인 팀워크를 통해서 교류하고 협력하는 이들과 신규 해결책을 만들어내고자 노력할 것이다. 새로운 아이디어를 모으고, 결합하고, 테스트하고 종합하는 과정을 통해서 솔루션의 설계도가 그려진다. 이렇게 종합된 솔루션셋은 사업기획이나 창업을 위한 사업계획서, 사업모델, 제품모델 등으로 제안될 수 있다. 이러한 창의적 팀워크는 사내 기업가정신으로 발현될 수 있고, 신생벤처로 기업가적 여정을 시작할 수도 있다.

진정한 리더십은 진정성과 자기학습, 창의적 팀워크에 기반한 비전과 가치를 실현하기 위한 영향력의 과정이다. 이는 진정한 팔로어십을 형성하기도 하고, 필요로 하기도 한다. 진정한 팔로어들이 있어야 가치를 공감하고 어려움들 속에서도 진정한 영향력이 온전히 조직 전반에 전달이 된다. 구성원들의 자기표현과 실현, 자기개발과 조직학습을 통해서 혁신조직이 필요한 솔루션을 구현해내고, 이를 기반으로 한 지속가능한 사업이 생태적 성과지표를 채우면서 완성되어 갈 수 있다. 다음 [그림 3-2]는 이러한 과정을 보여주고 있다.

[그림 3-2] 진정한 기업가적 여정: 전체적 구성틀

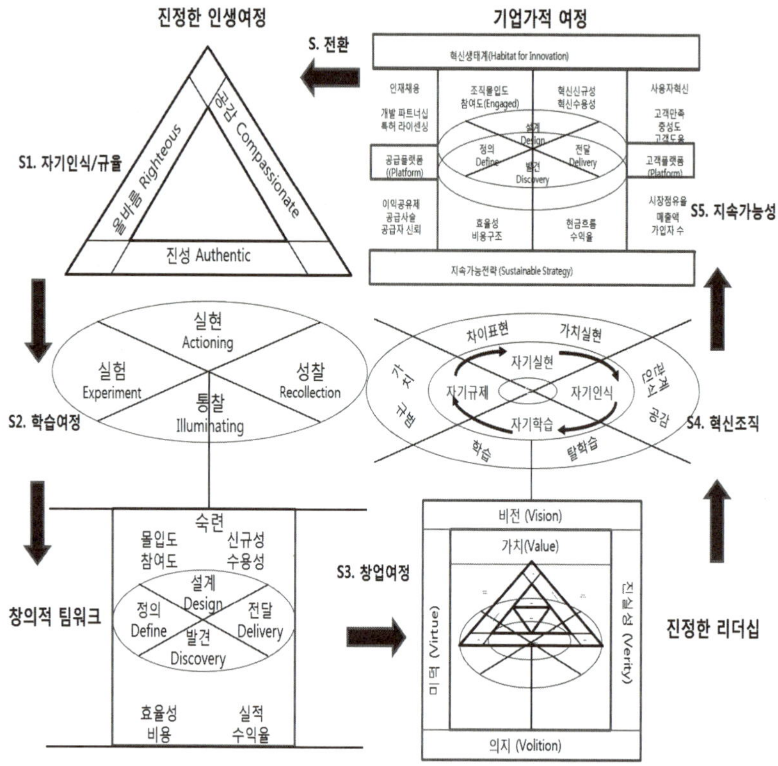


## 학습활동... 개인의 경력선택과 실험

시작기(Start) = 탐색, 전향, 집중, 공부, 노력, 탐색, 전환, 상상, 시도

- 경력선택과 개발은 일생에 걸친 일이고, 인생문제(취업, 중년위기, 인생이모작)
- 경력 : 자료조사, 자기성찰과 이해, 테스트, 피드백, 시도와 자기실험, 공부와 준비
- 생각하고, 답변해보고, 주변에 의논해보고, 피드백 받아보자.

① 내가 가장 행복했던 일은 무엇인가? 가장 의미있고, 자신이 몰입할 수 있는 일은 무엇인가? 가장 즐거운 일은 무엇인가?

② 내가 가장 잘 하는 일은 무엇인가? 가장 잘 할 수 있는 것은 무엇인가? 어느 일에서 나의 역량을 발휘하였는가?

③ 나의 성격(자연스러운 나의 성향)은 어떠한가?

④ 어떤 직무에 잘 맞는지 시험해 본적이 있는가? 가장 자연스럽게 느끼는가?

⑤ 시간 가는 줄 모르고 몰입하는 상태(Flow)를 경험할 수 있고, 가장 잘 할 수 있는 일들의 리스트 작성하기.

⑥ 자기 실험과 학습의 시기 : 여행, 만남, 모임, 공부, 미래계획

⑦ 자신이 선택한 직무를 보다 잘 하기 위해서, 어떻게 준비를 해야 하는가?

⑧ 내가 사업을 한다면, 언제, 어떤 준비를 해야 가능할까? 해볼만한 사업?

⑨ 자신의 잠재력, 재능, 의지, 열의, 절실한 바램이 있다면?

⑩ 팀원들이 서로 피드백 해주기 : 경력계획, 팀에서의 역할, 공헌에 대한 피드백

# 제2부 진정한 여정과 창의적 학습과정

# 제4장 지속가능한 여정의 딜레마

**연구문제**

1) 자신의 경력, 사업, 인생의 변화들에는 어떤 것들이 예상이 되는가?
2) 자신의 미래의 변화들을 명확하게 포착하고, 자신이 원하는 안정적인 미래를 실현할 방법은 무엇인가?
3) 새로운 프로젝트를 수행할 때 보다 창의적인 과정과 성과를 구현하기 위해서는 어떻게 해야 할까?
4) 경력을 여러 가지 프로젝트로 구성을 한다면, 어떻게 해야 보다 긍정적인 느낌을 느끼면서 원하는 성취를 얻을 수 있겠는가?
5) 자신은 불확실한 미래를 알기 위해 어떤 노력을 하고 있고, 새로운 사업들을 벌리는 기업의 입장에서 신시장이라는 대양을 안정적인 궤도로 항해하기 위해서는 어떤 준비들이 필요할까?

## 제1절 불확실한 환경과 지속가능한 사업

시대와 환경에 따라서 필요한 리더십과 조직은 달라진다. 지금의 시대는 4차 산업혁명과 인더스트리 4.0으로 호명되는 변혁기이다. 이미 클레이튼 크리스텐슨 교수가 주장하는 와해성 혁신(Disruptive innovation)이 산업의 재편을 가속화하여,[1] 어떤 시장의 위치에서도 사업적 성공을 장기적으로 장담할 수 없는 상황이다. 휴대폰 시장에서 스마트폰이 되면서 세계1위에서 사업을 접은 노키아, 레이저폰으로 세계시장을 석권했다가 인수당한 모토롤라, 블랙베리로 미국시장을 석권해 세계를 놀라게 했던 캐나다의 RIM(Research in motion)도 이제는 시장에서 미미한 존재로 찾아보기 어렵다. 대만의 휴대폰 회사로 2010년 세계경영학회에서 다양한 콜라보로 양손잡이 조직의 모습을 보여준 HTC도 예전만큼 존재감이 없는 상태이다. 애플의 아이폰 시리즈, 삼성전자의 갤럭시 시리즈, LG폰, 화웨이, 샤오미, 오포와 비보 등 최신 중국의 선도기업들과 픽셀 등으로 스마트폰 시장에서 입지를 넓혀가는 Google의 모습은 한 해, 한 분기의 미래를 내다보기 힘든 상황을 연출한다. 한 때 벤처기업으로서 세계시장을 노렸던 휴대폰 기업들이 있었지만, 혁신속도와 규모, 스마트폰 시장으로의 전환에 적응하지 못했다.

시장환경은 기술혁신과 세계화로 복잡성과 불확실성이 증폭되면서 생존하기 쉽지 않은 정글과 같은 곳이 되어간다. 임시적(Volatile), 동태적이고(Dynamic), 불확실하고(Uncertain), 복잡하고(Complex), 초경쟁적(Hyper-competitive), 애매모호(Ambiguous)하다. 동태적인 환경은 끊임없는 기술혁신에 의해서 주도된다. 새로운 과학지식에 기반한 기술혁신과 고객들의 문제들을 바탕으로 한 새로운 디자인은 시장에 새로운 트렌드들을 만들어낸다. 특히, 기존의 기술표준을 와해시키는 새로운 저가설계가 성능 면에서 기존 제품을 추월하는 와해성 혁신(Disruptive innovation) 현상은 기업들에게 딜레마를 안겨준다.[2)] 변화의 트렌드를 놓치면 전반적인 시장환경을 잘 이해하고 있다고 해도 민첩하게 대응하지 않으면 생존하기 힘든 상황들도 연출될 수 있다. 특히 과거의 성공방식을 반복하는 경우가 가장 위험한 길을 가는 것이다. 새로운 혁신에 의해서 기존의 경쟁우위는 삽시간에 무의미해지고, 시장이 융합되고 와해되는 과정에서 일시적인 경쟁우위만 존재한다.[3)] 이는 제품시장과 지역이 합해지는 동태적인 시장이 초경쟁적인 상황을 연출하기 때문이다.[4)]

사업환경이 점점 더 두차(DUCHA)의 특성을 띄면서, 기업들은 매우 어려운 상황에 처하게 된다. 현재의 시장질서가 언젠가 무너질 수 있고, 게다가 언제 무너질지 예측하기 어려워진다는 것이다. 대비가 없다면 현재 사업의 와해는 시간 문제인 것이다. 지속가능한 사업은 머물러 있지 않아야 한다는 것은 분명하다. 그렇다고 무작정 새로운 투자를 한다고 보장이 되는 것도 아니다. 사업은 지속적인 혁신, 유연한 사고, 다양성에 기반한 혁신조직, 사업모델의 혁신, 사회적 책임과 생태적 지속가능성에 대한 관심 등을 갖추어가야 한다. 기업이 보다 성숙해져야 하고, 그 안에 진정한 리더십의 역할이 중요하다. 자신의 사업을 발견하고 그 안에서 자신의 신념에 부합하는 가치를 창출하고 전달하는 기업가적 여정

[그림 4-1] 도전적 환경과 진정한 리더십의 역할

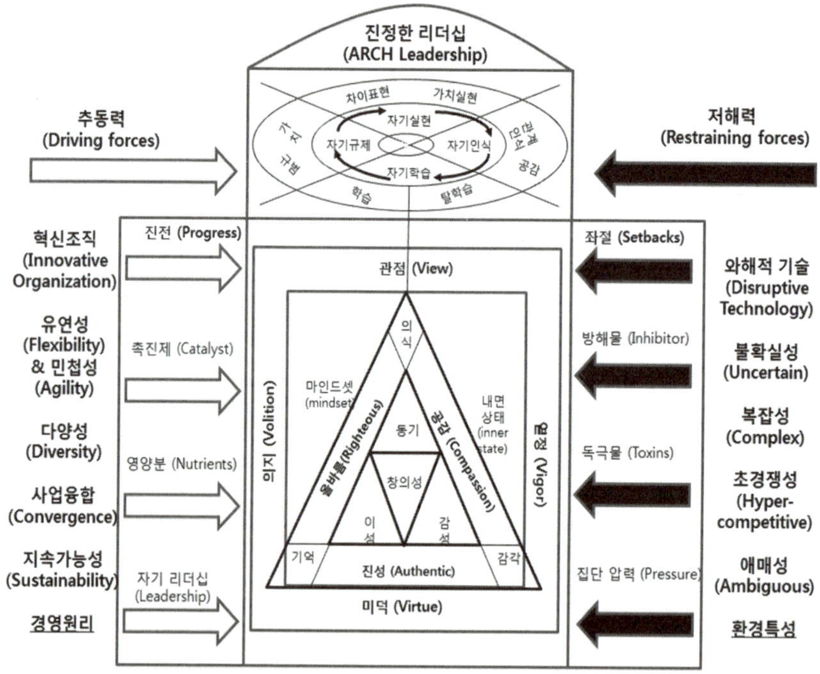

(Entrepreneurial Journey)이다. 새로운 사업을 일으키는 기업가가 자신이 선택한 경력, 자신이 맺게 되는 관계들에서 보다 진실하고 올바른 선택과 실천을 할 수 있도록 진정한 리더십으로 사업을 이끌어가는 여정(Authentic Entrepreneurial Journey)의 방법론을 터득할 필요가 있다. 새로운 사업을 탐색, 포착, 실현하는 불확실한 과정에서 동력과 위치감각을 잃지 않고 동태적이고 복합적인 여정의 단계별로 핵심적인 당면문제와 질문에 대해 새롭고 적절한 해결책과 답을 제시해갈 수 있다.

### 사례탐구 신제품과 창의성: 혁신여정의 시작

우리는 창의성과 혁신을 강조하지만, 과연 새로운 제품을 얼마나 쓰는지 생각해보자. 개발하는 엔지니어들과 연구자들에게는 흥미롭지만, 상용화되는데 오래 걸렸거나 경영자에게 외면당했던 기술들이 있다. 이를테면 3M의 포스트잇은 강력접착제를 개발하려다가 실수로 나온 기술인데, 상용화가 되는데 아주 오랜 여정을 거쳤다. 제록스의 팔로알토 연구소에서 처음 개발된 사용자인터페이스, 복사기 등은 우리가 잘 아는 애플이나 캐논 같은 타회사가 상용화에 성공하였다. 이태리의 어느 빵집에서 쿠키에 무늬를 넣는 기술을 찾아서 프링글스에 적용하여 세계적인 각광을 받는 경우도 있다. 국내 중소기업 중에 정밀 유리가공 기술을 가지고 있다가 휴대폰의 강화유리액정을 대기업에 납품하여 크게 성공한 사례도 있다.

1) 새로운 기술을 도입한 신제품을 보면 흥미를 느끼고, 생활 속에 하이테크 제품들이 많이 있다. 각 제품의 기술이 언제 처음 등장했고, 실제로 시장에서 상용화가 성공한데 얼마나 걸렸는지 조사해보자.

2) 자신이 제품을 이용하다가 불편하거나 아쉬운 점을 느낀 순간을 떠올려보자. 해당되는 서비스나 제품을 제공하는데 필요한 기술이 무엇이고, 현재 기업들이나 연구소에 있는지 알아보자.

3) 자신의 능력, 인격, 열정, 기술을 알아줄 조직이나 분야는 어디일까? 이를 어떻게 표현하고 적용하고 근거를 마련할 것인가?

4) 자신이 가진 아이디어 중에 사업화를 해봤으면 하는 것이 있거나, 여러 사람들이 공통으로 느끼는 절실한 문제가 있는가?

## 제2절 적응성과 진정성의 딜레마

조직생활에 적응하기 위해서는 조직의 위계질서에 적응해야 한다. 위계(Hierachy)는 하향식으로 작동하며, 상급자의 지시와 명령에 대해 하급자가 따르는 것이다. 조직의 위계는 경제학적인 관점에서는 시장에서 적절한 자원을 탐색하고 조정하고, 기회주의적 행동으로 인한 손실을 줄이고자 시장의 요소들을 내부화시킴으로서 나타났다고 볼 수 있다.[5] 조직은 구성원들끼리 적응하기 위해 끊임없이 조직의 사건들에 대해 의미를 부여하는 과정이다.[6] 환경의 변화와 조직의 변화에 적응하기 위해서 애매모호한 상황을 좀 더 명확하게 바라보려는 것과 집단으로서 정체성을 형성하고 유지하는 과정이기도 하다. 집단은 생존하기 위해서 응집력과 일체감 등의 조직력이 필요하고, 구성원들 간의 소통을 통해 성취수준과 행동방식에 대한 집단규범을 만들고, 잘못된 아이디어에 대한 쏠림현상인 집단사고를 형성하기도 한다.

새로운 조직에 들어간다는 것은 새로운 질서에 편입되는 일이다. 자신이 규칙을 바꿀 수 없고, 규칙이 강하다면 자신이 바뀔 가능성이 많다. 자기자신과 기업의 가치가 다르거나 조직문화에 맞춰서 살아갈 수 없거나 지나친 업무 강도에 대해서 부응하기 어려울 때 구성원의 딜레마가 발생한다. 자기자신의 모습을 감추고 가치에 부합하고 능력이 있다는 것을 증명하면서 업무를 수행해야 하는데서 오는 부조화(Dissonance)가 발생한다. 이는 사회에 적응하기 위해서는 자신의 정체성을 변화시켜야 하고, 그 과정에서 자기자신을 잃어버리게 되고, 열정과 소명의식도 잃어버리게 되는 딜레마가 발생한다. 조직의 입장에서는 열정적이고 소명의식이 있는 인재를 원하지만, 전체의 화합과 일체감이라는 조직력을 발휘하기 위해서는 개인의 진정성을 훼손하는 것이다.

유럽의 대표적인 경영대학원인 런던비지니스스쿨의 고피 교수와 존스 겸임교수 연구에 의하면, 아래의 DREAM이라는 연상기호(Mnemoic)로 표현된 조직의 특징을 추구하는 것이 조직력 딜레마를 푸는 방법이라고 소개한다.[7)]

- **차이** : 나는 나 자신이 될 수 있는 곳에서 일하고자 한다.
  [**D**ifference – "I want to work in a place where I can be myself."]
- **획기적 정직성** : 무슨 일이 진짜 일어나고 있는지 알고자 한다.
  [**R**adical honesty – "I want to know what's really going on."]
- **추가적인 가치** : 나를 보다 더 가치있게 만들어주는 조직에서 일하고자 한다.
  [**E**xtra value – "I want to work in an organization that makes me more valuable."]
- **진정성** : 진실하게 무언가 가치있는 것을 대표하는 조직에서 일하고자 한다.
  [**A**uthenticity – "I want to work in an organization that truly stands for something."]
- **의미** : 나는 나의 매일 매일의 일상이 의미있기를 원한다.
  [**M**eaning – "I want my day-to-day work to be meaningful."]
- **간단한 규칙** : 멍청한 규칙 때문에 방해받고 싶지 않다.
  [**S**imple rules – "I do not want to be hindered by stupid rules."]

조직마다 구성원들의 새로워진 요구와 진정한 바램들을 수용하는 정도는 다양하다. 단골 카페나 식당의 오래된 종업원이나 잘 아는 직원들이 스스럼 없이 자기자신의 모습으로 고객들을 대하는 것처럼 자기자신을 표현하는 조직이 된다면 훨씬 더 일하기 좋고 몰입도도 높아질 것이다. 직장에서의 심리적 이탈(Disengagment)은 매우 심각한 현대 조직들의 병리현상이라고 볼 수 있다. 자신의 회사와 직무에 대해서 몰입도가 떨어지면, 비록 조직에 적응하고 요령이 늘었다고 해도 조직으로서도 좋은 성과를 기대하기 어렵다. 좋은 인재를 뽑았다고 해도, 이들이 열정을 잃고 마음이 떠나면 조직의 절박한 혁신에 몰입해주지는 못할 것이다. 그보다 자기자신보다 더 잘 맞는 조직을 찾거나 자기자신의 모습을 감추고 적당히 조직의 생리에 맞춰서 생활하는 저몰입의 상태에서 지내게 되는 것이다.

인생을 생계에 해당하는 직업을 찾고, 생활을 영위하는 것이라고 본다면 낮은 몰입도로 적응해서 지내는 것도 나쁘다고 보기 어려울 것이다. 케인즈의 표현대로 "장기적으로 우리는 모두 죽는다."는 상식을 떠올려보면,[8] 인생의 문제는 생존을 위한 것만으로는 해결되지 않는다. 자기자신이 행복하지도 않을뿐더러, 자기자신으로 행동하지도 못하고, 주어진 틀에서 기계적으로 살아간다면 어떤 의미도 찾기 어렵다. 특히나 지능화된 자동화 시스템이 속속들이 인간의 노동을 대체하고 있는 시대에 오히려 기계보다 성능이 낮은 '기계를 닮은 인간상'은 매우 슬프고 안타깝다.

기업의 입장에서 구성원들의 낮아지는 몰입도를 해결해야 하는 조직문제에 당면해있다. 이는 성공의 지속가능성과 새로운 성공을 위해서도 해결해야 할 문제이다. 개인의 입장에서는 의미있는 인생을 사는 것, 인간다운 인생을 사는 것에 대한 문제를 해결해야 한다. 자기자신이 진정으로 느끼지 못하는 의미와 즐거움을 멀리 두고, 기계적으로 살아내는 것은 고역이 아닐 수 없다. 물론 이럴 때 쓸 수 있는 방법은 인생을 일과 생활을 완전히 분리하고, 여가와 가정생활을 위한 생계와 여가비용을 위해서 일하는 수단적인 관점으로 노동과 일을 접근할 수도 있다. 이러한 상황에서 조직은 구성원들의 최선을 강제적이고 지시적인 방법으로 요구하는 상황에 이르게 되고, 낮은 몰입의 직장생활과 낮아진 조직력은 일상이 된다.

문제는 낮은 조직력과 혁신으로 기업이 미래의 파고를 넘어가기 어렵다는 점이다. 적당히 일하고 생계를 유지하거나, 적당히 일하려는 구성원을 혁신하도록 닦달하는 방식이 된다면 진정한 시장 선도기업이 되기는 어렵다. GE의 잭 웰치의 혜안처럼 시장에서 1위 2위가 아니면 살아남기 힘든 것은 디지털 경제 뿐 아니라 제조업에도 적용될 수 있는 승자독식의 원리이다. 강해지는 것은 구성원 자신이 자기자신의 잠재력을 최대한 자발적으로 개발하고 발휘할 때 가능해진다. 구성원들이 자발적이고 즉각적으로 협력하고 정보와 지식을 필요한 요소요소에 공유하고 적용할 때 최고 수준의 제품과 서비스가 나올 수 있는 것이다. 이를 가능하게 하는 것이 진정한 경영자의 리더십이다.

구성원들이 자신이 진정으로 원하는 인생의 가치를 분명히 표현할 수 있고, 중요한 규칙을 함께 정할 수 있는 조직이어야 심리적인 몰입도를 높일 수 있다. 이제는 회사 체육대회에 가족들을 초대해서 가장이 가족을 위해 애쓰는 것을 치하하는 방식에서 보다 개개인의 차이를 포용하는 조직이 되어야 하는 것이다. 기업입장에서 예전처럼 고용보장을 해주는 공동체를 유지하기 어렵긴 하지만, 일하기를 꿈꿀 만한, 진정한 조직을 만드는 도전은 해볼만 한 가치가 있다. 어쩌면 그러한 진정한 조직들만이 장기적으로 번영하면서 살아남을 수 있을 것이다.

인생에서 자기자신을 찾고, 성장하고, 실현하는 과정에서 느끼는 즐거움과 의미를 우리는 진정한 행복이라는 말로 정리할 수 있다. 그렇다면 자신의 인생에서 행복은 무엇으로 결정되는가? 지금까지 살아오면서, 자신이 행복해지는 순간은 언제, 어떻게 이루어졌는가? 앞으로의 미래에는 어떻게 하면 보다 행복해질 수 있을지, 인생의 항로를 현재의 위치와 과거에서 미래의 흐름으로 점검해볼 필요가 있다.

## 1. 진정한 행복의 함수

행복은 보편적으로 인간이 원하는 이상적인 상태이다. 최근 긍정심리학의 대가인 펜실베니아 대학교의 마틴 셀리그먼 교수는 자신이 오랫동안 연구해온 학습된 무기력감이나 심리적 병리상태인 우울함, 스트레스 등의 해결 등의 부정적인 상태의 해소를 위해 오랫동안 애써왔지만, 실제 인생에서는 행복과 즐거움, 몰입 등의 심리적인 긍정상태를 어떻게 하면 성취할 수 있는지가 행복과 예방적 차원에서 더 중요하다.[9] 행복에 대한 함수를 f(돈, 안정, 관계, 건강, 지식, 경험)으로 나타낼 수 있다. 물론, 각 요인들이 미치는 영향은 사람마다 다를 것이다. 기본적인 요소들이 같다고 할 때, 그 사람이 가진 지식과 관계 등에서 나타나는 강점과 미덕이 진정한 행복에 핵심적인 요소이다.[10] 일반적인 경향이 전적으로 자신에게 적용되지는 않는데, 이는 행복의 개인차이다. 자신이 가치있게 생각하는 것이 다르고, 만족을 느끼는 감각과 경험이 다르고, 자신의 욕구가 다르기 때문이다. 물론, 각자가 가진 강점으로서의 미덕(Virtue)도 다르다. 하지만, 진정한 행복이 어떤 성취보다 일상의 과정 속에서 자신이 발휘하는 미덕과 과정의 몰입도에 의해서 좌우될 수 있다는 것은 의미심장하다.

행복은 종착지에서 성공 이후에 거두는 한 때의 느낌이 아니고, 제대로 인생을 살아가고 있다는 과정의 신호인 것이다. 따라서 행복 자체가 우리의 목적이 아닐 수도 있다. 왜냐하면 인생에서 각자 성취하고자 하거나 도달하고자 하는 곳, 이르고자 하는 상태가 다르기 때문이다. 진정한 행복감은 인생의 여정을 제대로 가고 있을 때 나타나므로, 험난한 과정에서도 나타날 수 있고, 숨막히게 바쁜 와중에도 나타날 수 있고, 낯선 곳을 탐험하는 와중에도 느낄 수 있다.

자신의 진로와 인생은 가장 행복해지는 일, 그러니까 자신에게 진정으로 이득이 되는 일을 찾아서 나날이 자신의 강점으로 수행하고 자기자신을 실현해 가는 과정에서 시작된다. 인생의 행복이 단순히 직무를 통해서 번 돈으로 여가시간에 어떻게 '소비'하느냐에 결정된다고 보는 경우가 많다.

하지만, 직무 자체가 우리의 인생에서 가장 노력을 쏟고, 조직이 가장 많은 시간을 보내는 곳이라는 것을 쉽게 잊는다. 직무에서 아무리 많은 돈을 번다고 해도 그 시간이 고통스럽고, 여가시간을 주지 않고, 관계를 희생시키며, 심지어 건강을 해친다면 어떤가? 진정 성공한 인생이라고 할 수 있는가? 행복하지 않고 성공을 논하는 것은 피상적이다.

따라서 우리는 행복감, 적어도 보람을 느낄 수 있는 직무를 찾아야 한다. 단순한 직무가 아니고, 자기자신의 강점을 발휘하여 인정받는 일을 찾아야 한다. 같은 직무에 대해서 점점 더 높은 수준의 경쟁을 감당해야 하는데, 좋아하지도 않고 잘 하지도 않는 직무에 운이 좋게 자리하게 되었다고 해서 얼마나 지킬 수 있겠는가. 경력은 직무의 연속인 집합의 개념이다. 자신의 커리어를 만들어가기 위해서는 직무에 강점이 있어야 하고, 그 분야에 대해 가치를 가져야 한다.

## 2. 경력의 선택과 성공 방정식

인간의 자유의지로 할 수 있는 것은 선택과 실천이다. 기업의 경영성과에 영향을 미치는 가장 큰 변수는 산업 그 자체라는 주장이 있다.[11] 반대로 기업이 어떻게 하는지에 따라서 보다 크게 달라진다는 주장이 있다.[12] 전자는 MIT의 경제학자 슈말란지의 1985년 연구에서 무려 75%에 해당하는 산업 효과를 실증해서 보여주면서 수익률에 미치는 기업의 효과는 거의 미미하다고 주장하였다. 후자는 캘리포니아대학교, LA 캠퍼스의 전략경영학자 루멜트 교수의 주장으로, 산업효과가 상당히 높긴 하지만, 사업단위의 변수가 40% 이상으로 높음을 실증분석으로 보여주었고, 이어서 하바드경영대학원의 전략경영 대가인 마이클 포터 교수도 30% 이상이 된다는 실증분석을 제시하였다.[13]

개인의 입장에서는 경력의 성과를 예측한다면, 산업, 기업의 영향이 매우 클 것이다. 성상하는 기업, 전망이 좋은 산업을 선택하는 것이 중요한 이유이다. 그렇다고 해서 성장성이 낮은 성숙기의 산업 안에도 좋은 기업들이 없다고 단정해서는 안 되겠다. 산업효과 못지 않게 기업효과가 있기 때문이다. 기업의 성과에서 경제학자의 주장과 달리 산업효과보다 기업효과가 실제로는 더 크다는 후대의 연구처럼, 개인의 경력 성과에서 가장 중요한 것은 산업효과나 기업효과보다 자기자신의 실천효과일 것이라는 가설을 제시할 수 있다.

경력선택에 있어서는 전망이 좋은 산업, 성장하는 기업, 적합한 직무 세 가지가 가장 중요한 요인이라고 할 수 있다. 산업에 따라서는 수익률의 차이는 경제학적 분석에서 여실히 보여지는데, 같은 산업 안에서도 선도기업과 추격기업 등의 차이도 클 수 있다는 것 역시 사실인 것으로 나타난 것이다. 같은 기업 안에서도 잘 적응하고 자기자신을 실현하는 경력을 보여주는 경우와 제대로 실력발휘도 못해보거나 인정받지 못하는 경우도 있다. 기업의 입장에서는 산업을 잘 선택해야 하고, 그 다음 전략적인 노력들을 잘 기울여야 할 것이다. 개인의 선택은 산업분야와 어떤 기업을 선택하는지가 매우 중요하다. 하지만, 개인이 어떤 마음가짐으로 어떤 노력을 기울이느냐에 따라서 거둘 수 있는 포괄적인 성과들이 다를 것이다.

g(가치, 적성, 흥미, 성격, 강점, 경력계획)에 의해서 직무를 탐색하고 최종적으로 선택할 때는 자기자신에 대해 보다 깊이 있는 이해가 필요하다. 이를 통해서 후회가 덜한 선택을 할 수 있고, 실제로 보다 유익하고 의미있고, 행복감을 더 많이 느끼는 인생을 살 수 있는 것이다. 진정한 이익과 성공을 인생에서 실현할 수 있는 것이다.

### 학습과제 5E 자기자신의 경력계획 짜보기

- 5E+2P를 담은 유익하고 충실하고 창의적인 경력계획을 짜보자.
  ① **전진**(Progress) : 매일 조금씩 작은 성취감, 승리, 자신감을 맛보기
  ② **플랫폼**(Platform) : 여러 가지 일을 할 수 있는 토대, 조직, 역량을 갖기

③ **배움**(Education) : 어떤 일이든 배우는게 있어야 좋은 일. 몰입된 교육의 경험

④ **즐거움**(Enjoyment) : 자기 즐거움, 일하는 즐거움, 사는 즐거움,

⑤ **고용가능성**(Employability) : 성과를 내는 인재, 원하면 이직도 가능한 수준

⑥ **몰입도**(Engagement) : 조직을 이끌어가는 20%, 자발적인 참여와 영향력 갖기

⑦ **기업가성**(Entrepreneuriality) : 절실하게 하고 싶은 사업을 꾸준히 준비하기

- 경력계획은 다양한 원천을 바탕으로 한다. 주변의 이야기를 듣는 것도 있지만, 자기자신이 조사해야 할 부분들이 많이 있다. 보다 객관적이고 근거있는 결정을 하고 싶다면 선택하는 분야의 전망과 경쟁정도를 파악할 필요가 있다. 보다 다양한 경로를 갖고 싶다면, 자신이 원하는 조건에 맞는 기업들을 다양하게 알아보고 대안경로를 개발하는 방법이 있다. 단일한 선택안도 효과적일 수도 있지만 운으로 치부될 수 있기에, 창업계획을 포함하여 포트폴리오를 가지고 경력을 준비하는 것이 필요하다. 누구도 자신을 고용해주지 않을 때는 자기자신이 고용해서 경력경로를 열어야 한다. 현재 직장이 마음에 들지 않고 도저히 할 수 없는 상황인데, 대안이 없다고 여겨질 때는 미리 해둔 창업준비가 도움이 될 수 있다.
- 창업도 포트폴리오로 접근할 필요가 있고, 최소한의 비용으로 자신의 강점과 자원을 투자해도 될만한 혁신적인 아이디어들을 선택하는 것이 좋다. 혼자서 창업해서 성공하는 경우는 거의 없는데, 사업을 자리잡게 하는 것은 생태적인 관점에서 수많은 얽힌 순기능의 관계적 위상을 갖게 하는 것으로 혼자서 해내기는 쉬운 일이 아니다. 무슨 경력이든 적절한 준비를 할 수 있고, 주변의 조언이

나 지원을 구할 수 있으며, 불확실한 상황에는 최소한의 시간 및 노력비용으로 시도를 해볼 수 있다.

- 기회가 왔을 때는 느린 사람보다 민첩한 기업이나 경력자가 유리하지만, 오랫동안 준비를 해온 경우에도 역시 역량의 우위가 있다. 단번에 성공하려고 하거나, 한 번의 운좋은 성공이 계속되리라고 기대하는 것은 비현실적이다. 여러번의 실패와 지속적인 노력을 해야 한다고 했을 때, 가치있고 노력을 기울일만한 일을 찾아내는 것이 관건이다. 스펙이라는 관점에서 자신을 증명하는 것보다는 기업에 들어가서 실력을 인정받을 수 있게 준비를 해가는 것이 필요하다. 처음에 인정받지 못하더라도 지속적인 학습으로 필요한 역량을 갖추게 되고, 그 과정에서 멘토링과 조언을 구하면서 조직 내의 관계를 형성해가는 신입사원이 장기적으로 나은 전망을 갖는다.
- 개인의 능력을 발휘하는 것은 그룹과 팀의 맥락 안에서 이루어지는 것이다. 혼자의 고뇌로 처음부터 끝까지 만들어지는 예술 작품과는 달리 기업에서의 제품과 서비스는 수많은 구성원들과 고객, 이해관계자의 투입과 노력에 의해서 이루어지는 것임을 이해할 필요가 있다. 새로운 혁신이 만들어지는 과정을 이해하고, 집단이 창의성을 발휘하는 원리를 이해한다면 기업의 장기적 생존에 기여하는 혁신자가 될 수 있다. 무엇보다 초심을 잊지 않고, 그 기업에서 일하고자 했던 자신의 가치와 신념을 지켜가는 것이 중요하다. 신입과 중간관리자가 다르고, 중간관리자와 최고경영층의 입장이 다르다. 상위 관리자일수록 자신의 스타일과 신념대로 의사결정할 수 있는 여지는 커진다. 어느 경우든 100% 적응은 도태의 지름길일 수 있다. 개성이 없이 부품이 되면 교체되며, 조직도 끊임없이 변화해 가야 하기 때문에, 현재 조직의 방식이 정답은 아니고 현장의 상태는 진화하기 때문이다.

• **경력 성공**(Success) = f (Grit, Growth mindset, Group, Genius, Genuity)

진정한 학습과 성공, 성장 안에 생명과 인생, 사업, 경제에 대한 이야기가 들어 있다. 성장은 탄생에서 시작하고, 성장은 성숙으로 완성된다. 성숙 속에서도 또 다른 성장이 있다. 우리는 평생을 성장할 수 있다. 그러니 우리의 마음도 성장한다. 모든 것이 마음에 달렸다고 할 때, 그것은 의지의 문제이기도 하지만 믿음의 문제이다. 이를 밝힌 학자가 스탠포드의 심리학자 캐롤 드웩 박사이다.

이러한 변화 가능성에 대한 믿음(belief)으로서 내재적 이론(implicit theory)을 이야기한다. 그리고 스탠포드의 심리학자 성장 마인드셋(growth mindset)을 가졌거나 고착 마인드셋(fixed mindset)을 가졌다고 한다. 내재적 이론은 우리의 행동뿐 아니라 정신건강에도 심대한 영향을 미친다. 마인드셋(Mindset)이라는 자신의 이론, 신념, 믿음, 지식, 인지체계에 대해 점검할 필요가 있다. 자신의 내재한 믿음(Implicit theory)이라는 것은 우리가 가진 자신과 세상에 대한 관점을 의미한다.

〈표 4-1〉 마인드셋의 유형

| | 고정형 마인드셋<br>Fixed Mindset | 성장형 마인드셋<br>Growth Mindset |
|---|---|---|
| 내재이론(Implicit theory) | 우리 자신은 타고났다. | 우리는 성장한다. |
| 동기(motivation) | 똑똑해 보이고자 한다. | 배우고자 한다. |
| 자기인식(self awareness) | 성격과 재능이 정해졌다. | 성격과 재능 모두 변한다. |
| 관계인식(relation) | 관계는 어쩔 수 없다. | 관계를 변화시킬 수 있다. |
| 도전(Challenge) | 못하는 것, 도전을 피한다. | 도전을 감내한다. |
| 장애(Obstacle) | 방어적이고, 포기한다. | 좌절에도 포기하지 않는다. |
| 노력(Efforts) | 노력해도 소용없다. | 노력이 숙달의 길이다. |
| 실패와 비판(Criticism) | 부정적 피드백을 무시 | 비판으로부터 배움 |
| 타인성공(Others' S) | 타인의 성공을 위협으로 | 타인의 성공에 고무, 배움 |
| 결과(Results) | 일찍 고원에 이름, 정체됨 | 가장 높은 성취, 잠재력실현 |

자료원: Dweck, C. S.(2008), Mindset: The New Psychology of Success, Ballantine Books: New York. (p. 245) 저자 편역정리

## 제3절 진정한 탐험여정

진정한 리더십은 자신의 신념과 가치에 맞게 행동하고 표현하고 구성원들에게 소통하는 과정이다. 신뢰할 수 있는 리더가 되고, 팔로어가 되기 위해서는 진실하고 바른 가치와 신념체계를 가져야 한다. 자신은 바르다고 생각하지만, 오류가 있는 신념체계를 가지고 있거나, 카리스마가 있으나 오류가 있는 비전과 전제를 가지고 이끌어간다면 진정한 리더십을 발휘하기 어렵다. 팔로어도 리더와 조직의 가치와 신념에 공감하고 배우려고 하고, 목적의식을 함께 하는 과정에서 진정한 팔로어십을 발휘할 수 있다.

피상적인 관계 속에서는 진정한 팀워크가 살아날 수 없다. 서로를 보다 신뢰할 수 있게 자신의 관점이나 의견을 피력하고, 서로 창조적 마찰을 하는 과정에서 서로 보다 존중하고 존경 내지는 신뢰해가는 과정에서 살아날 수 있다. 하바드대학교의 Hill 교수가 최근 발간한 『*Collective Genius*』에서 세계 유수의 기업들에서 보듯이, 서로 신뢰하는 과정에서 다양한 모습들이 발현되고 통합되면서 혁신을 이끌어낸다. 진정한 리더십은 단지 윤리적이고 도덕적인 성인군자가 되는 경지 이상으로 실질적으로 조직에서 도움이 되고 유익한 효과를 가져올 수 있다. 이는 자신도 구성원도 모두 이롭게 하는 리더십이고, 팔로어십인 것이다.

팔로어도 예의를 갖추면서 진정으로 드리는 의견 내지는 어려운 고언을 하여 조직의 어려운 상황을 타개할 방법들을 피력하고, 개선책을 개진하여야 한다. 그렇지 않고, 팔로어는 지시에 따르기만 하면 된다고 생각하고, 뒷담화(grapevein) 네트웍을 가동하여 스트레스를 푸는 것으로 그친다면 조직의 미래를 어둡게 하는 일이다. 서로 예의를 갖추면서도 솔직하고 각자 의미있는 의견들을 마음껏 피력하고 이들이 결합되어 가고 보다 큰 그림을 찾아가는 과정이 리더십과 팔로어십이 필요한 이유이다.

## 1. 진정한 자기실현 과정 : ARCH와 내적 여정

하바드경영대학원의 학장으로 임명된 노히라 교수는 통섭(Conscilience)적인 접근으로 심리학과 뇌신경학을 경영에 접목하여 인간의 욕구를 학습, 관계, 획득, 방어로 보았다.[14] 필요한 것을 가지려고 하고, 가진 것을 지키려고 하는 것은 생존에 필요한 욕구이다. 관계를 형성하고자 하는 것은 생존과 생활을 위해서 필요한 소속의 욕구이다. 새로운 기술을 익히고자 하는 것은 학습을 통해서 원하는 자신의 모습을 실현하고자 하기 때문이다. 매슬로우 교수가 제기한 생리적 욕구, 안전의 욕구, 소속의 욕구, 존중의 욕구, 자아실현의 욕구의 다층적인 인간의 욕구 구조는 일관성을 가지고 있다.[15] 노히라 교수가 파악한 인간의 욕구는 뇌의 구조에서 영역 간의 관계를 보여주며, 자아실현의 보다 구체적인 형태로 '학습'을 이야기하고 있다. 이는 무엇이 되고자 노력하고 상태(Strive)하는 것으로 아직 존재하는 것(Being)이 아닌 상태이다.[16]

우리는 자기자신의 정체성(identity)를 탐색하는 과정을 겪는다. 대부분은 근원적인 답변에 대해서는 회피하거나, 부분적으로 찾거나 답보 상태로 두는 경우가 많다. 특히 자신이 원하는 모습과 현재의 자신의 상태는 일치하지 않기 때문에 겪는 문제들도 있다. 이러한 문제를 직면하였을 때, 자신의 선택이 자신의 이상적인 상태에 대한 열망과 학습노력이라면 어느 순간 자신의 이상으로 변혁(transform)하는 성장을 경험할 수 있다. 헤르만 헤세의 『데미안』이라는 소설에 보면, 싱클레어가 자신이 이상적으로 생각하는 모습의 친구를 보게 되고 부러움을 느낀다. 마치 많은 이들이 자신의 롤모델을 보고 느낄 만한 선망의 느낌이다. 에바라는 데미안의 어머니는 그런 싱클레어에게 소언을 해주고, 여정의 끝에 이르러 싱클레어는 데미안으로 성장한 자신을 보게 된다. '데미안 효과(Demian effect)'는 자신이 되고자 하는 모습을 열망하고, 그 조건이 되는 학습환경에서 자기이상으로 성장하는 현상을 일컫는다. 모든 사람이 그러한 현상을 경험하는 것은 아니지만, 절실하게 노력하는 사람일수록 경험할 가능성이 많다.

우리는 자기자신의 정체성을 현상태보다 가능태에서 찾고자 할 때가 있다. 우리가 되고자 하는 모습에 미치지는 못하지만, 그와 같은 상태에 있다고 믿고 노력하고 행동하는 것은 자신의 뇌가 스스로 그러하다고 믿도록 하는 효과가 있다.[17] 하바드경영대학원 교수가 된 커디는 교통사고로 기억과 총명함에서 많은 상실을 겪었지만, 성장에 대한 믿음을 일깨워 준 스승의 영향으로 이를 극복해가게 된다. 자신의 연구도 현재 있는 위치에 자신이 있을 자격이 없다고 느끼는 '부적격자 징후(Imposter syndrome)'를 느끼면서 이를 극복해가는 과정이었다. 학생시기에 성취에 대한 압력, 자기비판적 태도, 자기감기 등으로 부적격자로 인식하는 것은 비윤리적 행위로 오도할 수 있다.[18] 따라서, 부적격자 징후가 인간으로서 보편적으로 겪을 수 있고, 직무의 애매하거나 도전적인 상황에서는 충분한 준비가 되지 않았다고 느낄 수 있다. 대학교육의 경우에도 시민을 키우는 교양교육과 전문가를 양성하는 전공교육, 세계적인 수준에 근접하는 연구, 산업계가 요청하는 기술이나 지식제공, 공공에의 봉사 등 다양하고 애매하고 복합적인 요구들로 구성된 직무를 수행해야 한다. 특히, 사회 및 경제구조와 세계적인 경제불황이라는 거시적 조건으로 인한 고용시장의 악화를 인식하지 못한다면, 졸업생들이 취업하지 못하는 사례들이 되풀이될 때 교육자로서의 자괴감을 느낄 수도 있다. 도서관 사서의 경우에도 광범위한 지식의 체계를 분류하고 다양한 학습자와 학자들에게 제공하는 다양하고 애매모호한 업무들을 수행하는 가운데 유사한 징후를 겪기도 한다.[19]

경영계에서는 대표적인 교육기관인 하바드 경영대학원 출신으로 많은 기업들의 최고경영층과 월스트리트에 전문가들을 배출하였다. 경영이라는 전문직은 이익과 공익을 모두 추구하는 의사와 법률가와 같은 윤리적 소명을 수행하는 것으로 시작하였는데, 금융기관의 도덕적 해이가 가져온 금융위기와 경제위기는 앞으로 경영석사(MBA)가 다시 윤리적 소명을 가지고, 단지 피고용인(Hired hands)으로서 지시를 수행하는 전문직으로 전락하지 않고, 원래의 이상적인 소명을 수행하는 전문직으로 경영자와 산업계가 지켜가야 한다.[20] 이를 통해서 기업과 산업계의 지속가능성을 높이는 동시에 각자의 윤리적 소명과 도덕적 기준을 충분히 실천하고, 직업적 윤리기준에도 부합할 때 진정한 자기실현이 가능할 것이다. 이는 위계적 의를 갖추면서도 솔직하고 각자 의미있는 의견들을 마음껏 피력하고 이들이 결합되어 가고 보다 큰 그림을 찾아가는 과정이 리더십과 팔로어십이 필요한 이유이다.

[그림 4-2] 자기인식과 자기실현

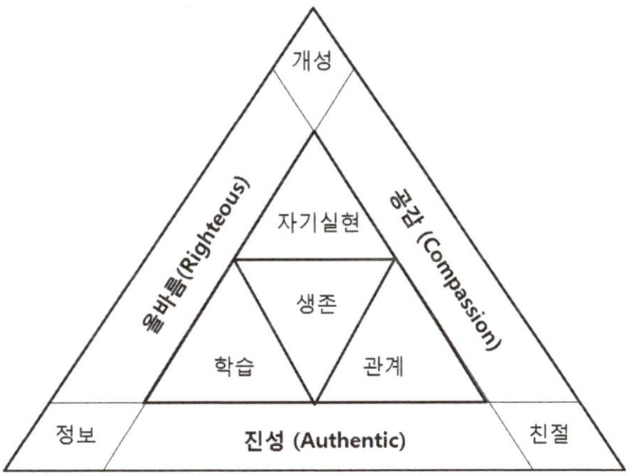


인생의 여정은 자기인식으로 시작을 한다. 자신의 관점에서 느껴지는 세상, 자신의 몸, 양육자에 대한 인식으로 생을 시작한다. 자신의 욕구를 인식하고 이에 충실함으로서 생존하고 생육한다. 방어적인 기제들에 의해서 주어진 천성과 욕구도 있지만, 새로운 것을 배우면서 성장하고 변혁하고 자기혁신을 통해서 성장해간다. 선생님과 학우들, 동료들을 만나

면서 보다 넓은 세상에 대해서 배우고, 익혀간다. 자신의 가치와 능력, 선호에 부합하는 분야와 경력을 찾고 자신이 원하는 자신의 모습을 일상과 업무에서 표현하고 구현함으로써 자기실현을 할 수 있다.

자기인식에서 자기자신(Selfhood)를 구성하는 것은 다섯 가지 심리적 요소들(RAINS)이다. 이성(Reason), 정서(Affect), 의도(Intent), 욕구(Needs), 감각(Senses) 등이다. 이성은 논리를 통해서 생각을 하고 추론하고 판단하는 기능이다. 정서는 자신의 상황에 대해서 평가하고 반응하는 감정과 기분으로 구성되어 있다. 욕구는 신체 및 심리적인 안녕을 위해서 필요한 것에 대한 갈망이다. 욕구와 이성, 감정적인 요소들이 합해져서 의도를 가지게 된다. 무엇을 가지거나 이루고자 하는 의도, 어떤 행동을 하려는 의도 등이 그것이다. 촉감과 청각, 미각, 후각, 시각 등의 감각을 통해서 사물과 생명체, 풍경 등의 세상을 인식하고 우리에게 해롭거나 유익한 것을 찾는 정보를 확보한다. 우리가 맛있는 음식을 찾고, 좋은 분위기의 식당을 찾는 것도 판단과 감정, 의도와 욕구, 감각의 복합적인 작용을 통해 궁극적으로는 자기자신의 심리적 만족을 위해서 실행하는 가치실현의 과정이다.

진성(Authenticity)은 자신의 신념의 뿌리와 관련이 있고, 여기에 진정한 리더십(Authentic leadership)도 리더십의 뿌리인 진정한 자기자신(True selfhood)과 관련해서 진실하다는[21] 것의 의미를 담고 있다. 자신이 믿는 바가 아니면서 이를 옹호하는 발언을 했을 때는 상황에 부합할 수는 있겠지만 진실하고 진성(Authentic)이라고 할 수 없다. 한자로 진정(眞正)하다는 것은 자신의 신념과 가치와 일관되게 실천하는 것을 넘어 신념과 진실성과 가치의 올바람을 내포하는 의미이다. 진실성에 대한 판단은 순수한 이성의 작용과 정서적 판단으로 가능하지만, 과학적 사실조차도 반증가능성(Falsification)을 가지고 있음을 염두에 두어야 한다. 올바름에 대해서도 우리는 양심과 수치심이라는 내면의 판단기준을 통해 판별할 수 있지만, 사회의 법규와 정의에 대한 공통의 원칙을 기계적으로 적용하는 것으로는 올바름을 완성할 수 없다. 올바른 판단기준이 있더라도 상대방의 상황에 대해 충분히 공감할 수 있어야 올바름을 관철했다고 할 수 있다. 진정성이 진실성은 올바름이, 올바름은 공감이, 공감은 온전함이라는 조건이 필요로 하다. 이때에 진정성도 전일해질(Holistic) 수 있다. 진정한 관계와 리더십도 자기중심적인 신념과 가치에 뿌리를 두고 있을 때, 주변의 맥락과 실천에 소홀해질 수 있기 때문에, 보완적인 관점이 필요하다. 자기 자신의 가치에 따르며, 사회적으로도 올바름에 바탕으로 두고 있으면서, 관계를 형성하는 상대방에 대한 공감과 전인격적인 존중을 하는 경우에 주변에 도덕적으로 긍정적인 영향을 줄 수 있을 것이다.

올바름(Rightenousness)은 자신의 입장에 따라서 비중이 달라질 수 있지만, 사회적으로 통용되는 주된 도덕성의 기둥은 형평성, 약자에 대한 보호, 평등성, 환경에 대한 책임, 사회적 책임 정도가 있고 이들에 대해서 자연스럽게 적용하여 올바르다고 느끼는 정도는 자신이 속한 집단에 따라서 달라질 수 있다.[22] 올바름에 대한 여섯 가지 토대(Foundations)들은 아래와 같다.[23]

1) 보살핌/해로움(Care/harm) : 다른 사람의 고통과 좋아함과 싫어함을 느낄 수 있는 능력과 관련이 있음 [attachment systems and an ability to feel(and dislike) the pain of others]. 친절함과 부드러움, 아껴줌 등의 미덕과 관련이 있음[It underlies virtues of kindness, gentleness, and nurturance.]
2) 공정함/속임수(Fairness/cheating) : 상호적 호혜주의의 진화와 관련이 있음. 정의와 권리, 자율성 등의 아이디어를 생성하였음. 평등성과 균등함에 대한 인식은 집단에 다르게 강조됨.
3) 충성도/배신(Loyalty/betrayal) : 집단을 위한 자기희생과 애국의 미덕이 이에 속함. 오랜 동안 부족 생활을 해온 인류에게 생겨난 토대로 여겨짐. “모두를 위한 하나, 한 사람을 위한 모두”라는 느낌 속에

서 활성화됨.

4) 권위/복종(Authority/subversion) : 오래된 위계적 사회에서 상호작용하면서[hierarchical social interactions] 형성된 것으로 보이며, 리더십과 전통에 대한 존중이 대표적인 미덕임. [It underlies virtues of leadership and followership, including deference to legitimate authority and respect for traditions.]

5) 고귀함/추함(Sanctity/degradation) : 고양되고 고상한 방식으로 살고자 노력하는 종교적 견해가 깔려 있음. 신체가 신성함이 머물 수도 있고 오염될 수 있다고 보는 초교파적인 보편적인 견해에 바탕을 둠.

6) 자유/억압(Liberty/oppression) : 자신의 자유를 제한하고 지배하는 상대에 대한 반응과 분노의 감정과 관련이 있음. 권위에 대한 존중과 상반되는 도덕적 토대임.

출처: http://www.moralfoundations.org/

실천적 공감(Compassion)은 상대방의 상태에 대한 정서적 공감(empathy)과 달리 상대방의 문제를 인식하고 이를 해결하고자 하는 의도를 가지는 실천의지로 본다. 공감적 경청을 한다고 할 때는 상대방의 관점에 대해서 충분히 이해하고자 살피고 귀기울이는 주의깊은 노력들(Attentive efforts)과 훈련된 능력에 의해서 가능하다. 감정에 대한 이해는 이에 대한 개념적 준비가 되어 있을 때 감정을 인식하고 느낄 수 있다.[24] 특히, 자기공감(Self-compassion)은 자기자신의 고통이나 실패에 대해서 포용적으로 대하고, 개인의 경험을 보다 보편적인 인간적 경험으로 이해하고, 균형잡힌 태도로 대하는 것을 의미한다.[25] 공감은 자신이 속해있는 조직의 문제에 대해 질문을 던지고, 인식하고 이를 해결하려는 진정한 리더십의 핵심적인 요소로 평가할 수도 있다.[26]

자기인식과 내면상태에서 부정적인 감정의 왜곡과 인지적인 편향(Bias)를 극복하는 과정을 통해서 진정한 자기자신을 인식하고, 이끌어갈 수 있을 것이다. 진실하게 인식하기 위해서는 우리가 자동적으로 판단하는 직감에 따라 판단하고 자연스럽게 여기는 것의 한계를 인식하고 결과와 과정의 확률 등을 반영하여 의식적으로 체계적으로 접근하는 보다 느린 노력이 필요하다.[27] 공통적인 세계지식과 관습적인 표현들을 이해하고 잘못 인식할 수 있는 인간의 한계를 겸허하게 전제한 다음에, 스스로에게 진실하고(Authentic), 도덕적으로 올바르고(Righteous), 상대를 공감하는(Compassionate), 인격적으로 전일한(Holistic) 관계와 리더십, 조직을 실현할 수 있다. 개념을 보다 명확하게 하는 차원에서 반대편에 있는 상태와 속성을 살펴보면 다음과 같다. 반대로 욕구와 압력, 자기불신, 무관심에 의해서, 편향되어 있고(Biased), 속이려는 의도를 가졌거나 기만적이고(Fraudulent), 도덕적으로 잘못되고(Wrong), 무신경하거나 무심한(Ignorant) 태도와 표현과 행동을 한다면 신뢰와 상호호혜적인 관계를 구축해갈 수 없을 것이다. 진정한 관계를 구축해야 진정한 조직을 만들어갈 수도 있다. 따라서 자신의 사고와 행동에 영향을 미치는 인간조건과 외부환경적인 요인들에 대해서 인식할 필요가 있고, 이들의 영향에도 현명하게 대처해야 한다. 특히, 집단주의 성향이 강한 아시아의 공동체에서는 집단사고의 오류를 벗어나는 것도 리더십의 중요한 역할이다. 당면한 문제인 불확실하고 경쟁적인 환경에서 소명의식을 가지고 슬기롭게 해결책을 찾아가는 동시에, 다양한 외압에 노출되기 쉬운 윤리적 사각지대에서 의사결정을 할 때 외부압력과 무지, 편향을 벗어나고자 최대한 노력해야 한다. 심리적 상태를 위축시키거나 뒤틀리거나 뒤처지게 하는 부정적인 외부요인들에 대해서 인식하는 것은 창의적인 의사결정에서 중요하다. 스탠포드대학교에서 박사학위를 받고, 브랜다이스 대학, 하바드경영대학원에서 연구와 교육에 힘쓰고 있는 애머빌 교수는 창의성에서 내재적 동기가 가장 중요하다고 보았다.[28] 분야에 대한 지식, 창의성 기법, 환경보다도 내재적 동기는 그 일에 몰입하고 지속하게 하는 열정으로 창의적인 시도들을 가능케 하고 강렬하게 발생하도록 하는 요인이다. 작은 일이라도 진전(Progress)이 되었을 때, 동기가 높아지며, 감정적, 인지적 요인들도 내면상태에 영향을 준다.[29]

[그림 4-3] 내면상태와 외부요인

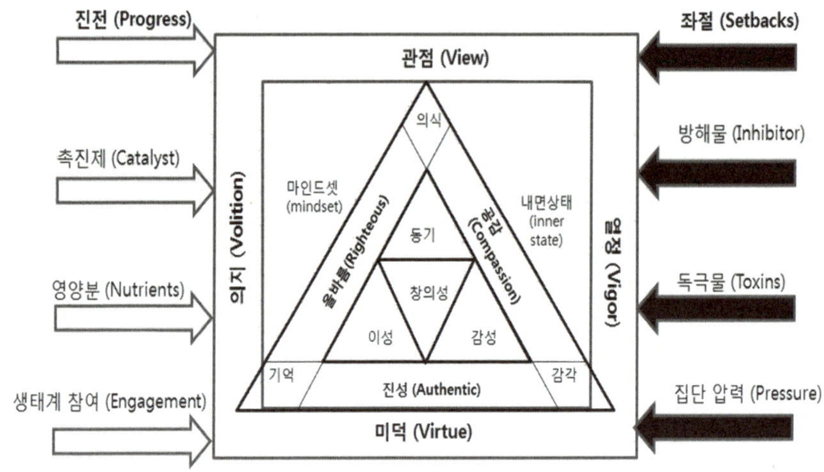


진정한 인생여정은 외적인 성공이나 사건 이상으로 내적 여정(Inner Journey)이 중요하다. 지속적인 내면상태의 궤적은 그 자체가 우리가 주관적으로 경험하는 인생 그 자체인 것이다. 내면상태에서 전통적으로 외부 자극에 대한 감각, 의식, 이성에 의한 지각(Perception), 정서 중에서 감정(Emotion), 의도와 니즈 등 행동으로 이끄는 동기(Motivation) 등 세 가지를 중심으로 살펴볼 수 있다.[30] 부정적인 영향을 주는 것으로는 기대했던 결과가 나오지 않은 실패나 좌절(Setbacks)이 있고, 인지적으로는 목표, 정보 등이 촉매제(Catalysts)나 해물(Inhibitors)이 있고, 감정적으로는 인정과 격려, 칭찬 등의 영양분(Nutrients) 요인이 있고, 무시와 비난과 같은 독극물(Toxins)은 말 그대로 매우 부정적으로 작용한다.[31]

우리가 내적 여정을 통해서 도달하고자 하는 자기실현의 상태는 다음과 같다.

- 우리는 누구나 리더가 될 수 있다, 숲을 보여주면.
- 우리는 누구나 천재가 될 수 있다, 협력을 한다면.
- 우리는 누구나 혁신을 할 수 있다, 진정 원한다면.
- 우리는 누구나 기업을 할 수 있다, 다함께 한다면.

다소 감상적이고 낙관적인 명제이긴 하지만, 조건문이 붙어 있다는 것을 간과해서는 안된다. 그리고 그 조건이 말처럼 간단하지는 않다. 각각이 하나의 책이 되어도 부족할 수도 있지만, 각각의 의미에 대해서 미리 간단하게 정리하면 다음과 같다:

숲과 같은 인재와 리더, 그리고 조직이 된다는 것은 메타포로서 생태적인 숲은 씨앗이 커서 번성한 뒤의 완성에 이른 성숙한 모습이다. 각자의 작은 의도와 아이디어가 싹을 틔우고 자라서 숲이 되었을 때의 모습을 그려볼 수 있고 그 과정을 함께 할 수 있고, 그 과정을 지원하고, 앞서 솔선해서 보여줄 수 있다면 리더가 될 수 있다는 것이다. 싹을 내릴 곳과 씨앗에 대한 진실이 담보되어야 하고, 비바람이 좋고 나쁜 일기들을 견뎌낼 수 있어야 한다. 그것은 진정한 리더십의 뿌리이기도 하다.

창의성의 천재는 레오나르도 다빈치처럼 다재다능하고 왼손잡이여야만 가능한 것이 아니라, 누구나 천재적인 영감과 해결책을 만들어내는 조직의 일원이 될 수 있다. 샌프란시스코에 위치한 세계적인 애니메이션 기업 픽사의 대표인 에드 캣멀은 구성원들이 모여서 브레인 트러스트를 하는 모습을 자세히 묘사하고 있다. 전적인 신뢰를 바탕에 두고 화면마다 팀구성원들이 솔직한 의견과 아이디어를 넣는 과정이 수없이 되풀이되어 작품이 완성된다는 것이다.[32]

혁신을 진정 원한다는 것은 혁신이 겪게 되는 죽음의 계곡과 다윈의 바다와 정글 같은 시장에서 살아남아야 하고, 그렇게 하기 위해서는 고객의 문제에 대한 공감과 확신에 바탕을 둔 확고한 의지가 있다는 것이다. 혁신의 방법론은 체계적인 절차와 팀창의성, 생태계적인 협력 네트워크 등으로 구성되어 있지만, 참여하는 이들이 공감하는 혁신이고, 무엇보다 때론 십년이 넘게 걸리는 혁신과정을 지속할 만한 개인과 조직의 지속적인 혁신의지가 토대가 되어야 가능하다.

새로운 사업을 일으키는 기업가정신(Entrepreneurship)은 사업을 일으키는 과정으로 1인 창업을 하더라도 혼자서는 이루어질 수 있는 일이 아니다. 무에서 유를 창출한다고 하지만, 숱한 땀과 아이디어, 시간과 만남, 아이디어들의 만남, 기대감, 확신, 투자, 확률의 과정을 통과해가야 한다. 무엇보다 완성된 지속가능한 사업은 투자자, 자문, 고객 뿐 아니라 수많은 이해관계들과의 관계망이고, 마치 성숙한 숲과 같은 생태계적 존재가 되는 것이다.

모바일 플랫폼에서 컨텐츠와 서비스의 공급자와 고객들을 연결하고 있는 구글, 페이스북, 에어B&B, 우버,  오프라인과 온라인을 연결하는 제품 공급망을 장악하고 있는 아마존, 애플 등은 창업팀부터 수많은 팀들로 이루어진 조직과 이해관계자들과의 전지구적 생태계를 일으켰다. 그 중에서도 최신의 인큐베이터 유형인 Y 컴비네이터와 같은 액셀레이터는 투자와 자문 등의 보육을 복합적으로 제공하여 세계적인 클라우드 서비스 깅럽인 Dropbox, 객실 수에서 힐튼과 매리엇을 앞선 공유경제의 선도기업인 Air B&B 등을 상장하여 천문학적인 수확을 거두었다. 게다가 최근에는 창업팀에게 기본소득을 제공하는 실험을 진행하고 있다. 3달씩 10여개의 팀을 모집하여 장소, 자금, 조언, 임금, 네트웍을 제공하는 생태계적 기업의 사례를 매우 흥미롭다. 사례연구를 통해서 심층적으로 살펴본다면 경영의 지혜를 얻는데 도움이 될 것이다.

### 사례연구 와이 컴비네이터(Y Combinator)

2005년 시작하여 매년 두 차례 3개월씩 창업팀들을 30여개 선발해서 성장 과정에 적극적으로 개입하여 보다 나은 형태의 사업이 되도록 도와주고 있다. 1,000개가 넘는 스타트업의 창업멤버들이 커뮤니티를 이루고 있으며, 서로 지원하는 공동체(YC community)문화를 만들었 뿐 아니라, 80조원대의 시장가치를 보유하고 있다. 이러한 상태에서 여러분이 대표라면 앞으로 보다 나은 보육 및 가속 서비스를 제공하기 위해서 어떻게 할 것인가?

질문. 창업팀원들에게 기본 소득을 제공하는 것은 심리적으로 어떤 효과를 제공할 것인가?

질문. 자문들의 피드백과 졸업생들의 의견들은 기업가와 창업팀에 어떤 영향을 줄까?

질문. 팀들간의 협력적인 분위기를 조성하려면 어떻게 해야 할까?

월세가 없어서 침대와 아침빵을 제공한다는 광고를 내었는데, 의외로 호응이 좋아서 사업을 시작한 기업이 있다. 이제는 세계적인 기업이 되어서 공유경제의 가능성을 우버와 함께 알리고 있다. 체계가 잡히지 않은 상태에서 Y Combinator에 합류하여 아이디어를 체계화하고 조직을 보강하고 플랫폼을 강화해갔다. 자신의 집에서 실험에 성공하였기 때문에, 가설이자 아이디어 "집의 빈방을 빌려줄 용의가 있는 공급자가 있고, 숙박할 의사가 있는 이용자가 있다"는 검증되었다. 하지만, 이용자들이 편하게 예약할 수 있고, 신뢰할 수 있는 시스템을 구축하는 과정은 악성 루머와 실제 발생하는 사고와 서비스 품질의 문제 등으로 수년간 힘든 여정을 거쳐왔다. 2016년 기준으로 매리엇과 힐튼보다 많은 객실 수로 집계되고, 다양한 지역에서 문화적인 체험을 할 수 있고, 비용도 저렴한 편이어서 이용이 확대되고 있다. 미주지역 뿐 아니라 국내에도 들어와서 이용할 수 있다.

질문. 월세를 제대로 내기 힘들어서, 하루 숙박을 인터넷에 올릴 때의 심리상태와 호응이 좋아 이를 통해서 월세를 해결할 수 있게 되었을 때를 비교해봅시다.

자료원: www.ycombinator.com/

# 제5장 탐험여정의 지도와 동태적 과정

## 제1절 탐험여정의 흐름(STREAM)

경영은 안정적인 환경에서는 관료제적 조직을 설계하고 효과적으로 운영하는 방식이 적합할 수 있다. 다양한 시장에 대한 대응을 위해서는 GM이 번영했던 방식인 연방제적인 사업부제를 도입한다면 보다 효과적일 것이다. 동태적이고 불확실한 미래를 항해하듯이 헤쳐나갈 때에는 구체적인 지도가 있으면 가장 좋지만 미지의 영역에 대해서는 가장 포괄적인 비유와 유형화가 도움이 된다. 새로운 미래는 이미 연구소에서 자라고 있고, 비슷한 풍경에서 유사한 과정들을 기록한 사례들의 탐구도 도움이 될 수 있다. 이를테면, 사용자인터페이스(User interface)는 팔로알토의 제록스에서 처음 개발되었고, 이를 눈여겨본 애플의 스티브 잡스가 처음 제품에 적용하였고, 이를 마이크로소프트의 윈도즈에도 곧 적용이 되어 컴퓨터 화면의 작업환경을 구성하게 된다.[1] 이제는 휴대폰이나 휴대기기, 산업기기에도 적용이 되어 컴퓨터의 언어가 아닌 인간의 직관에 맞는 기기 조작이 보편화되었다. 이제는 3차원의 사용자인터페이스, 세르게이 브린이 주도하는 구글 글래스에서 구현된 증강현실(Augmented Reality), 사용자경험 전반에서 혁신이 가속화되고 있다.

여기서는 탐험여정으로 분류될 수 있는 혁신, 사업창출, 경력개발, 일상의 변혁 등의 과정을 구성하는 내적인 측면(Inner journey)과 외적인 측면(Outer journey)에서 조망해본다. 특히 변혁과정(Transformational process)에 해당하는 학습과정, 창의적 문제해결과정, 리더십 과정은 핵심적인 과정요소이다. 각각에 대해서 보다 깊이 있게 이해하고, 서로 연계되어서 이루어지는 동태적인 여정을 이해하는 것이 중요하다. 비유적으로는 숲과 품이라는 두 개의 과정이 있다. '숲' 진정한 여정의 과정이라고 해서, 세상지식(World knowledge)과 전문지식(Expertise)을 쌓으며, 다양한 교류와 협력을 통해 공유할 진정한 비전과 아이디어들을 찾아가는 과정이다. '품'이라는 기업가적 과정은 진정한 리더십(ARCH leadership)을 발휘하여 혁신조직(Innovative Organizations)을 만들어 지속가능한 사업으로 실현하는 과정이다.

흐름(STREAM)은 지식이 만들어지고 적용되는 과정을 분야별로 머리글을 연결한 것이다. 개울이 비와 샘물에서 시작되는 것처럼 지식도 토대가 있다. 새로운 지식의 원천과 개발, 적용은 아래와 같은 지적 분야의 활동들이 관여하여 이루어진다. 우리가 누리는 거의 모든 것의 역사와 공헌은 진리탐구인 과학(**S**cience)에서 시작한다. 과학의 표상체계가 대부분 숫자와 수식으로 되어 있어서 거리감을 느끼는 경우가 많을 수 있다. 20세기를 규정하는 과학적 발견들에는 상대성이론과 DNA, 양자역학과 표준모델들이 있다. 하지만, 여전히 우주선을 쏘아올리는 기술에는 뉴턴역학을 기반한 궤적의 계산이 나온다. 아인슈타인의 일반상대성이론이 예측하는 중력에 의한 공간의 휘어짐까지 반영한다면 보다 정확하겠지만, 기존의 과학적 지식들도 적용할 수 있는 분야가 존재한다. 생물학에서는 시각적인 표현이나 언어적인 서술이 더 많이 쓰여진다.

과학(Science)에서 밝힌 자연의 원리와 법칙에 기반해서 새로운 기술(**T**echnology)들을 개발한다. 기술의 역할은 매우 결정적이다. 인류(Homo sapiens)가 도구를 개발하고 이용하는 기술을 통해서 지구상에서 가장 우세한 종이 되었고, 현재의 과학기술문명을 만들어가고 있다. 기술의 발전에 의해서 산업혁명이 이루어지고 있다. 여러 가지 기술이 등장하고 발전하고 사업화되어서 산업혁명으로 이어진다. 증기기관, 가솔린엔진, 자동차, 반도체, 컴퓨터, 통신기술, 인터넷, 이제는 인공지능이 인류의 문제 해결 수준까지 도달하고 있다. 현재 진행 중인 4차 산업혁명은 인터넷의 연결성이 확대되어 사물들을 연결하고 통제할 수 있고, IBM의 인공지능인 Watson의 감정해독과 암진단 능력이 인간의 수준에 이르거나 능가하는 확률을 보여주기에 이르렀다. 2016년 가장 놀라운 기술은 가장 복잡하고 무한에 가까운 경우의 수를 가진 바둑(Go)에서 인간의 챔피온들을 알파고가 능가한 것이다. 딥러닝(Deep learning)이라는 기계학습의 방법은 인간의 뉴런 각각이 특정한 자극에 반응하고, 여러 층위로 구성되고 연결된다는 과학적 원리를 프로그램에 적용한 것이다. 컴퓨터 언어로 인간의 신경계를 모델화할 수 있으면, 수많은 컴퓨터에 병렬처리를 통해 연산속도와 활용기억을 극대화하여 인간의 성능을 능가할 수 있는 것이다.

새로운 현상, 원리, 기술에 대해서 지식이나 정보를 습득하는 것은 트렌드를 놓치지 않는데 도움이 된다. 실제 과학이나 기술에서 더욱 중요한 것은 연구(**R**esearch)라는 창의적 활동 자체이다. 과학에 대한 지식과 기술에 대한 지식을 많이 쌓는 것이 새로운 과학적 원리와 혁신을 낳지는 못한다. 우리의 과학기술의 교육에 있어서 핵심이 되어야 할 것은 발견의 방법과 개발 방법을 가르치고 배우는 일이다. 새로운 지식에 대한 논문을 읽을 수 있고, 전문잡지를 보고 읽을 수 있고, 최신의 과학기술 지식을 이해하는 것은 유익할 수 있고 토대가 된다. 지적 여정에서 새로운 발견을 위한 지적 토대를 마련해주는 것은 의미있는 일이지만, 이를 기반으로 연구를 하고자 하는 열의와 방법을 가지도록 하는 것이 관건이다. 자연과학 뿐 아니라 인문사회 분야에서도 학문을 하는 방법을 배우는 것은 대학원 과정에 국한되는 경우가 많아 아쉬운 일이다. 특히 수학이나 자연과학의 경우에는 20대 초반에 새로운 증명방법과 명제를 발견하는 경우가 많은데 연구방법과 표상체계에 대해서 시기적절하게 배우고 익힌다면 효과적일 것이다.

연구한 결과를 실제 적용하기 위해서는 작동하도록 하는 공학(**E**ngineering)이 필요하다. 구체적인 현실의 문제에서 해법을 찾아내는 프로그램을 개발하거나, 현실의 교통량과 자재의 하중을 견디는 교량과 건축물을 만들거나, 주식시장의 구조변화에 대한 예측모델과 데이터를 처리하는 프로그램을 만드는 것 등이 엔지니어링에 포함될 수 있다. 기술이 투입을 산출로 변환하는 지식의 집합체 정도로 정의한다면, 이를 적용하여 작동할 수 있도록 하는 것이 엔지니어의 일이라고 할 수 있다.

신제품을 개발한다고 했을 때, 엔지니어링과 함께 디자이너가 필요하다. 무대가 마련되고 기기가 준비되면 이를 공감할 수 있도록 전달하고 표현하는 일은 산업적 예술(**A**rts)의 영역이라고 할 수 있다. 순수한 예술도 청중을 만나기 위해 무대나 갤러리가 필요하다. 피아니스트가 연주를 하기 위해서는 작곡된 원곡이 있어야 한다. 소리에 대한 이해와 감성을 표현할 수 있는 원리를 이해하는 장인이 만든 악기와 음향기기나 음향처리가 된 무대와 공연장이 필요하다. 현장에서 조율하는 기술자가 필요하고, 보다 청중에게 잘 전달될 수 있도록 하는 부품들의 규격을 정하고 돌아가도록 연결하는 일을 하는 프로그래머나 기술자가 수행한다. 휴대폰의 사용자화면에는 로고가 있고, 채도와 색상과 구조와 메뉴 등 시각적 예술로 표현된 창이 있다. 우리가 입는 옷도 먹는 음식도 시각적으로 아름답고 보기 좋게 표현되고 가공된 것이다. 인간과 인간 사이에 일어나는 감정과 심상의 교류를 예술의 영역에 둘 수 있지만, 이러한 활동들이 효과적으로 이루어지게 하는 과정으로서 경영이 필요하다.

경영(**M**anagement)은 거의 모든 활동에 내포되어 있거나 명시적으로 적용되고 있다. 목적하는 바가 잘 이루어질 수 있도록 일을 계획하고, 조직화하고, 지휘하거나 통제하고, 지켜보는 활동들이 경영의 범주에 들어간다. 과학자와 연구자, 기술자의 발견과 혁신과정이 잘 이루어질 수 있도록 연구관리, 기술경영과 혁신경영을 한다. 제품과 서비스를 기획하고,

고객에게 잘 전달되도록 하는 프로세스와 조직을 설계하고 운영하는 일이 경영이다. 흐름은 가치를 창출해가고 이를 전달하고 실현되도록 하는 과정의 요소들이고, 사용자와 소비자로서 우리가 혜택을 제대로 누릴 수 있도록 하는 과정이다. 경영을 배운다는 것은 연구자와 개발자, 엔지니어와 디자이너, 고객들이 모두 만족할 수 있도록 돕고, 조직과 체계를 만들어 지속가능하도록 하는 능력을 갖추는 일이다.

수익(Profit)이라는 것은 당장의 사업의 생존을 위해 필요한 혈액과 같은 지표이다. 수익이 나지 않으면 사업이 지속될 수가 없다. 따라서, 수익 그 자체는 관리해야 할 주요한 지표나 목표로 설정하고, 수익을 더 많이 내겠다는 목표는 타당하다. 하지만 수익을 많이 내는 것 자체가 가치있는 사업의 궁극적인 목적이 될 수는 없다. 사업체의 구성원들과 가치창출 흐름에 속해 있는 과학자, 연구자, 개발자, 디자이너, 투자자, 사용자, 소비자, 소비자로 구성된 사회일반, 사회가 속한 자연까지도 고려하고 지속가능한 번영을 누리도록 할 수 있다면 훌륭한 경영이 될 것이다. 반대로 수익을 내기 위해서 이해관계자를 속이는 행위를 하거나 구성원들을 착취하는 것에 가책을 느끼지 못한다면, 바람직하지 못한 관리를 하고 있는 셈이다. 경영[經營]의 한자는 세상의 이치에 대한 기록(經)을 참고해서 밝히고 살피는 일(營)과 관련되어 있다.

## 제2절 탐험여정의 생태(Ecology of Explorative Journey)

### 1. 탐험여정의 개념과 오딧세이 경험

탐험여정이라는 것은 결과가 확실하지 않고, 여기가 아닌 다른 곳으로 가야하고, 그 과정에서 무언가 새로운 것을 보고 배우고 변화할 수 있는 과정이다. 내면적인 변화를 겪는 일종의 오딧세이 경험(Odyssey Experience)이라고 할 수 있다.[2] 인간의 성장과정에서 새로운 곳을 여행하는 것과 새로운 학문을 배우고 익히는 과정도 탐험여정이라고 할 수 있다. 새로운 사업을 시작하거나 경력을 개발하는 과정도 탐험적인 여정을 경험하는 것이다.

탐험가처럼 혼자이거나 탐험대처럼 여럿이 조직된 집단이 새로운 여정을 감행할 수도 있다. 유럽의 탐험적 여정이 아메리카에 닿고, 미국의 탐험대가 캘리포니아의 연안에 닿는 과정도 거시적인 탐험여정이라고 할 수 있고, 그 안에는 수많은 오딧세이 경험들이 포함되어 있다. 심지어 새로운 기술들도 탐험여정의 주인공이 될 수 있는데, 연구소에서 발견되거나 만들어진 과학기술 지식은 활용할 수 있는 곳을 찾아서 떠나는 것이다. 죽음의 계곡처럼 아무도 찾지 않고 버려지는 기술로 전락하고 묻힐 수도 있고, 이를 넘어서 진화의 바다를 지나 시장이라는 정글에 도착할 수도 있다. 진화의 바다에서 다른 기술들을 만나고 멋진 디자인의 옷을 입게 되어 찾는 고객에게 해결책이 되어줄 수 있다면 성공적인 탐험여정을 한 것이다.

픽사 영화에 나오는 월-E처럼 재활용처리시설에서 고용되어 일할 수 있는데,[3] 새로운 친구를 만나서 새로운 탐험을 떠나며 새로운 의미를 알게 될 수 있다. 언젠가 인간의 지능이 아닌 인간의 의식까지 기계에서 구현한다면 기계의 오딧세이 경험도 가능하게 될 테지만, 아직은 비유적이거나 영화적인 표현이다.

## 2. 탐험여정의 생태지도와 연상기호

인생의 탐험여정을 앞에서 나온 흐름(STREAM) 이외에 숲(FOREST)을 중심으로 비유(Metaphor)와 의미를 내포하고 있는 연상기호인 네모닉(Mnemonic)으로 제안하고자 한다. 우리의 여정에 들어오는 풍경의 생태

(Ecology)에는 숲과 비(RAIN), 평지와 강줄기, 다리(ARCH)와 도약(LEAPS), 모든 강줄기가 모이는 대양(OCEAN)과 배와 불확실하고 불확정적인(DUCI: Dynamic, Uncertain, Complex, and Indeterminate) 항로를 따라 헤쳐나가는 창의적 문제해결(DICE: Diverge-Investigate-Converge-Exploit)로서의 항해가 있다.

여정의 출발지로서 비가 내리고, 씨앗이 싹이 트는 순간으로 잡는다. 이는 나무도 숲도 되기 전, 자기인식의 과정으로서 진정성을 확보하는 과정이다. 좋은 씨앗과 적당한 비(RAINS: Reason, Affect, Intent, Needs, Senses)가 스며들어 싹이 나고 나무가 된다. 주변에 수풀이 자라고 관목들이 많아지고, 활엽수와 침엽수가 들어차면 성숙한 숲의 생태계가 된다. 숲(FOREST)은 생태적인 인재와 조직의 특징을 담고 있고, 인간성이 가진 생태적이고 전일하고 진정한 미덕(Virtue)들을 포착해내는 상징이다.

인간이 새로운 현상에 대해 '왜 그렇지?' 하는 질문을 던지는 호기심(Curiosity)과 현상의 과거와 미래, 본질을 있는 그대로 직접 파악하는 지혜는 이성(Reason)적인 측면의 덕성이다. 보다 유연하고 문제에 집중(Flexible & Focused)하는 것도 지적인 미덕으로 볼 수 있다. 지속적으로 배우고 새로운 경험에 열려있는 자세, 고유한 아이디어(Open-mineded & Original)를 만들어내는 노력들도 지적인 영역의 미덕이다.

정서적인(Affective) 영역에서는 여정에 따르는 고난과 실패들을 극복하고 배우는 회복력(Resilience)이 중요한 미덕이다. 자신의 감정을 이해하고, 타인의 고난을 공감(Empathy)하는 자세와 노력도 탐험여정에서는 매우 중요한 덕성이다.

우리가 가지는 의지(Intent)를 통해서 자신의 욕구(Needs)를 절제하는 것은 지속가능한(Sustainable) 생태계에는 필수적이다. 나무가 서로의 빈자리를 채워주면서 공존하는 용기와 절제의 균형이 필요하다. 우리가 감각(Senses)으로 느끼는 다르고 낯설고 불편한 다양성에 대해서 포용하고 관용(Tolerance)하는 것도 지속가능한 탐험여정의 탐험가에게는 필수적이다.

새로움을 향해서 가야하고, 새로움을 자신의 터전에서 만들어내야 하는 경우에는 무에서 유를 창조하는 것이 아니라, 다름이 만나서 변혁하고 조합하는 과정을 따르기 때문이다. 차이와 다양성의 가치를 인정하고 존중하는 미덕이 중요하다. 미국의 번영이 이민자들의 성실과 차이에서 오는 혁신에 기반하고 있는 것처럼, 어느 사회이든지 타지에서 오는 이들을 환영하고 친절을 베풀고 공정하게 대할 수 있어야 지역 생태계가 발전한다. 최근의 연구를 보면 이민자들이 많이 몰리는 미국 서부 캘리포니아 주 하나의 지역총생산이 OECD 국가 중 세련되고 풍부한 문화와 패션으로 유명한 세계 6위의 프랑스 국가경제규모를 넘어선다고 한다.[4] 물론, 한국의 경제수준을 넘어서는 미국의 주들도 많이 있고, 캘리포니아는 샌프란시스코, 산호세의 실리콘밸리, 샌디에고, 헐리우드가 있는 LA 등의 메가시티에서 일어나는 기술혁신과 문화예술, 경제활동으로 대부분의 국가들의 경제규모를 넘어서고 있다.

### 3. 메타여정(Meta-Journey): 탐험여정의 생태지도 그리기

인생의 프로젝트들이 있고, 사업적이거나 사적이거나 공적인 프로젝트들로 된 포트폴리오가 있다. 기업가(Entrepreneur)는 프로젝트의 책임자(Undertaker)라는 프랑스어에 어원을 두고 있기에,[5] 포괄적인 의미에서 누구나 기업가라고 할 수 있다. 누구나 자신의 프로젝트를 수행하는 책임자이거나 다양한 구성원으로 구성된 탐험대의 일원으로서 벤처를 하기도 한다.

우리가 인식하는 드넓어진 지구적인 현실에는 기근이나 가난, 질병, 교육, 생필품, 주거지, 교통, 소통 등의 다양한 필요와 불편이나 불만족이 존재한다. 다양한 제품과 서비스와 노력들이 이루어져야 하고, 무엇보다 문제를 겪고 있는 잠재적 이용자들이 솔루션을 찾고 만드는데 참여하고, 해결책을 개선해가는 노력이 있어야 한다. 이를 해결하기 위해서는 문제공간(Problem space)은 솔루션을 찾을 수 있는 의미망(Semantic net)으로서 높은 곳과 낮은 곳을 가지고 있는 경관을 받춰주는 들판(PLAIN: Prevailing, Loosely-connected, Accessible, & Incubating Networks)에서 냇물의 흐름(STREAM)을 중심으로 문제들을 해결하기 위한 노력들이 내적인 여정(Inner Journey)들을 거쳐서 숲(FOREST)을 이룬다. 비가 내리고(RAINS), 숲은 피어난다(Flourish).

해결책을 세상에 전하는 내외의 여정은 흐름을 넘도록 세워진 다리(ARCH: Authentic, Righteous, Compassionate, & Holistic vehicle)를 건너고 뛰어넘는 도약들(LEAPS)으로 나아간다. 한층 마침내 짐을 나르는 선박(CARRIER: Creative, Appreciative, & Responsible Quest of Relational, Innovative, Executive, & Resulting Vessel)으로 옮겨진다. 먼 대양으로 가는 배(SHIPS: Sustainble strategy, Habitat of coevolution, Innovative Organizations, Platform of mutual prosperity, Solution-set)는 짐을 나르며 모든 것을 받아들이고 생명을 잉태하는 드넓은 대양(OCEAN: Original, Coexistent, Explorative, Accomodating Nexus of Needs)으로 나아간다. 날씨가 좋을 때도 있지만, 비바람에 시달릴 때도 있어 늘 불확실하고 불확정적이다. 바다 위의 일기와 항로는 정해져있지 않고, 매순간 살피고 위치와 항로를 인식(Recognition)하고, 문제가 없는지도 살펴야 한다. 문제와 원인에 대해서 구성원들이 함께 학습(Learning)하고, 해결방안도 함께 알아내고 해결해야(Resolution) 한다. 그 항해를 통해 솔루션을 바다 건너 마을들까지 나르고 가치를 실현하는 여정은 이제 귀환을 앞두게 된다. 오딧세이는 기원전 그리스 반대편의 트로이라는 먼나라에서 전쟁을 벌이고, 우여곡절(Vicissitude) 끝에 사이렌을 만나기도 하면서 고난을 헤쳐 천신만고 끝에 고향에 돌아오는 항해(Voyage)이야기이다. 우리는 내적 여정에서도 이러한 오딧세이 경험을 할 수도 있고, 사업을 하면서 외적 여정을 통해서 우여곡절을 겪으며 성공하거나 실패하거나 성숙해져갈 수 있다.

같은 공간에서도 입장과 목적, 준비에 따라 생애의 과정은 완전히 다르게 전개된다. 들판과 마을에 남아있거나, 숲에서 편안하게 지낼 수도 있고, 배를 타고 서로 다른 항구마을들을 찾아가서 필요한 물건들을 주고 팔고, 사며 교역하는 일을 할 수도 있다. 원전의 오딧세우스처럼 헥토르를 물리치도록 전사를 설득하고 전리품을 챙겨서 먼 길을 돌아 귀향하는 이야기를 쓸 수도 있다. 먼 타국에서 정착할 수도 있으며, 사이렌의 섬에 남아서 돌아오지 못하는 신세가 될 수도 있다.

우리는 혁신과 혁신자를 주인공으로 해서 탐험여정을 이해하고, 보다 긍정적이고 의미있고, 원하는 성취를 거둘 수 있는 진정한 여정이 되도록 메타저닝 역량(Meta-journeying capability)를 길러야 한다. 여정이 어디

[그림 5-1] 메타여정: 숲과 품의 혁신과정 지도

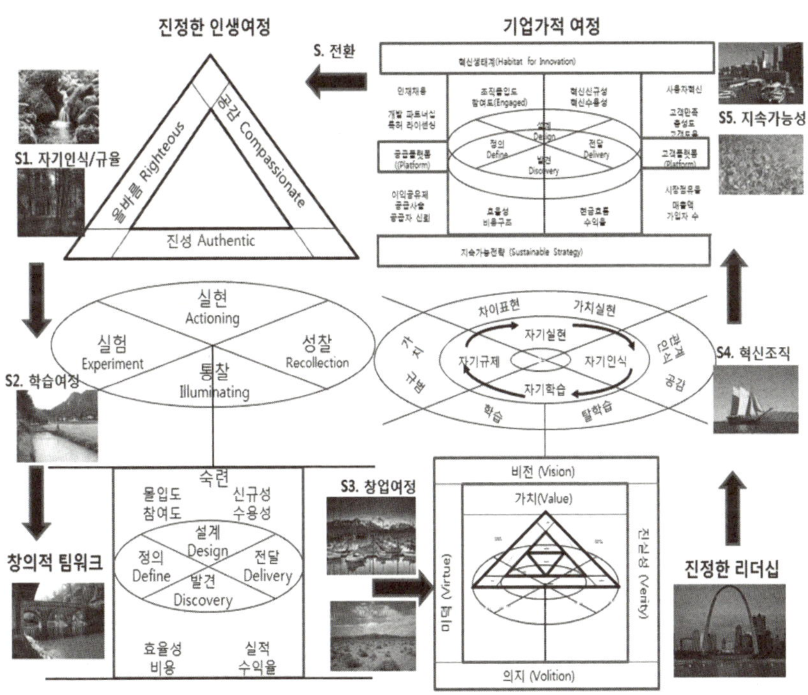


이미지 출처: MS 파워포인트 공개 클립아트

에서 어디로 가며, 중간에 어떤 위험들(이를테면 죽음의 계곡이나 다윈의 바다, 정글)이 있는지를 파악하고, 어떠한 환경의 변화(DUCI)에도 현명하게 여정하는 능력을 말한다.

개인적인 차원에서는 앞의 그림에서 보듯이, 인간 본연의 자기자신을 인식하고 표현하며, 보다 평화롭고, 몰입하고, 풍요로운(OCEAN: Openminded, Caring, Engaged, Abundant, Nourighing) 세상으로 만들어가야 긍정적이고 성숙하게, 화합하며 살 수 있을 것이다. 작은 아이디어와 의지는 들판, 흐름, 숲, 다리, 도약, 배로 나르는 과정을 통해서 협력적인 지속가능한 사업모델로 성숙한다.

## 4. 다층적 여정(Multiple-layered Journey): V형의 혁신과정

들판(Plain)은 여러 층위로 되어 있다. 미국의 BKERC 2003년 학회에서 조직론 연구에서 진화론적 관점을 확립한 알드리치(H. Aldrich)는 진화론적관점(evolutionary)지역에 다양한 구성원들이 있어야 한다는 자신의 연구 결과를 강조하였다. 학문을 할 때 자신의 고유한 관점과 목소리를 지켜가면 언젠가는 알아주는 날이 오는 것을 경험하였다고 한다. 경영분야에서는 최고의 학회지로 보는 Academy of Management Journal에서도 최고의 학회지로 인정하는 Administrative Science Quarterly에도 논문을 싣게 되고, 자신의 연구를 집대성한 책을 출판하기도 하였다.[6] 이민자들이 캘리포니아를 만들었기 때문이다. 스탠포드의 제임스 마치 교수의 비유를 들자면, 현재 있는 곳에 한 곳을 정해서 깊이 파고들어가는 것이 활용(Exploitation)의 과정이라면, 새로운 금맥과 탄광을 찾아가는 과정을 탐험(Exploration)이라고 비유한다. 우리가 해결책을 찾거나 경작하는 해결책 공간(Solution Space)은 다층적이고 이를 찾는 과정과 작용하는 자원, 조직, 가치까지 층위는 다양하다. 해결책을 탐색하는 공간에서 우리는 서로의 성취들을 모아서 우리의 문제를 보다 더 잘 해결하고자 한다. 활용과 심화를 통해서 현체제 안에서도 문제를 보다 효율적으로 숙달된 방식으로 잘 해결하고자 노력한다.

현상태에 대해서 가치, 과정, 자원의 세 가지 관점에서 층위를 살펴보고, 솔루션 공간, 암묵지의 층위, 시장공간과 생태계적 영역의 네 가지 관점을 추가해서 혁신여정을 살펴보았다. 맨처음 우리는 시장공간보다 보편적인 생태적인 공간 속에서 살아가는 주인공과 이웃으로서, 고객과 사용자로서 느끼는 불만과 문제들을 포착해낸다. 그것은 공감, 연민의 감정적 영역, 우리의 정신적 황폐함과 외로움, 정체성의 혼란 등의 정신적 영역, 우리의 정보없음, 왜곡, 목표 없음, 무지, 혼란 등과 같은 인지적 현상이 나타나는 영역에서도 문제에 대한 인식이 일어난다. 그리고 무엇

[그림 5-2] 메타저니(Meta-Journey): V형 다층적 여정 프로세스 <<<<<<<<<<<<<<<<<<<<

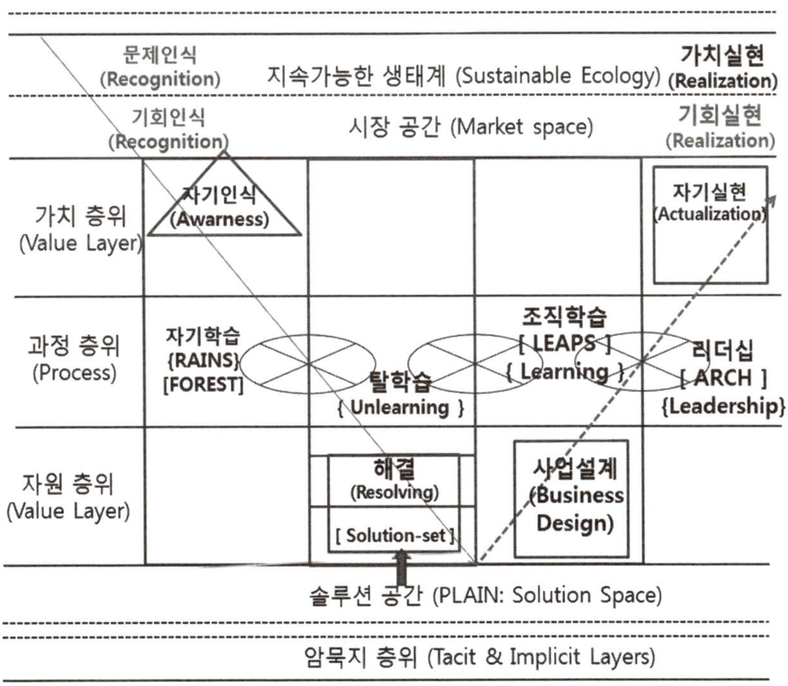


<<<<<<<<<<<<<<<<<<<<<<<<<<<<<<<<<<<<<<<<<<<<<<<<<<<<<<<<<<<<<<<<

보다 우리의 욕구 영역에서 우리의 생명, 관계, 우리 자신을 유지하기 위해 필요한 모든 욕구들에서 불만과 미충족, 미비 등의 문제들이 있다. 문제에 대한 인식과 공감에서 탐험여정이 시작될 수 있다. 물론, 불만과 불평을 품고 머무르면서 행동을 하지 않으면, 기업가적 여정을 떠날 수 없다.

자기인식 : 우리 올바름, 진실을 찾고자 할 때는 늘 스스로 내부적인 자기회의와 성찰, 탐구를 계속해야 한다. 우리가 바르고 진실하게 살기 위해서는 자기표현을 해야 하고, 자기희생을 해야 한다. 가장 좋은 입장은 세상에 대해서 제대로 헤아리고, 진실하고 평화로운 방식에 대해서 응해야 한다.

타인연민, 생명연민, 공감, 경청이 우리가 세상을 이해하기 위해서 필요한 일이다. 공감적 경청을 얼마나 하기 어려운가. 숱한 모임을 통해서 우리가 살아가면서 가진 공통의 느낌, 열등감이나 괴로움, 슬픔, 그런 일들, 살아오면서 힘들었던 순간들, 인생의 부조리함을 겪는 일, 조직의 문제 등을 나누고 공감할 수 있다. 인간관계가 진실하고 깊이가 있다는 것은 행운이기도 하고 부담이기도 하기에 개인의 선택사항이지만, 우리는 만남들을 통해서 우리가 가진 인간성의 공통적인 문제와 노력들과 슬픔의 기반 위에서 위안와 용기를 얻기도 한다. 절실하게 공감하는 문제는 사업이나 실천으로 해결하고자 하는 인간적인 결단을 내리고, 인간의 존엄과 살아갈 생존의지를 다시금 얻기도 한다.

올바름(Righteousness)은 우리가 공통적으로 가진 양심과 수치심에서 기반하고 있지만, 개인의 사상적 민감성에 따라서 판단의 준거가 달라진다.[7] 같은 상황이라도 진정성을 가지고 반응해도 다를 수 있고, 심지어 공감하는 영역이나 범위도 사람마다 다르고, 방향설정도 달라질 수 있다. 탐험하는 영역에 따라서 해결책도 다르지만, 해결책을 모을 수 있다면 다시 평가하고 보다 나은 해결책을 만들어낼 수 있다. 창의적인 공동체로서의 수업조직이나 팀, 혁신적인 기업과 같은 조직에서 다양한 관점과 아이디어들, 경험과 솔루션의 공간을 탐색하고 확장(Divergence)한다.

올바름에 대해서도 다양한 관점들을 통합하면서 도덕적, 타인의 입장에 대해서, 소외받고 약한 이들의 입장에 대해서도 점검하고 보다 적게 피해를 주고 보다 많은 혜택을 주는 올바른 해결책을 찾아낼 수 있다. 교육, 건축, 공공기관, 기업 등 어느 영역에서 문제가 될 수 있는 것은 학습자의 소진되고, 감정이 없이 업무를 하고, 마지 못해서 의무감으로 수행하며, 비몰입(Disengagement)을 보여주는 것이다. 반대로 진정한 자신, 혹은 '선호하는 자신(perfered self)'을 표현하고 창의적으로 보여지고, 칙센미하이가 잠재력을 발휘하는 인간의 모습으로 표현한, 시간이 가는 줄도 모르는 몰입(Flow)을 경험할 수도 있다.[8] 특히, 수업이 자신의 미래와 관련이 없다고 여기거나, 기업이 자신의 미래를 책임져주지 않고 공헌을 인정하지 않는다고 느끼는 경우에는 몰입에 이르기 어렵다. 구성원들이 각자 진정한 자신의 표현(Expression)은 창의성과 리더십의 원천으로 볼 수 있다.[9]

이것은 마을로 가서 이야기를 듣고, 들판을 헤매며, 맞는 약초를 찾듯이 답을 찾아가야 한다. 탐구하고, 실험하고, 행동하고, 성찰하고, 다시 통찰하는 과정을 통해서 우리는 지적으로 성숙하고 바른 판단을 할 수 있도록 된다. 행동하고 실천하는 과정은 배운 것을 익히는 숙련의 과정일 수 있고, 성찰과 정립의 과정은 익힌 것을 다시 명시적인 지식으로 표현하는 과정일 수 있다. 이러한 학습의 과정을 통해서 우리는 해결책에 가까워진다. 해결의 공간을 탐색하고, 우리는 이들의 협조를 얻어서 해결책을 만든다. 그런 다음 구체적인 출항을 위해 배를 구하고, 적절한 사람을 태운다.

가치가 다른 사람, 연민하지 못하는 사람, 올바르지 않은 사람은 애초에 함께 해서는 안된다. 원래 진정한 욕구가 섬기고 봉사하고 모시는 것이 아닌 이들이 함께 했을 때, 자신의 욕심과 이해관계에 의해서 일하는 정도에 따라 조직은 원래의 목적지에 도달할 가능성이 적어지는 것이다.

먼 바다는 열려있고, 다양한 가능성을 품고 있다. 그곳에서 우리는 새로운 섬, 항구, 대륙을 만난다. 몰랐던 섬이나 가고자 하는 항구도시는 폭풍우를 뚫고 가야만 도달할 수 있다. 그러한 해결책은 인간의 관점에서는 통로이고, 뱃길, 그리고 항해법이라는 리더십과 조직운용의 방법을 요청한다. 다른 층위에서 우리는 그 물 위를 따라가서, 바닷가의 항구에 이르게 되고, 여기서 우리는 여러 가지 풍요로운 자원, 물건 등을 싣고 출항하게 된다. 우리에게는 여러 가지 출항의 목적이 있는 것처럼, 우리 사업과 조직의 목적도 여러 가지, 여러 영역으로 다양할 수 있다.

1. 교역을 위해, 수요자를 찾아간다. 목적지에 이른다.
2. 새로운 대륙을 발견하려고 한다.
3. 섬 등에서 자원을 가져오려는 것이다.
4. 새로운 경험, 관찰을 위해서 가기도 한다.

목적지에 도달하면 고객과의 만남을 통해서 가치전달(Delivery)과정이 진행이 된다. 가치실현(Value Realization)은 심리상태와 욕구의 충족상태를 의미한다. 무엇을 구입하여 쓰고 있고, 어떠한 경험을 하는지, 기술이 탑재된 물건, 서비스 공간의 고객체험여정의 불확실성이 존재한다. 예상 이상으로, 기대 이하로 반응이 올 수 있다.[10] 그 뒤에서 돌아가는 기술적인 해결책들 지식들에 대해서는 고객이 잘 모를 수 있다. 고객도 혁신도구와 방법이라는 지식을 얻게 되면, 혁신 과정에 참여할 수있고, 이러한 과정을 우리는 사용자 혁신이라고 부를 수 있다.[11]

학습과 혁신의 과정은 자기학습 과정에서도 일어나고, 자기실현적 리더십 과정에서도 일어난다. 실현적 리더십은 생의 의미를 완성해주고, 구성원들도 궤를 같이 하면서 성장해가는 기회를 제공한다.

워크숍 : A Track – 지역의 숲공원의 '사유와 토론' 산책
자기인식과 진정한 관계형성 – 진정한 인생여정을 걸어보기

## 지역의 등산코스를 중심으로 학습 코스의 설계하기

- **코스 선택의 배경(s1-s5)** : 숲, 산행, 휴식, 전망, 거리와 시간
  ① 캠퍼스-탐색과 공부 : 새로운 출발, 좀 더 완만한, 농장이 있는 출입구 선택
  ② 시작과 분투 : 오르막, 지구력, 호흡과 페이스 조절, 서로 짐 나누기
  ③ 성공과 휴식 : 휴식, 충전, 간식, 대화, 진솔, 적당, 적절, 건강, 즐거움
  ④ 의미와 성취 : 휴식터, 뒷산 갈림길, 정상에 이르는 길, 다시 휴식터
  ⑤ 하산-약수터-호수-앞산 산책 및 정리

## 자신의 핵심질문들과 학습의 장

- S1. 학습과 탐색 : 핵심주제는 무엇인가? 1-4인이 공동으로 진행해도 됨
  ① 모색하고 공부하는 과정 : 진실의 공동체, 진정한 공동체, 학습 모임 만들기
  ② 내가 고민할 문제를, 절실한 문제를, 즐거운 도전을, 배울 수 있는 일을 찾기
  ③ 세 가지를 갖춘 일을 선택하고 만들어가자(Job crafting) : 의미, 배움, 즐거움

- S2. **진입로와 나들이길**-시작과 분투 : 향후 커리어를 선택하고 이끌어갈 것인가?
  ① 어떤 새로운 시작을 할 것인가? 새로운 시도, 새로운 제품/라인/사업

② 힘든 과정 : 한 걸음, 한 호흡에 집중, 조금씩 전진하는 것, 쉬엄쉬엄

③ 세부과정의 구성 : 탐색-집중-전환-지속/인지-집중-신뢰/플로우

- S3. **혁신과 성공** : 무슨 문제를 해결하고 어떤 가치를 전달할 것인가?

① 인생을 건강하고, 즐겁고, 행복하고, 근심을 줄이는 노하우는 무엇인가?

② 나는 다른 사람들에게 어떤 것을 나눠줄 수 있을까? (간식, 웃음, 경청, …)

③ 편백숲의 경우 피톤치드 등은 항균작용, 진정작용이 매우 강하고, 숲은 다양한 자극에 민감해진 감각과 심리를 안정시켜주는 작용으로 진정성이 높아진 대화를 촉진함

④ 자신의 존재를 있는 그대로 느끼고, 서로 수용하고, 인정하고, 협심하는 방법

- S4. **의미와 성취** : 어느 정상을 향할 것인가?

① 휴식터- 높은 정상을 택할 것인가? 낮으막한 봉우리를 오를까?

② 조금 까다로운 코스임, 특히 정상에 오르는 길과 내려오는 길이 위험함

③ 어떤 의미를 추구하는 것이 나의 목적과 가치에 부합하는가? 진정한 성취에 이르기 위해서는, 진정한 리더십(자기인식과 규율)이 중요함. 스스로 솔직.

④ 자신의 가치와 신념, 생각과 태도에 오류는 없는가? 모든 것을 시험받음

⑤ 추구하고자 하는 사업은 무엇인가? (영리/비영리/사회/가족/마을/개인사업, 목적과 가치)

- **지속가능성** : 무엇을 남겨둘 것인가? (진실, 해법, 선행, 관계, 변화)
  ① 살아온 길에 남는 향기와 흔적들이 어떠했으면 하는가?
  ② 기나긴 여정의 여독을 풀고, 다시 새로운 여정을 준비하는 해독과 영양섭취
  ③ 가장 자연에 가까운 것들, 숲의 향기와 수풀의 향기를 맡고 내적인 '오딧세이 경험'을 각자 조금씩 나누기

## 제3절 도약학습 사이클(LEAPS)

우리는 탐험을 멈추지 않을 것이다.
그리고 모든 탐험의 끝에는,
우리가 시작한 곳에 도착하리.
그리고, 그 곳을 처음으로 알게 될 것이다.

- T.S. Eliot, 네 개의 사중주 (Kolb, 1984: 20에서 재인용)

학습을 하는 것은 대니엘 캐너먼이 이야기하는 인간 직관의 오류들(Bias)을 바로잡을 수 있는 의식적인 분석과 계산을 통한 의사결정을 배우는 과정일 수 있다. 이는 자동화된 시스템 1의 한계를 인식하고, 의식적인 훈련을 통해서 시스템 2를 강화하는 과정이라고 볼 수 있다. 이는 존 듀이가 이야기한 충동(Impulse)에 의한 행동들을 교육을 통해서 보다 의식적인 행동(Deliberate action)으로 전환하는 과정이라고 할 수 있다.

호모 사피엔스인 인류의 진화과정에서 생존을 위해 프로그램된 손실적 위험의 회피, 획득한 객체에 대한 애착 등의 행동성향은 합리적인 기대치에 기반한 의사결정과 대비되는 부분이다. 보다 체계적인 의식있는 의사결정을 하고 실행하는 방법을 배우는 것이 학습의 한 가지 목표라고

할 수 있다.[12)]

학습과정은 아래와 같다. 우선 가장 명료하게 정리된 지식과 지혜를 경청 (Listening to the Literature, Lecture, and Logos)하는 단계이다. 기존의 지식을 기반으로 새로운 지식을 확장적으로 탐험하는 단계이기도 하다. 새로운 지식이 과연 맞는지, 개념적인 이해를 넘어 실재에서는 어떻게 작용하는지를 이해하는 탐구 (Exploration, Examination, and Experiment) 활동을 한다. 지식을 입체화시키고, 뼈에 살을 붙이고, 이미지에 움직임을 넣는 과정이다. 무엇보다 지식이 진실성을 검증하는 활동이다. 이를 통해서 스스로 지식을 생활과 일터에서 실행 (Approach, Action, and Apprehension)하는 단계에서 구체적인 경험을 쌓는다. 이를 통해서 숙련에 이르고, 암묵적인 감각을 기른다. 다양한 감각과 경험들에 대한 기억들을 모아서 통찰 (Perspective on the Phenomenon and Practice)하는 단계에 이른다. 이를 통해서 현실을 이해하고, 새로운 통찰에 이를 수도 있다. 각 단계를 통해서 새로운 행위각본을 쓸 수 있고, 새로운 여정에 대한 무용담과 에피소드를 가지며, 지혜로운 통찰과 고도의 숙련된 능력을 갖추어 도약(Scripting, Superior Mastery, Story-making, and Synthesis)에 이른다. 이를 통해서 세상에 대한 지식과 적응능력을 기르고, 변혁(Transformation)을 가능케 한다.

학습활동은 정신적이고 지적인 성장 뿐 아니라 실천적이고 기술적인 성장이 함께 이루어진다. 단순히 개념만을 기억하는 학습이나 반복숙달을 위한 동작의 지루한 모방은 효과적인 성장을 이끌어내지 못한다. 학습은 내면적인 성찰과정도 중요하지만, 현실 내에서 조사하고 점검하고 구체적으로 체험하는 과정도 중요하다. 내적인 성찰과 인식이 행동과 일치하도록 하는 것은 진정한 리더십을 형성해가는 과정에도 중요하다. 아는 것과 행동을 일치시키는 성실성(integrity)은 스스로의 자신감과 신뢰에 바탕이 된다.

학습활동 1. 문헌과 강의, 논리경청(Listening to the Literature, Lecture, and Logos) : 어떤 주제이든지 새로운 개념을 습득하고, 어떤 현상에 대해 어떤 설명을 하고 있는지, 어느 정도까지 지식이 진전이 되었는지 기존의 문헌을 보고 강연을 들어볼 필요가 있다. 요즘에는 각 분야의 대가들과 석학들의 강연을 인터넷과 모바일로 모두 들어볼 수 있으니, 학습활동의 기회가 풍부하다.

학습활동 2. 탐험과 실험(Exploration, Examination, and Experiment) : 대가와 석학이 이야기를 하고 교과서에 있는 이야기라고 해서, 그대로 이해가 되는 것도 아니며, 그대로 수용하는 것도 배움을 완성하지 못한다. 비판적으로 수용하고 실제 자신이 실험해보는 자세가 과학자적 접근이다. 중세의 종교중심의 시대에서 근대의 과학 중심의 시대를 살아가면서 기존 지식과 명제에 대해서 회의(skeptics)하고 비판적으로 고찰하며, 실증적으로 조사하고 검증하는 과정은 필요하다.

학습활동 3. 접근과 이해(Approach, Action, and Apprehension) : 구체적인 실천을 통해서 새로운 방법과 기술을 익히고, 그 결과가 원하는 것인지를 보면서 심화해간다. 기술은 다양한 상황에서 실천하고 실행함으로써 숙련이 되고, 깊이 있는 암묵지를 형성할 수 있다. 심화된 암묵지로 상황에 대한 종합적이고 깊이 있게 판단하고 정밀한 조치와 대응을 할 수 있는 사람을 전문가 내지는 장인이라고 할 수 있다.

학습활동 4. 현장의 통찰(Perspective on the Phenomenon and Practice) : 다양한 시도와 경험과 깊이 있는 체험과 관찰의 기억들을 정리하고 성찰하면서 현실을 통찰하는 능력이 생긴다. 자신만의 관점에서 자신의 경험들을 확장하고 심화하면서 이를 제대로 심층적으로 살펴볼 수 있고, 장기적인 인과관계와 행동에 대한 결과를 예상할 수 있다면 비로소 실용적인 지혜의 수준에 이르렀다고 하겠다. 기존의 지식을 주워섬기는 것은 실재에 대한 진실한 이해를 가져다주지 못하며, 배움을 완성한 것이 아니다.

**학습활동 5.** 도약(Scripting, Superior Mastery, Story-making, and Synthesis): 성찰을 통해서 새로운 생활의 방식에 대한 행동방식을 짜보고(Scripting), 보다 자신을 제대로 표현하면서 현실에 적응할 수 있는 방법을 찾는다. 이를 통해서 자신이 새롭게 이야기를 써갈 수 있으며, 보다 높은 수준의 숙달에 도달할 수 있다. 마지막으로 지식과 경험과 실험과 관찰, 기억들을 통합하여 일관성 있는 준거틀(frame of reference)를 마련해간다. 이를 통해서 기존의 마인드셋을 보다 실재에 맞게 정립하고, 언행에 있어서 보다 성숙하는 도약을 이루어낸다.

[그림 5-3] 도약(LEAPS)의 학습사이클

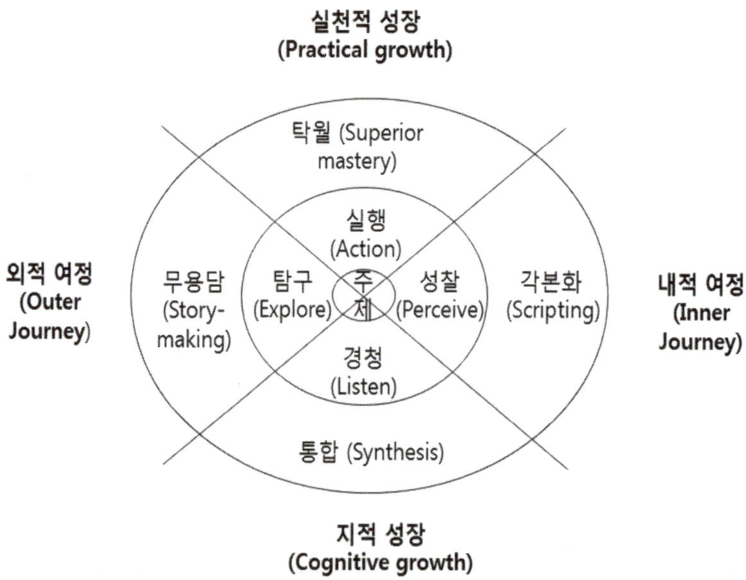

## 도약학습을 위한 핵심적인 사고방식

- 내면상태에 대한 자기인식
- 진전의 원리와 내재적 동기유지 및 강화
- 내적 심리상태의 표현과 형상화
- 작은 성공과 진전, 자기성장에 대해서 인정하기
- 심리에 영향을 미치는 요인들, 좌절, 고착, 촉진력 vs. 방해력, 영양제 vs. 해독물 등을 파악하고 매일 기록하기
- 그 날의 기여, 팀워크 (진전, 갈등, 동기 등 모니터링)
- 특히 실패에서 의미를 찾고, 그날의 배움을 정리하기
- 다음 날의 계획, 할 수 있는 일들 정리하기
- 새로운 To-do-list를 만들고, 최우선 과제에 집중하기

### 사례탐구 탐험(Explore): 교육혁신의 여정

수박씨는 기억에는 시골학교 운동장에서 뛰어노는 아이들이 행복해보였다. 자신도 천진한 아이들과 뛰어노는 순간에 순수한 기쁨을 느꼈고, 자연 속에서 서로 챙겨주면서 배우는 과정에서 학교 선생님이 되고 싶다는 생각을 했다. 공대를 지망하였지만, 수학을 잘 하지는 못했기에 인문사회계열로 전공인 경영학으로 전공을 바꾸려고 한다. 하지만, 자신의 꿈인 학교 선생님이 되기는 어려워보인다. 앞으로 수박씨의 경력은 과연 어떻게 전개가 될 수 있을까?

### 학습활동... 실천(Action)과 성찰(Reflection)

주변의 사례들을 살펴보고, 본인이 실현하고자 하는 인생의 모습을 찾아가는 이들의 여정을 조사해보고, 자신을 성찰하자.

1) 자신의 인생에서 가장 행복하고 몰입했던 순간들을 떠올려보고 리스트를 만들어보자.
2) 남은 인생여정에서 어떠한 순간들을 가장 많이 겪고 싶은지 생각해보고, 그런 순간이 많은 목적지인 경력을 찾아보자.
3) 몰입과 충만감, 긍정적인 정서와 의미가 있음을 가장 많이 경험하고 느끼기 위해서는 어떤 경력을 선택하는 것이 적합한가?

4) 그러한 경력에 맞는 전공이나 교육과정이나 공부가 있다면 무엇인가? 그러한 직무가 있다면 어떤 것이 있겠는가?
5) 자신이 보다 긍정적인 정서로, 몰입해서, 좋은 관계를 맺으면서, 의미를 느끼고, 약간씩이라도 성취감을 느낄 수 있는 일은 무엇인가? 그런 일로 만들기 위해서는 어떻게 해야 할까?

**학습활동... 관점(Perspective)**

자신에게 가장 자연스러운 인간관계의 원형이 어린 시절에 만들어진다고 한다. 가장 잘 맞는 일은 자신이 가장 좋아하거나 잘 하는 활동들로 구성될 수 있다. 같은 직무를 하더라도 자신의 방식으로 업무를 볼 수 있다. 어떤 직무에서든지 자신에게 맞는 방식과 긍정적인 정서와 의미를 찾을 수 있다면 좋은 경력이 될 수 있다. 특히, 인간관계에서 서로 진정한 모습을 보다 많이 긍정적으로 주고 받을 수 있는 결속력이 중요하다.

## 제4절 창의적 프로젝트 : 동기와 갈등관리

90년대 이후 아시아 위기, 2000년대 들어서면서 IT 거품붕괴, 2010년 전후로 미국과 유럽의 경제위기 상황이 연이어 진행이 되었다. 기업들은 생존을 위해서 구조조정과 비정규직을 통한 조직 유연성 확보에 나섰고, 구성원들은 조직에 대한 몰입이 낮아졌다. 한편 기업들은 비용적인 측면 뿐 아니라, 경제, 사회적 불확실성을 타파할 혁신적인 제품과 서비스를 개발하고자 애써왔다.

그렇다면, 기업과 구성원의 미래를 보장할 수 없는 상황에서 우리는 어떻게 지속가능한 생존을 추구하는가? 그것은 가장 기본적인 문제이고, 조직행동론의 공부와 연구로 이어가서 풀었으면 한다. 자신의 경력이 될 만한 조직을 선정해보고 조사해보는 것으로 공부 내용이 집약되도록 수업을 설계하였다. 앞으로도 어디에 속해있든 현재의 상태에 안주하지 않는 자세가 늘 필요하다. 위기의식을 통해서 현대나 삼성이 지속적인 혁신과 성장을 구가한 것처럼, 개인도 늘 위기의식을 품고, 경력을 개발하고 추구해야 하지 않겠는가?

심리적으로 보다 많은 것을 추구하는 성장지향은 동시에 나눔지향과 함께 해야 건강해진다. 장애를 만나더라도 분노하지 말고, 사람을 대상으로 하거나 의식을 대상으로 하는 것이 혁명이었는데, 자기자신을 대상으로 하는 경우, 자신의 조직을 대상으로 하는 경우, 그리고 무엇보다 인간 자체에 대한 긍정에 기반해야지만 말그대로 긍정적인 변화가 가능하지 않을까?

보다 포괄적인 틀이 필요하다. 조직을 설립하고 운영하는 틀에 있어서도 구조적 혁신이 필요하다. 사회적으로 조직 상에서 드러나는 흑백, 대립적 사고는 심리학적으로 5세의 마인드라고 한다. 조직 구성원의 차이가 다양성으로서 존중받고 창의성으로 발휘되어야 한다. 조직 구성원 한 사람 한 사람이라는 존재가 가진 행복에 대한 욕구, 자유에 대한 갈망, 공정함에 대한 희망이 채워지고, 무엇보다 각자가 가진 능력과 시간과 노력들이 사회적으로 인정받고 보상받고 지속될 수 있어야 한다.

대량생산을 중심으로 하는 조직, 효율적인 실행이 중요한 조직에서 빠질 수 없는 것은 전통적인 조직이론이 제시하는 관료제나 기계적 조직의 특징들이다. 그것은 수직적인 조직이 가진 실행력, 효율성을 담보하는 '명령체계'이다. 명령체계는 상벌체계, 책임체계와 연계되어 조직적 모습을 갖게 한다. 이러한 방법의 한계는 이미 인간관계론적인 접근을 통해서 드러났지만, 여전히 관료제 조직은 만연하고 기계적 조직으로 생산시스템이 운영되고 있는 지역이 많다. 특히, 노동비용이 높아지고, 노사분규가 확산되고 있는 중국의 산업지역이 그러하다. 이러한 영향으로 독일의 인더스트리4.0에서는 스마트 공장을 만들어서 소수의 인원으로 운영하고 있다. 아디다스사의 경우에는 지능화된 자동생산설비에 3D 프린팅을 이용해서 스피드 팩토리를 도입해 성공하였다. 팍스콘이 노동자의 처우

문제로 갈등을 겪고 도입한 자동화 설비가 원하는 성능을 내지 못해서 폐기한 것과는 대조적인 성과이다.[13)]

노동자의 권리를 주장하는 의식이 생겨나는 것은 사회의 근대화의 과정을 지표라고도 해석할 수 있다. 다만, 갈등의 양상이 폭력적으로 변질되거나 기업의 공동체를 이루는 경영자와 노동자가 적대적인 대립을 할 때 공감의 영역이 감소하고 서로를 불신하여 진정한 리더십과 팔로어십이 형성될 수 없는 한계를 갖는다. 불신하면 경영진과 노동조합의 메시지를 서로 왜곡해서 해석하고, 서로를 폄훼하게 되어 결국 사업체의 생존과 번영에 악영향을 미치는 안타까운 결과에 도달하게 된다. 자신의 권리를 주장하고 목소리를 내면서도 이를 서로의 이익이 되도록 하는 것이 갈등관리의 핵심적인 요소이다.

오래된 민족이나 국가 간의 갈등은 서로가 준 상처가 쌓이고, 적대감이 쌓이고, 현기증(Vertigo)을 느낄 정도로 아찔한 갈등 속에 대립한다.[14)] 이를테면 이스라엘과 팔레스타인이 그러하고, 동유럽의 다민족 국가에서도 나타난다.

갈등은 2인 이상 관계와 내용에 있어서 상이하여 서로 마찰을 겪는 현상이다. 관계는 서로 존중하지 않거나 권리를 침해하는 것을 말하고, 내용 상으로는 목표와 수단 등에서 차이가 있을 때 업무적으로 나타나는 것을 말한다. 특히, 감정적인 갈등은 소모적이기 때문에 조직 내에서는 발생하지 않도록 하는 것이 중요하다.

어쩔 수 없는 성격 차이와 관점의 차이로 인한 갈등은 보다 긍정적인 시각에서 촉진할 필요가 있다. 이는 개인이 가진 고유한 관점과 성격, 강점 등으로 인한 것으로 자기표현을 통해서 다양한 창의성의 원천을 발현시킬 수 있다. 팀워크에서 가장 많이 발생하는 성격차이는 내향성, 개방성, 성실성, 안정성, 인지방식, 판단방식 등의 차이들을 들 수 있다. 각자의 개성을 존중하는 부분 중에서 각자 강점을 받아들이고 발휘할 수 있는 기회를 주는 것은 서로의 안녕(Wellbeing)을 위해서 매우 중요하다.

이러한 사실들을 아는 것 자체가 현명한 경영자의 토대가 되며, 이를 바탕으로 규칙과 태도를 정립한다면 보다 원활한 협업을 경험할 수 있다. 부록에 이러한 부분에 대해서 팀활동을 할 수 있는 학습활동지가 있으니 참고바란다.

특히, 갈등이 발생하면 어떠한 절차로 해결할 것인지를 정해두는 것은 감정의 대립으로 인한 공감의 벽이 생기기 전에 상황을 수습하는 방법이 될 수 있다. 관계상의 문제가 있을 때 이를 무시하는 것보다는 이를 적극적으로 파악하고 해결하는 사람이 그 조직의 진정한 리더십을 발휘하는 것이라고 할 수 있다.

1. 도대체 무엇이 문제이고 어떤 일이 벌어지고 있는가?
2. 공동의 목표와 공통의 가치, 원칙을 상기한다.
3. 사람문제와 일의 문제를 분리하거나 최대한 존중한다.
4. 각자 원하는 이익을 살펴보고, 승승의 해결책을 찾는다.
5. 서로 동의할 수 있는 판단기준으로 해결대안 중 선택한다.

## 제5절 탐험여정의 시작 : 연구 프로젝트

앞으로는 디자인을 중심으로 한 창조적 서비스산업은 효율적인 실행과 더불어 새로운 가치창출에 중요하다. 수평적 조직을 통해서 정보가 편안하게 흐르고, 결합 내지는 융합하고 새로운 제품이나 서비스로 완성되어 간다. 하나의 이야기가 완성되는데 몇 가지의 아이디어가 필요한가? 픽사의 시작이 작은 아이 전등에서 시작하여 하나의 아이디어에 수천 가지 아이디어를 더하여 토이스토리가 탄생한다. 픽사나 애플처럼 수천 가지 아이디어를 촉발시키는 창의적 리더십과 실현하는 혁신조직을 만들어야 장기적으로 살아남을 수 있다. 조직 평균 수명이 10년 가량으로 줄어든 시대에 번영을 위한 방안은 혁신적인 조직이다.

대학교와 대학원이라는 학문의 전당에 우리는 무엇을 하기 위해 우리는 함께 모인 것인가를 생각해볼 필요가 있다. 단순히 지식의 습득은 아니며 있으면 나쁘지 않은 소양들을 모으는 것만은 아닐 것이다. 지역사회에 공헌할 수 있고, 스스로의 삶에 답을 찾아갈 수 있는 공부, 협력해서 함께 문제와 답을 찾아가는 공부의 장이 되었으면 한다. 흔히 하는 이야기로 '물고기가 아니라 물고기를 잡는 법'을 알려주는 학습의 현장을 만들어야 한다. 그래서, 원하는 주제와 문제를 공부하는 기술, 혼자가 힘들면 함께 답을 찾아가는 팀워크의 기술을 가르쳐 줄 수 있어야 한다.

대학교에서 무엇을 배우느냐도 중요하겠지만 어떻게 배우느냐가 중요하다는 관점도 생각해 볼 필요가 있다. 배움의 내용이 아닌 배움의 기술이 중요하다고 다트머스대 총장을 지낸 김용 세계은행장의 조언도 새겨서, 리더십, 조직과 혁신, 인생의 과정에 대한 학문에서는 이론과 개념을 전달하는 접근보다는 사례와 실질적인 질문들을 던지고 해결하는 배움의 과정과 기술을 익히는 방식을 개발하고자 한다.

창의성은 새로운 문제를 찾거나 새로운 해답을 찾아가는 과정이다. 이것은 어느 분야와 현상에 대해서도 적용될 수 있는데, 경영학과 관련해서는 사업현장에서 가장 와닿고 현장에서 풀어야 할 문제는 무엇인지를 고민하는 데서 시작할 수 있다. 물론, 연구논문을 많이 읽었다면, 기존의 연구들의 불일치나 공백 등을 해소하는 학술적인 연구로 이론적으로 가치있을 것이다. 새로운 이론의 개발과 적용 가치 모두를 생각할 때에는 현장과 사례를 중심으로 한 연구를 추천할 만하다. 사례연구방법에 대해서는 질문 등 자료수집의 프로토콜을 준비하고, 사례를 선정하고, 인터뷰를 진행하고, 자료를 정리하고, 분석하여 결론을 내고, 이를 정리하여 보고하는 아이젠하트의 방법이 현실적으로 적절하다.

관심이 있는 현상에서 과연 문제가 무엇인지, 문제의 원인 혹은 결과,

해결방안 중 아는 것은 무엇인가를 짚어보는 것이 본격적인 연구의 시작이다. 현상을 깊이있게 이해하고, 원인을 파악하여, 해결책을 찾아 제시하는 연구가 되면 가장 이상적이다. 더 나아가서는 해결책을 실천하고 완성해간다면 혁신자가 될 수 있다. 과학적 원리와 기술개발은 경영분야에도 적용될 수 있는 것이다. 경영학은 과학과 공학, 의학의 특성을 모두 가지고 있기 때문이다.

부록에 보면 연구활동 기록지가 나와 있다. 자신이 관심있는 주제를 찾아가고 접근방법을 택하기 위해서 다음과 같은 질문에 답하도록 되어 있다:

1. 연구의 관심 영역과 방법들을 표시하시오.
2. 현상의 지역적 범위, 문화권은 어디까지인가?
3. 관심있는 분석수준(Unit of analysis)은 개인, 기술, 프로젝트, 팀, 조직, 산업, 경제시스템, 거시경제, 세계경제 중에 어디까지인가?
4. 사업 현상에서 관심있는 부문과 영역은 어디인가?
5. 현상에서 가장 관심있는 핵심현상(Core phenomenon)을 주제어로 적어보자.
6. 자신이 연구에 쏟을 수 있는 시간과 노력, 기술은 어떤 것이 있는가?
7. 연구팀이 있다면, 구성원이 다룰 수 있는 툴과 지식기반들은 무엇인가? (Endnote, Refwork, Mendley, Zotero 등의 문헌정리툴; SAS, SPSS, Stata, R, Eviews, Matlab 등의 통계분석툴 등)
8. 관심있는 주제를 질문(Question)으로 설정해보시오.
9. 질문에 대한 답변을 찾는 일(Quest)이 가치있고, 흥미로우며, 가능하고, 시기적절한가?
10. 현재 연구자들이 알아내었고, 개인으로서의 우리가 알고 있는 것(Knowledge base)은 무엇인가?
11. 기존의 대가들이 연구해놓고, 기관들이 조사해놓은 결과들을 인류로서의 우리가 알고 있는 지식토대들(Knowledge foundations)을 모아

보자. (Web of Science, Elsevier, Science Direct, Google Scholar, 국회도서관, RISS 등 문헌 데이터베이스)

12. 우리가 예상하는 질문에 대한 해답을 추론해보자.
13. 해당 가설이 사실인지를 보기 위해서 사례조사를 해보자: 사례가 예상한 패턴으로 나타나는가?
14. 사례조사를 하기 위한 질문/조사항목 리스트를 만들어보자.
15. 사례선택을 하고, 2차자료나 이메일/직접 인터뷰를 하자.
16. 해당 사례에 대한 자료를 기본 데이터베이스화하자.
17. 해당 사례의 자료를 분석하여, 명제를 검증해보자.
18. 추가적인 자료수집과 분석이 필요한지 보자
19. 논리와 근거에 맞는 명제를 제시해보자.
20. 명제와 이해를 바탕으로 새롭게 알게 된 탐구결과를 정리하자.
21. 새로운 이해를 바탕으로 원래 풀고자 했던 문제를 풀어보자.
22. 향후 다시 연구조사를 한다면 어떻게 하면 되겠는가?
23. 실험/테스트, 설문조사 등의 방법에 대해서도 고려해보자.
24. 문제-질문-기존연구들-조사절차-분석결과-시사점 순으로 체계적으로 내용을 정리해보자.
25. 발표에서는 기존에 풀지 못한 문제이거나 생활밀착의 동기 등을 흥미롭게 제시를 하도록 하자.

만일 인간관계, 팀워크, 리더십, 조직설계 등 인사조직 및 전략경영, 혁신경영에 관심이 있다면, 인간행동에 대한 이해와 인간성을 깊이있게 탐구하는 주제도 좋다. 관심과 열정에서 시작된 공부하는 협력과 고민을 통해서 진행되고, 토론과 토의를 통해서 정리되고 새로운 국면을 맞는다. 인간을 이해하고 관리하는 인간중심의 경영을 통해 실제 기업은 어디까지 목표달성과 목적실현을 할 수 있을지 궁금하다. 앞으로 졸업하게 되면 자신이 원하는 조직과 사회, 그 안에서의 삶을 찾아갈 것이기에, 공부를 관통하고 조직론과 혁신론을 배우는 목적이 될 것이다. 목표에 이르는 원하는 조직의 자료를 찾고, 정리하고, 생각하고, 상상하고, 열정적으로 답을 추구하는 자, 대학생이다. 교수자 또한 도전적인 과제와 끝없는 탐구를 할 수 있는 호기심을 자극해야 한다. 가령 질문을 하고 답하는 과정을 통해서 지식을 구축해가는 방식을 택할 수 있다.

질문 1. 사업적으로 생존가능하며, 민주적이면서, 진정한 잠재력을 발휘하는 혁신적인 조직을 어떻게 만들까?
질문 2. 구성원들이 가장 만족스럽고, 지속가능하고, 창의적으로 동기부여가 되는 방식은 무엇일까?
질문 3. 구성원들이 가장 효과적으로 의사소통하는 방식은 무엇일까?
질문 4. 구성원들이 창의적으로 의사결정하려면 어떻게 해야할까?
질문 5. 조직설계 요소들은 조직성과에 어떤 영향을 미칠까?
질문 6. 조직 내 갈등은 어떤 원인과 조건으로 나타나는가?
질문 7. 조직 내 갈등을 어떻게 해결할 수 있을까?
질문 8. 경영자가 구성원들의 인생을 보다 긍정적이고, 몰입하고, 회복적이며, 의미있게 성취하는(PERMA) 방식으로 살 수 있게 도울까?
질문 9. 혁신을 위해서 어떤 창의성이 얼마나 필요할까?
질문 10. 혁신의 성패를 좌우하는 고객의 관점과 참여활동들을 조직 내부로 가져올려면 어떻게 해야 할까?

특히 위기의 시대를 돌파할 수 있는 창의성이 핵심이다. 창의성은 어려운 것이 아니며, 인지과정과 의사결정에 있어서 보다 새롭게 보고, 새로운 실행방안을 찾는 것이다. 그것은 의사소통과 팀워크를 통해서 서로 다른 관점과 지식들이 만나면서 이루어진다. 단 한번에 훌륭한 답을 찾기는 쉽지 않으며, 단초가 되는 아이디어들을 서로 협력해서 길러내고 살려내고 보완해야만 가능하다.

각자 문제를 제기하고 찾아가는 과정에 필요한 답의 일부로서 기본적인 내용교육을 충분히 이해시킨다. 소통의 장으로서 온라인 게시판의 활용을 통해서 블렌디드 방식으로 교육적 효과를 강화할 수 있다. 너무 진지하기만 한 수업은 쉬이 지칠 수 있고, 주목과 관심을 얻기 어렵다. 한 번 정도는 기존의 준거틀(Frame of reference)을 벗어날 수 있는 게임 내지는 놀이방식의 수업, 팀빌딩, 새로운 장소의 활용 등도 창의성을 발휘시키는 접근이다.

조직을 이해시키는 방법은 조직의 구성원으로서 자신의 태도와 행동과 그 원인에 대해서 성찰하는 것에서 시작한다. 자신의 사고, 인지처리, 행동양식을 성격이라는 틀로도 이해를 해보고, 태도와 가치, 의사결정 방식으로도 이해를 한다. 그리고 서로 다른 가치관과 역량들에 대해서 의사소통 과정에서 자기노출과 공감이라는 방식으로 조하리의 창(Johari's window)을 확장시켜간다. 자신이 몰랐던 모습을 상대에게 듣거나 자신이 드러내지 않았던 진정한 자기자신을 자신의 목소리로 표현하는 것을 통해서 진정한 관계를 다져갈 수 있다. 누구나 자신을 표현할 수 있는 권리가 있고, 존중받아야 하는 존엄을 가지고 있다는 것은 기본적인 전제가 되어야 한다. 그리고 공동의 문제해결이라는 목표를 통해서 협력할 수 있다. 자기성장과 성공적인 팀경영 경험, 창의적인 조직학습이라는 목적을 가진 하나의 조직으로 성숙되어 가는 것을 체험하는 혁신조직이 점점 가까워진다.

## 제6절 탐험여정의 시작 : 혁신프로젝트 운영방식

현실의 상황이 어렵고, 문제가 커보이더라도 진지함에 함몰되기 보다는 서로를 가볍게 알아가는 가벼운 스몰토크(Small talk)를 통해서 누구와도 이야기를 나눌 수 있는 연습을 할 필요가 있다. 그렇다고 가벼운 농담이나 사적인 이야기만 하고 본론으로 들어가서 자기자신의 의견을 개진하지 못하는 것도 문제이다. 너무 가벼워도, 너무 진지해도 효과적이지 않다. 팀빌딩에서의 스몰토크는 서로의 공통된 관심사를 찾는 것이고 상대방의 강점이나 장점을 발굴하고 인정해주는 것에서 시작한다. 성공적인 그룹활동의 조건을 생각해보고, 일반적으로 나타나는 집단사고의 경험을 이야기하고 위험성도 일깨워준다. 스스로 팀활동에서 있었던 일을 일기처럼 진전일지 써보는 것도 좋고, 서로 이야기를 나누며 의미부여(Sense-making)을 통해서 주변의 일에 대해 의미를 해석함으로써 조직의 정체성을 확립하고, 환경변화에 적절하게 적응해 갈 수 있다.[15)]

흔히 혁신(Innovation)은 신기술, 신제품을 떠올릴 수 있지만, 혁신을 할 수 있는 영역은 매우 다양하다. 특히 경영의 토대가 되는 조직 자체를 변화시키는 것은 매우 의미있지만 난이도가 높은 혁신이다. 단순히 조직구조를 변화시키는 것을 넘어서 관계의 수준과 질적 상태를 변화시킬 수도 있고, 이를 통해서 혁신조직으로 변화할 수 있다. 환경변화에 대한 적응을 위해서는 중앙집권화(Centralized) 조직보다는 구성원들이 스스로 목표를 설정하고 보상하고 업무시간을 정하고 자율적으로 문제를 해결하는 Semco와 같은 분권화된 조직이 나을 수 있다.[16)]

모든 조직은 구성원들이 조직이 풀어야 할 문제와 해답을 찾는 탐구과정(LIGHTS)을 보다 효과적으로 만드는 것이 중요하다. 각자가 가진 논리적 사고(Logical thinking), 직관적 사고(Intuitive expertise), 개념적 일반화(Generalization of concepts), 가설의 구축(Hypothesis generation), 진실성의 검증(Test of truthfulness), 반론의 종합(Synthesis of dissents) 등의 진리발견과 문제해결의 지적 요소들을 통해서 각자의 현장의 답을 찾도록 해야 진정한 혁신조직이 될 수 있다. 사고의 과정을 일부만 요구하거나 실행을 강조하는 조직에서는 새로운 혁신을 위한 지적 활동이 억압될 수밖에 없다.

혁신조직에는 현실에 대해 공감적이거나, 호기심에서, 그리고 관심있는(Compassionate, Curious, Concerned) 문제와 질문이 있어야 한다. 이러한 문제에 대해서 긍정적으로 평가하고, 접근하여, 해결해보려는(Appreciatively assessing, Approaching, & Addressing) 자세가 필요하고, 적절하게 책임있고, 탄탄하고 견고하며, 원인에 대해 엄밀하게(Relavantly responsible, Robust, Rigorous) 해결해내려는 탐구(Quest-CAR)과정이 있어야 한다.

진정한 리더십을 바탕으로 조직이 신뢰하고, 화합하는 관계를 형성하고(Relating), 이러한 신뢰와 긍정적인 소통을 통해 창의적인 혁신(Innovation)을 해내고, 실행력을(Execution) 가지면서도 시장이 던져주는 새로운 도전에 대한 해답을 통해 결과를 만들어낼(Resulting) 수 있어야 혁신조직(CAR-RIER)의 항해가 애매하고 불확정적이며 예측하기 힘든 환경 속에서도 지속가능하다.

한국의 기업들은 오랫동안 수직적이고 중앙집권화된 조직구조와 조직문화를 통해서 신속한 의사결정과 대응을 통해 환경에서 살아남아 왔다. 하지만, 이러한 수직적 조직의 한계는 새로운 영역으로 탐험하는 미래의 준비에 있어 한계를 드러낼 수밖에 없다. 지나치게 실행조직 중심이기 때문에 변화하는 환경에 산업 생태계 전체가 적응성과 민첩성, 혁신에 있어서 어려움을 겪을 수 있다. 멕킨지에서 개발한 조직건강 지표를 바탕으로 대한상공회의소의 회원사들을 중심으로 한국기업들의 기업문화와 체질을 살펴본 결과, 상명하복, 비효율적인 회의, 잦은 야근 등의 건강이상 징후가 나타났다.[17)]

대신에 가장 현실적으로 살아남을 가능성이 많은 빠른 추격자(fast follower) 방식으로 환경변화에 적절히 대응하는 선도자 기업을 최대한 빨리 답습하고 넘어서려고 노력하는 것이다. 이러한 방식에서 성공한 대표적인 기업들이 우리나라의 대기업 군이라고 할 수 있다. 하지만, 점점 새로운 시장의 변곡점이 나타나고, 기술과 산업의 융합(convergence)이 일어나기 때문에 삼성 등 여러 기업에서도 '창조경영'을 강조하고, 혁신을 위한 방안을 찾고 있는 것이다.

이러한 대응은 환경의 변화가 가져온 위기의 시대에 적응하는 적절하고 현실적인 방법이다. 구체적이고 세부적인 방법론에 있어서, 조직의 구성원들에게는 새로운 역량이 필요해지고, 팀과 사업부도 마찬가지이다. 그것은 창의성이라는 말로 축약되는 다양한 면모를 가진 인간의 잠재력이다. 그리고 그 기본에는 개개인이 가진 다양한 관점과 경험, 발상이 있고, 이를 효과적으로 엮어내는 협력적인 팀워크를 개인과 집단이 익힐 필요가 발생하는 것이다. 사회 및 경제체계 내의 조직 및 기업들의 환경적응에 맞추어서 팀워크 중심의 조직학습 방식을 도입할 필요성이 높아지고 있다. 심지어 공공기관에서도 팀조직을 도입하는데, 창의적인 팀운영보다는 근무 유연성을 높이는 목적으로 조직을 재설계하는 경우들을 볼 수 있다.

아마존, 애플 등과 함께 가장 혁신적인 기업으로 구글을 꼽을 수 있다.[18] 가장 혁신적이고 일하기 좋은 기업에 속하는 구글에서는 M&A를 통해서 신생기업들을 발굴하여 투자하고, 신서비스 개발을 지원하고 있다. 구글의 스프린트는 5일 동안 새로운 솔루션을 디자인하고 테스트하는 것까지 모두 마치는 속전속결의 프로젝트 수행방법이다. 디자인 사고와 린스타트업 등 최신 트렌드와 구글 벤처스의 성공경험이 합해져서 매우 효율적인 단기경주식의 혁신방법론이다. 새로운 방법을 익힐 때에는 일단 절차를 중요하게 눈 여겨 볼 필요가 있다. 우선, 전체적인 문제파악, 과제설정하고, 핵심적인 멤버로 구성하고, 의사결정자를 반드시 포함시키며, 고객을 파악하고, 이를 바탕으로 아이디어를 내고, 수요일까지 아이디어를 취합해서 히트맵이라는 투표방식으로 대안을 선정한다. 다음 단계는 구체적으로 프로토타입으로 개발하고, 이를 5명 이상의 저절한 고객집단에게 데스트 해보고 결과를 환류해서 서비스를 완성해간다. 참여하는 팀원들은 각자 자신 안에 있는 진정한 혹은 선호하는 자기자신을 일깨우고 전념하는 자세로 참여해야 한다. 창의적인 시각은 여행자처럼 새롭게 현실을 보고, 아이처럼 놀 듯이 보고 즐기는 가운데 새로운 시도와 길을 발견하는 기쁨을 누릴 수도 있다.

내재적 보상과 창의성을 연구하면서 스탠포드대학교 박사학위를 취득하고 브랜다이스 대학과 하버드경영대학원에서 교편을 잡고 있는 테레사 애머빌 교수는 창의성에는 직무지식과 창의적 사고기법과 내재적 동기가 중요하다는 것을 오랜 기간 다양한 현장에서 밝혀내었다.[19)]

특히, 아이들의 예술적 창의성에 있어서 외재적 보상이 창의적 활동에 대한 몰입과 지속을 망치는 지름길이라는 것을 알게 되었다. 활동 자체에 전념하고 그 안에서 몰입과 즐거움을 찾을 기회를 뺏고, 결과와 보상에만 신경이 쓰여서 보상이 끝나면 해당 활동을 그만두는 것이다. 최근에는 내재적 동기에 영향을 주는 작은 성취와 같은 진전(Progress)이 중요함을 수많은 질적인 데이터를 분석하여 밝혀내었다. 이외에도 긍정적인 요인으로 영양분(Nourisher), 촉진제 등이 있고, 부정적인 요인으로는 실패와 같은 좌절, 인지적 방해물, 비난과 무시와 같은 정서적인 독극물(Toxins) 등이 내면상태(Inner work life)에 영향을 줌을 볼 수 있었다. 부록에는 매일 일기처럼 전진일지를 쓰고 이를 분석함으로써 창의적인 팀프로젝트를 관리할 수 있는 활동지가 첨부되어 있다. 매일 발견하는 촉진제(목표, 자율성, 자원, 시간, 도움, 독려, 학습, 아이디어 소통)과 억제제(애매함,억압, 자원부족, 시간부족, 회피, 도움실패, 꾸짖음, 조급)들을 파악하고, 보다 긍정적인 방향으로 목표 제시와 자율성을 높이고, 독려와 아이디어에 영감을 주고 소통하는 경영활동을 할 수 있게 된다.

부족하다고 확인된 촉진제와 영양분(존중, 격려, 공감, 소속감)을 제공하기 위해 내일 할 수 있는 일은 오늘의 아쉬움이지만 내일의 기회이기도 하다. 무엇보다 실행중심 조직에서 만연하기 쉬운 독극물(노력 무시, 낙담케함, 어려움 방치, 대립)을 파악하고 최대한 효과적으로 제거하고 차단하는 것이 중요하다. 이를 제공하는 관리자는 리더십을 가지고 있다고 할 수 없거나 부정적인 리더십을 발휘하고 있기 때문에 구성원이 이를 정중하게 피드백을 하고 행동을 고칠 수 있도록 해야 한다. 전진일지를 쓰면 스스로 내면상태에 영향을 미치는 구체적인 요인과 자신이 속해있는 상황에 대해서 파악할 수 있게 된다. 반복적으로 나타나는 긍정요인들은 확대하고, 부정요인들은 어떤 패턴으로 나타나는지, 누구에게서 오는지 파악하고 이를 선제적으로 차단하고 제거해 나간다면 심리적 안녕에 긍정적인 영향이 있을 뿐 아니라, 프로젝트나 창의적 문제해결에도 좋은 결실들을 가져올 수 있다.

새로운 배움을 위해서는, 해답을 찾기 위해서는 각자 질문을 가져야 한다. 이를 키스톤 프로젝트로 수행한다면 지식을 완성하는 데 매우 큰 도움이 될 수 있다.

가. 진로 탐색과 실현 : 이상과 현실 사이에서 격차 줄이기
나. 아르바이트 직장에서의 고객 및 상사관리
다. 소통하는 법 : 어떻게 하면 허심탄회해질까?
라. 슬럼프에 빠지는 이유와 극복방안
마. 행복하지 않은 직장을 행복하게 만들기?
바. 혹은 다른 직장/진로를 탐색하기
사. 구성원 내면상태에 영향을 미치는 요인은?
아. 리더십은 구성원에게 어떤 영향을 미칠까?
자. 스터디팀의 효과적인 운영의 조건은?
차. 수업조직 학습팀에서의 리더십과 구성원행동의 관계는?
카. 리더십이 팀의 창의성에 긍정적인 영향을 주는가?
타. 팀분위기의 원인은 무엇일까요?
파. 사기를 저하시키는 리더십은?
하. 사기를 진작시키는 리더십?

이러한 질문에 대한 답변을 할 때는 가정(Assumption)과 논리전개를 통한 연역적 방법(Deduction)도 과학적이지만, 실재적인 사례를 바탕으로 귀납적인 추론(Induction)도 새로운 설명을 발견하는 좋은 방법이다. 귀납

적인 추론은 다양한 경험, 관찰, 사례들, 근거들을 바탕으로 보다 일반적인 명제나 원리를 이끌어내는 것이다. 물론, 귀납법으로 추론된 이론은 다시 연역적인 가설설정을 통해서 실험이나 설문 등 실증자료로 검증이 되어야 한다. 블랙스완과 같이 경험의 영역을 뛰어넘는 사건이 일어나면, 기존의 명제를 기각되는 것이다. '백조는 하얗다'는 화이트스완의 경험적인 명제가 호주에 여행을 갔다가 새롭게 발견한 생경한 경험인 블랙스완에 의해서 반증되고 반박될 수 있는 것이 과학적 발견의 과정이다.

새로운 질문을 던지고, 기업과 조직의 동기와 사기를 진작시키고 활력있는 조직을 만들 수 있다면 구성원들의 지식창출도 활발해질 것이다. 구성원들의 창의성과 혁신에 의해서 고객들에게 제공되는 삶의 질과 서비스의 품질도 높아질 것이다. 다른 공간과 플랫폼에서는 찾아보기 힘든 새로운 서비스와 경험을 제공할 수 있게 되는 것이다. 특히 문제를 느끼는 고객과 구성원이 있다면 관심을 가지고, 어려움에 공감을 하고, 왜일지 궁금해 하는 과정에서 새로운 해답의 실마리를 찾을 수 있다.

공동체가 함께 살기 위해서 질문을 던지고, 이들 답을 찾기 위해 서로 협력하여 성공한 사례로는 바르셀로나 생 조셉 시장(Mercat de Sant Josep)과 동네 사람들이 하얀과 파랑으로 칠하는 빛나는 지중해 해변 마을로 그리스 산토리니, 펄떡이는 물고기 던지기를 하는 시애틀의 파이크 플레이스 마켓의 사례가 있다. 시애틀의 파이크플레이스는 스타벅스 1호점이 있는 곳으로도 유명한데, 시장에서 가장 볼만한 구경은 어시장 쪽에서 물고기 던지기를 하면서 이루어지는 퍼포먼스에 있다. 가게 구성원들의 쇼맨쉽일 수도 있지만, 조직의 활력을 느낄 때 소비자도 매력을 느끼고 모이게 되고, 모이면 구매가 이루어질 가능성이 높아진다.

경영에서 벤치마킹은 부끄러운 일이 아니고 답을 찾는 방식이다. 물론, 무에서 유를 창출하듯이 답을 찾는다면 획기적이겠지만, 그러한 과정은 실제로는 수많은 모방과 발견, 탐험의 혼재된 노력의 결실이다. 기업에서도 사례연구를 통해서 선도기업들의 비밀을 알아내고, 성공요소들을 재

조합해서 세계적인 기업으로 거듭난다. 삼성도 일본의 소니, 샤프, 닌텐도 등을 따라 배우면서 세계일류기업이 되었다. 창업주인 이병철 회장은 일본 기업인들과의 교류를 통해서 기술을 배우고, 투자를 받기도 했다. 일류기업이나 이를 능가하는 초일류기업이 되기 위한 혁신과 학습의 여정은 기업가와 경영자 뿐 아니라, 구성원과 기업조직도 변혁시키고 성장시킨다.

하지만, 반드시 서둘러 가는 것이 인생에서 능사가 아닐 수 있다. 경우에 따라서는 성공과 상관없이 어떤 삶의 태도를 유지하고 싶을 수도 있고, 그럴 수밖에 없는 경우도 있다. 영국의 테니스 메이저 우승은 그렇게 천천히 왔다. 절실하기도 했지만, 영국의 최고수였던 팀 헨만도 이루지 못하였는데, 70여년 만의 앤디 머레이가 윔블던에서 우승을 하였다. '5전6기' 끝에 드디어 만년 2인자의 설움을 극복한 것이다. 로저 패더러, 라파엘 나달이나 조코비치에게 밀리다가 거둔 우승이기에 머레이에게는 더욱 감격적인 결과였다. 스코틀랜드 글래스고에서 태어난 머레이는 최근 10여년간 정상권 선수로 발돋움하며 영국 테니스의 기둥으로 자리매김했다. 실제로 테니스 경기는 코치조차 경기장에 들어갈 수 없는 세상에서 가장 고독한 경기이다. 투어생활에는 훈련코치, 멘탈 코치, 장비담당, 피트니스 등 팀이 함께 훈련이 매우 중요하다. 경기장 밖에서는 팀스포츠인 것이다. 필요한 역량인 체력, 기술, 힘, 지구력, 전략, 멘탈 등을 개발하고 발휘하도록 훈련팀의 지원을 받는다. 물론, 이러한 팀으로 움직일려면 상당한 예산이 필요하므로, 투어 상금 랭킹에서 최고 수준에 이르러야 가능하다. 예술 분야나 과학 분야 못지않게 팀스포츠에서도 인간의 학습, 최고수준의 잠재력 발휘, 역량의 성장, 몰입과 성취 등에 대한 통찰을 얻을 수 있다. 동시에 체력, 파워, 스피드, 스핀 등 시대와 코트의 특성에 따라서 승리를 좌우하는 전략적 요소가 달라지는 맥락적 영향도 흥미로워 보인다.

**연구문제**

1) 자신이 가장 잘 아는 스포츠 분야를 골라서 그 분야의 최고 수준에 이른 선수들의 훈련방식과 성취의 비결을 살펴보자.
2) 자신의 전공 분야에서 가장 창의적인 성취를 한 전문가를 골라서, 그의 창의적 문제해결 방법과 성취의 비결을 알아보자.
3) 자신의 직무 분야에서 최고의 통찰과 숙련을 보여주는 전문가를 찾아보고, 얼마나 어떻게 연습을 하고 경험을 쌓았는지 조사해보고, 자신에게 적용할 수 있는 지침을 마련해보자.
4) 분야에 상관없이 자신이 가장 존경할 만한 실력자를 찾아보고, 어떤 과정을 통해서 역량을 갖추었고, 이를 활용해서 세상에 어떤 이로움들을 주었는지를 다이어그램으로 그려보자.

퍼듀대학교의 CATME 프로젝트는 팀워크에서 자기 및 동료평가를 통해서 팀프로세스를 관리하는 방안을 제공하고 있다. 인사평가에 가장 신뢰할 만한 평가방법 중 하나인 행동준거평가(Behaviorally Anchored Rating) 체계를 활용하고 있다. 팀프로젝트를 하고 나서, 무임승차를 하거나 비효율적으로 참여한 팀원들에게는 개선을 위한 피드백이 될 수 있다. 팀에 공헌한 팀원들은 보다 정확하게 팀원들과 비교해서 자신의 강점과 약점을 찾을 수 있고, 팀워크 역량을 보완할 수 있다. 원어로 되어 있어서 실제 적용하는데는 한계가 있겠지만, 번역본을 보고 참고한다면 실무에도 활용할 수 있을 것이다.

- 기대 이상으로 더 높은 수준의 일을 했다.
- 팀웍/과제를 개선하는데 중요한 공헌을 했다.
- 팀구성원이 하는 일이 어려울 때 도왔다.
- 수용할 만한 수준으로 팀과제의 적절한 부분을 완료
- 계속 몰입을 했고, 과제를 시간맞춰 끝냄.
- 팀원이 어려움을 겪고 있을 때 쉽거나 중요한 경우에 도움
- 공정한 적정수준의 팀웍을 하지 않고 엉성하고 불완전하게 함.
- 일정을 놓침 : 늦거나 준비안되었거나 모임에 안나옴.

- 팀원을 도와주지 않음. 일이 힘들면 관둠.
- 팀원들에게 피드백을 요청하고, 그 제안을 개선에 활용한다.
- 격려나 열정을 팀에게 제공한다.
- 팀원들이 정보를 공유하고 서로 이해하고 있다는 것을 확인
- 팀원의 아이디어와 공헌을 요청하고 관심을 보인다.
- 팀원들의 피드백을 존중하고 반응한다.
- 팀활동에 전적으로 참여한다.
- 의사소통을 분명하게 한다. 팀원과 정보를 공유한다.
- 팀원에게 귀기울이고 그들의 공헌을 존중한다.
- 팀에게 영향을 미치는 여건을 살피고, 팀의 진전을 주시한다.
- 팀원들이 적절한 진전을 보여주는지 확인한다.

**학습활동...** **자신의 내면상태와 방해, 갈등(독극물) 대처방안 수립하기**

1) 괄호 안에는 최근 하루/한주 간의 점수(10점)를 기록해봅니다.

2) 왼쪽에는 긍정적인 동력(driving forces) 및 증진방안 제안하기!

3) 오른쪽은 부정적인 방해력(restraining forces) 및 제거방안 찾기!

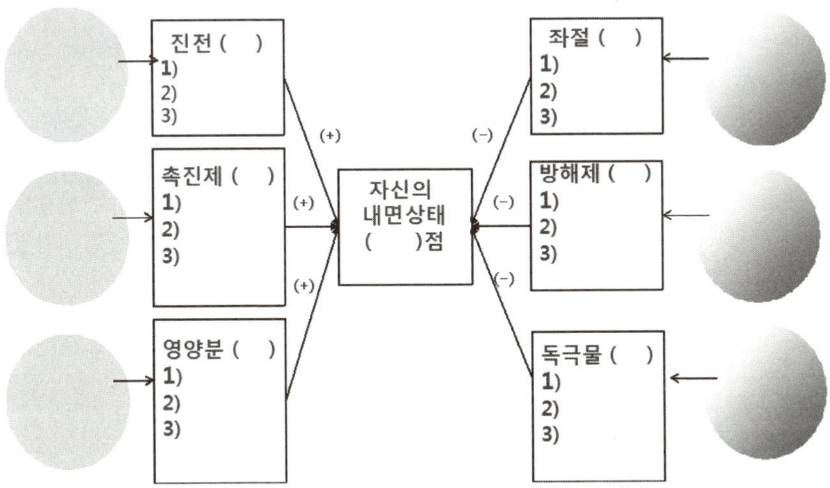

### ☆ 내일의 계획짜기 ☆ 매일 하루일과 마무리 일지

- 오늘 일과를 돌아보고, 내일 진전시키고 싶거나 준비해야 할 것을 적어봅니다.
- 팀에서 부족하다고 확인된 촉진제와 영양분을 제공하기 위해 내가 할 수 있는 일은 무엇인가요?
- 팀 내에서 발견된 억제제와 독극물을 줄이기 위해 내일 할 수 있는 일은 무엇인가요?
- 보다 나은 내일을 위해 지난 며칠 동안 새롭게 배우게 된 교훈이 있으면 적어봅니다.

### 사례탐구 팀 창의적 학습조직(Creative Class)

가씨는 모대학에서 강사를 하고 있다. 타대학의 대학원에서 강의를 할 때 좋은 평가를 받은 적이 있다. 아직 교육에 대한 구체적인 방법을 정립한 것은 아니다. 강의실에서 학생들이 수업을 열심히 듣는 경우도 있지만, 뒤에 앉아있는 학생들로 시선을 옮기면 뒤로 몸을 제낀 채 수업에 관심이 없어보이는 경우도 꽤 있다. 가씨가 수업을 열심히 듣는 경우도 있지만, 반응이 시들하고, 본인도 회의가 드는 순간들을 겪는다. 교수자의 입장이라면 현재 방식에서 변화를 주어야겠다는 결심을 하고, 수업방식을 보다 창의적으로 바꾼다면 어떻게 하는 것이 좋을까?

수업방식을 팀기반 프로젝트 수업으로 바꾸었더니, 뒤로 기댄 학생들의 눈에 생기가 돌고 주제에 대한 이야기들에 참여하기 시작하였다. 자신의 팀에서 발표를 준비를 할 때, 가씨는 팀모임에 참여하여 학생들이 준비에 대해 조언을 하였다. 학생들 개개인의 이름을 알 수 있게 되었다.

다음 주 교실에서 강의를 하다가 분위기가 다시 시들시들해짐을 느끼고는 이제 이름을 알게 된 학생을 부르고 질문을 하고 대화를 하자 분위기가 활기를 띈다. 자신이 참여하는 수업에서 스스로 적극적으로 몰입하고 배우는 경험을 하는 사례를 탐구해보자. 교수자와 학생, 수업의 특성이 어떻게 달랐는가?

#### 학습활동... 관점(Perspective)

대학과 대학원의 조직은 행정기능을 수행하는 관료제 조직과 국방을 담당하는 일사분란한 군대조직, 제품과 서비스를 공급하는 기업조직들의 영향을 받기도 하고, 원형이 될 수 있다. 잘 알려진 구글은 스탠포드 캠퍼스의 문화를 조직문화로 도입하여 토론하고 학습하고 프로젝트를 수행하는 방식(Routines)을 가지고 있다. 반대로 많은 대학교의 수업조직은 전통적 하향식(Top-down) 방식의 위계조직 방식을 고수하고 있어서 학습자의 몰입도(Engagement)가 낮을 수 있다. 교수자가 늘 열정적이고 흥미로운 이야기로 수업을 이끌 수 있다면 몰입도를 높여갈 수 있어서 관점의 형성에 도움이 된다. 하지만, '행동의 변화'로 보는 학습의 관점에서는 효과성이 낮다고 할 수 있다.

# 제6장 창의성의 이해와 적용

## 제1절 창의성의 개념과 유형

창의성에 대해서는 조금 어렵게 생각하는 경향들이 있다. 실체가 뭔지에 대해서도 애매모호한 경우도 많다. 창의성은 새로운 아이디어를 창출하는 기본적인 기능을 가지고 있다. 새로운 아이디어의 원천으로는 바로잉이라는 책에서 이야기하고 있는 것처럼 다양한 분야의 개념이나 이론이나 관찰 등을 결합하는 과정에 있다. 창의성은 아이디어의 생성의 과정으로 볼 수 있다. 이를 통해서 보다 적절한 해결책을 개발하는 과정이기도 하다.

동시에 중요한 것은 아이디어의 실천이다. 창의성은 1%의 영감에 의해서 떠올린 아이디어도 중요하지만, 이를 실천하는 과정이 실제 가치를 창출하는 과정이다. 99%의 지속(perspiration) 만이 실제 창의성을 가치로 연결시켜준다. 크라우드 혁신기업인 Behance로 유명한 스콧 벨스키의 역작 『*Making Ideas Happen*』이라는 책을 보면 보통 개인의 아이디어는 사장되기 쉽기 때문에 조직이나 커뮤니티에 공유하고 협력하는 노력을 통해서 실현가능성을 높일 수 있다고 한다. 개인 창의성보다는 집단 창의성을 활용할 필요가 있는 것이다. 그 책의 구체적인 내용을 아래와 같이 간추려 보았다.

### 조직과 실행(Organization and Execution)

- 아이디어는 그대로 두면 죽는다.
- 조직화하고 실행해야 한다.
- 실행가를 파트너로 만들어라.
- 혹은 실행자가 되어서 실행을 도우라.
- 아이디어 개발처럼 완성에도 열정이 필요하다.

### 커뮤니티의 힘 (Forces of Community)

- 아이디어를 공유하라.
- 책임감을 느끼고, 진실한 홍보를 하라.
- 인간관계를 통해서 장점을 알리고 존경을 얻어라.
- 공동체에의 지원과 기회는 신망에 달려있다.
- 실패를 기회로 만들고, 우연에서 배운다.

### 리더십 역량 (Leadership Capability)

- 혼자의 힘으로는 턱없이 부족하다.
- 비전을 제시하고, 목적과 문제를 공유한다.
- 각각의 장점과 역량을 알아보고 관여시킨다.
- 포용력을 키우고, 팀과 조직을 통해서 일을 진행한다.
- 소통하고 공감하는 능력, 협력하는 능력을 키워라.
- 자기도취에서 벗어나서, 고객과 파트너의 시각에서도 보라.

집단 창의성에 대한 가장 유명한 저작은 하바드대학교의 레오나르도 바통이라는 여교수가 집필한 『*When sparks fly*』이다. 영감이 날아다닐 때, 조직 창의성을 효과적으로 활용하는 방안에 대해서 체계적이고 엄밀한 연구를 통해서 소개하고 있다. 창의성에서 의사소통의 벽을 넘는 것이 중요하다는 것이 드러나는 대목이다. 앞서 소개되었던 IDEO의 디자인 창의성은 NBC를 통해서 다큐멘터리로 제작되기도 하였다. 인터넷에 찾아보면 공유되어 있는데 쇼핑 카트를 새롭게 디자인하기 위해서 실제 쇼핑 현장에 들어가서 인류학적인 민속지를 만들어내고, 디자인과 상관없는 다양한 자연과학, 사회과학도들이 모여서 문제를 해결하고 요구를 최대한 충족시키는 모형을 제안한다.

역사적으로 개인으로서 가장 창의적이고 혁신적인 인물(innovative person)은 아마도 레오나르도 다빈치일 것이다. 그의 노트에서 나오는 비행체에 대한 디자인이나 인체해부도에서부터 우리가 잘 알고 있는 모나리자 등 세계적으로 최고수준의 명화들이 그의 작품이다. 우리나라에는 다산 정약용 선생을 들 수 있다. 기중기에서부터 수원성, 수백권에 이르는 저작이 있다. 레오나르도 다빈치는 평생 홀로 살았으며, 군주들의 지원을 받아서 필요한 발명을 하는 동시에 본인이 평생의 역작으로서 명화를 탄생시켰다. 정약용의 경우에는 임관하여 관리로서 공학적인 역량을 발휘하였고, 귀향 시기에는 많은 제자를 기르는 동시에 다양한 분야를 설렵하여 저작으로 정리하였다. 귀향에서 돌아올 때 여러 수레에 나눠져 쌓여진 그의 수백권의 저작을 보고 사람들이 놀랐다는 기록도 남아있다.

20세기는 산업사회에 이른 정보사회에서의 기술적, 경제적 발전을 가져온 시기였다. 특히 미국의 구글 사를 설립하고 이끌고 있는 세르게이 브린이나 래리 페이지는 공학도로서 성공적으로 기업경영자로 성장한 사례이다. 이들은 서로 대화를 허심탄회하게 나누면서 세계적인 인터넷 검색엔진을 개발하기도 하였고, 경영의 이슈에 있어서도 에릭 슈미트를 포함하여 세 사람이 소통하는 방식으로 가장 창의적인 답을 찾아가고 있다. 즉, 의사소통을 통해서 집단 창의성을 발휘하는 것이 공학적 솔루션의 개발이나 경영에 있어서도 효과적일 수 있다는 것이다.

이러한 집단 창의성이 전반적으로 발휘되고 있는 지역으로서 실리콘밸리나 프랑스나 이태리의 의류산업 단지, 북유럽의 디자인 단지나 중국 북경의 중관촌 등을 들 수 있다. 지역 사회의 문화에 따라서 집단의 응집성이나 이동성이 다르긴 하지만, 개인이 아니라 그룹이나 조직을 통해서 혁신을 이뤄내는 집단 창의성의 현상을 여실히 드러내는 곳이라고 할 수 있다. 이러한 지역의 공통점은 역시 의사소통과 협력에 대한 적극적인 태도가 조직 및 지역문화에 자리잡고 있는 점을 들 수 있겠다. 우리나라의 대덕 단지나 창원 산업 단지 등도 집단 창의성이 나타나는 곳이지만, 조직을 넘어서고 부서를 넘어서는 활발한 혁신이 창출되기 위해서는 앞의 선례를 참고할 필요가 있겠다.

Astin(1985)의 관여이론(Involvement)을 바탕으로 학생들의 다양한 참여/관여를 통해서 학생의 역량과 인성을 개발하여 지역사회의 리더 내지는 효과적인 구성원으로서 성장시킬 수 있을 것이다. 특히 학습자인 대학생과 교수자 간의 상호작용이 인지적 발달에 미치는 중요한 역할을 하며, 제도적 환경과의 상호작용 및 학생 스스로 학문적 활동과 사회활동에 어느 정도 수준으로 참여하였는지도 중요하게 작용한다는 점도 창의적인 조직으로서 실현하는데 참고할 필요가 있다.

드라마에 소개되어서 알려진 창의성 관련 문제를 통해서 창의성의 본질을 짚어볼 수 있다. 9개의 점을 4개의 선을 잇는 방식을 찾는 것이 그 첫번째이다. 답을 찾는 혁신(革新)은 제시된 9개 점이 형성하는 기존의 틀(frame)을 벗어나는(De-sign) 사고를 해야 한다.

대학생들의 창의성에 대한 동기를 유발하고 다양한 사고방식과 문제해결적 태도를 형성하도록 창의성 관련 수업이 필요하다. 본질적 인간성으로서 세계와 지역의 문제에 공감하고 이를 해결하기 위해서 다양한 사람들과 협력하는 능력을 들 수 있다. 창의성은 인간 고유의 능력이고, 모든 사람이 창의성의 원천이 될 수 있는 것이다. 창의적 인재는 새로운 것을 시도하고자 하는 동기와 열정, 관련 분야의 지식, 비판적 사고와 문제해결 능력 등을 가지고 있어야 할 것이다. 직관과 통찰의 힘, 사회를 바꾸는 공감과 실천, 양심에 기반한 도덕성의 본연적 역량, 관여를 통해서 성장하는 내적 역량에 대해서도 인식할 필요가 있다. 창의성 교육에서 지나치게 도구적 창의성만 강조하기 보다는 과학적 창의성과 표현적/예술적 창의성도 함께 강조를 해야 할 필요가 있다. 일상적 창의성과 창의적 잠재력으로서의 인간본질에 대해서도 알아갈 필요가 있다. 창의성에 대해서는 여러가지 관점이 가능하다.

뉴욕주립대학의 창의학에서는 모든 사람이 창의적이 될 수 있고, 창의성 분야의 리더가 될 것을 강조한다. 개인적 삶이나 전문적인 삶에 응용할 수 있는 핵심적인 기술들을 개발해 나갈 수 있다는 것이 창의성 교육 프로그램의 핵심적 전제였다. 연구를 통해서 교수자의 태도, 학급 상황, 제도적 조건 등이 중요함도 밝혀졌다. 동시에 창의성 저해요인에 대한 Hallman(1967)의 연구에서 동조압력, 권위적인 태도, 엄격한 성격, 조소와 풍자, 평가에 대한 강조, 확실성에 대한 추구, 다양성에 대한 적대감, 성공에 대한 강조, 놀이태도를 포용 못하는 환경 등이 중요하다고 밝혔다.

창의성을 일깨우고 길러주는 수업을 지향한다면, 교수자의 인식적 특징(Torrance, 1986; 1965)을 염두에 둘 필요가 있다.

- 지적용기, 자주적 판단, 과제에 대한 몰입, 모험의지, 권위에 대한 불인정 등
- 질문하는 것, 추측하는 것, 문제에 대해 생각하는 것, 스스로 확신하려는 의욕, 감수성

- 스스로 사고하고 자율적으로 판단하는 것, 직관적인 연상, 위험감수, 비동조성
- 심리적인 안정성, 자유롭게 탐색하는 분위기, 상호작용의 시간, 열성적 지도, 독립심 강조, 창의성에 대한 인정과 보상 등

우리는 성실함과 효율성이라는 성공의 조건을 익히 잘 알고 있다. 그리고 이미 성실하거나 효율적으로 살아가고, 기업을 한다. 하지만, 창의성은 화두가 되긴 하지만 좀 멀게 느껴진다. 각 팀에서 우리 것으로 하고 싶은 창의성 기법을 아래에서 고르거나 따로 찾아서 올리고 고유해본다. 세스 고딘이 잘 정리해준 것처럼 이제 우리는 새로운 변화의 아이디어를 제시하고, 연결하고 리드해 나가는 삶에 대한 비전을 가질 필요가 있다. 우리가 팩토리에서 일하는 조직구성원이 된다하더라도 창의성은 필요하다. 그것은 문제를 새롭게 인식하고 해결하는 아이디어를 제안하고 실행하는 힘이다.

[그림 6-1] 창의성과 혁신의 원천

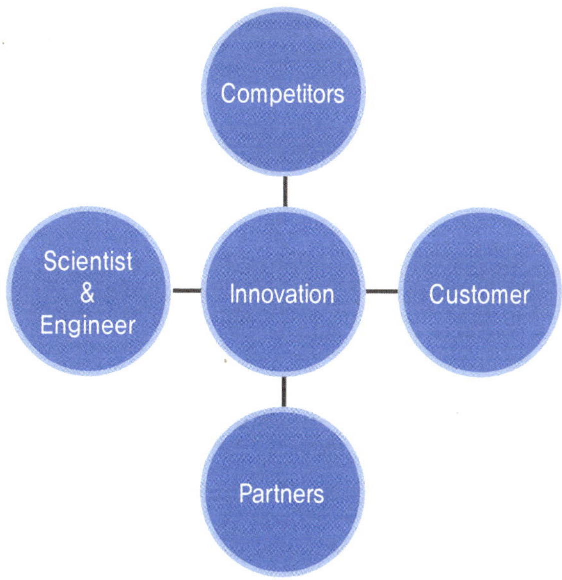

결국 창의성과 이를 실행하는 힘을 가진 인재는 어디서든 환영받는다. 다양성을 통한 창의성이 가능함을 이해한다면, 불편해지는 사람까지도 포용하고, 공동의 목표를 설정하고 의미있는 변화를 만들어 내길 바란다. 창의성과 혁신, 그리고 조직변화는 내부의 구성원 뿐 아니라 외부의 누구에게서든 올 수 있다. 이를 일러 개방형 혁신(open innovation)의 시대라고 한다.

## 제2절 다채로운 분야별 창의성 모델

창의성은 어느 분야에나 누구에게나 존재한다. 하지만, 우리는 창의성을 유별나고 예외적인 것으로 여기고, 억지로 주입하는 지식처럼 가르쳐야 한다고 생각하는지도 모르겠다. 물론, 높은 수준의 창의성을 위해서는 효과적인 조건과 방법이 필요하다. 다음의 각 분야의 창의성이다. 유명하거나 닮고 싶은 롤모델 창의적 인간을 찾아보면, 창의적 접근방식과 노력에서 배울 점이 있을 것이다.

1. 과학적 창의성 : 이론물리학, 실험물리학, 수학, 화학, 생물학
2. 공학적 창의성 : 기계, 전기전자, 전산, 재료, 토목, 건축 등
3. 예술적 창의성 : 감성의 표현과 신체언어, 음악언어, 조형언어
4. 문학적 창의성 : 인문, 개념, 심상, 스토리, 인간의 이해
5. 사회적 창의성 : 정치, 사회학적 상상력, 조직 공동체
6. 경영적 창의성 : 경영혁신, 사업개발, 제품 아이디어 등
7. 기업가적 창의성 : 새로운 사업의 창출, 창의성의 통합 등

각 분야의 창의성은 공통점도 있지만, 고유한 특성이 있다. 각자가 가진 창의성은 모든 분야에서 우수하지 않을 가능성이 많지만, 여러 분야를 아는 것은 수평적 사고와 전환, 변형에 의한 적용에 의해서 창의성을 증진하는데 도움이 된다.

먼저, 예술적 창의성은 심상, 심정, 사고의 표현형식과 새로운 미에 대한 감홍과 공감하는 능력이다. 보다 새로운 형식으로 표현하고, 그 시기와 사회에 맞는 감성과 메시지를 전달한다면 보다 큰 호응을 얻을 수 있다. 그렇다고 자신이 아닌 다른 누군가의 예술을 한다는 것도 순수예술에서는 맞지 않다. 하지만, 대중 예술을 하는 경우에는 사회 구성원들이 목말라 하는 감성을 채워주는 능력이 필요할 수 있다. 다음은 대표적인 예술적 분야와 창의성을 예시적으로 보여주고 있다.

① 문필가는 글을 쓰는 데 있어서 창의성을 발휘한다. 전문적인 작가뿐 아니라, 언어를 알고 감성과 이성으로 누구나 수필이나 시를 쓸 수 있다. 하지만, 오랜 시간의 연마를 통해서만이 훌륭한 글을 쓸 수 있고, 깊은 마음을 느낄 수 있고, 널리 공감할 수 있다. 보다 아름다운 것을 추구하여 수준에 이르면, 전문적 작가라고 불릴 수 있는 것이다.

② 새로운 방식으로 표현하는 영화감독이나, 연출가, 화가(모네, 세잔느, 피카소, 모딜리아니, 고흐, 고갱), 조각가(로뎅, 까미유, 문신, 김종영), 음악가(베토벤, 바흐, 베버), 안무가, 무용가 등은 각자 고유한 표현방식, 조형언어, 음악양식, 신체언어 등을 발견하거나 개발하고 연마하는 고유한 스타일을 만드는 것이 중요하다. 아, 저 작품은 누구의 것이겠구나 하는 예술가를 특징짓는 부분과 스타일이 있다.

③ 우리가 흔히 접할 수 있는 감성적인 창의성은 새로운 드라마, 영화, 음악의 창작과 소통, 새로운 캐릭터와 스토리 개발 등에서 볼 수 있다. 비교적 이에 대한 비평을 많이 하고, 새로운 시각에서 예술을 평한다면 평론가의 창의성을 발휘하고 있는 것이다.

④ 산업계에서는 게임회사나 광고회사가 원하는 캐릭터나 스토리 디자인을 통해서, 시각적 표현이나 엔지니어링, 음향 등의 복합적인 대중 예술로서 자리하고 있다. 게임의 경우에는 경우에 따라 사용자를 혁신과정에 참여시키기도 하고, 광고의 카피를 공모할 수 있으므로, 대중이 예술적 창의성을 공공의 영역에서 발휘할 수 있는 여지가 많아지고 있다.

과학적 창의성은 자연의 새로운 원리를 발견하고 진실의 탐구, 원리의 해석와 적확한 표상을 찾아가는 능력이다. 나타나는 현상에서 보편적인 규칙과 원리가 존재한다는 것은 얼마나 놀라운가. 어떤 현상이든지 그 안에서 우리는 법칙을 발견할 가능성이 있는 것이다. 단순히 물체의 운동에서만 규칙성(Regularity)이 있는 것은 아니다.

① 사회과학적 창의성은 경제학자(경제 시스템의 원리의 파악과 예측), 심리과학자(심리의 구성과 원리 파악, 진단과 처치방법), 사회학자(사회의 새로운 구성과 운영원리 이해)들에서 나타난다. 우리가 살아가는 모습에서 질서를 발견하고, 그 보편적인 질서 안에서 새로운 가능성도 타진해볼 수 있고, 미래의 모습도 예측해볼 수 있다.

물리학자들은 자연과학적 창의성에 있어서 단연 두각을 나타낸다. 물리학의 법칙성은 수학으로 깔끔하게 표현이 되기 때문에 자연과학의 꽃이라고 불릴 만하다. 대표적으로 운동의 상대성, 가속도와 지동설로 유명한 갈릴레이, 만유인력의 수식과 미분법을 개발한 뉴턴, 광자, 시공간의 상대성과 물질과 에너지의 변환에 대한 특수상대성이론을 발견한 아인슈타인, 양자역학에서 불확정성을 발견한 하이젠베르크, 양자의 이중성(Duality)을 발견한 보어 등은 20세기를 대표할 만한 과학적 창의성을 보여주었다. 아인슈타인의 창의성이 사고실험과 고독하고 치열한 사유의 산물이자, 수학과의 씨름이었다면, 보어의 창의성은 하이젠베르크, 오펜하이머 등 뛰어난 과학자들을 모으고 그들 간의 협력을 통한 집단 창의성을 촉진하고 이를 통합하고 조정하는 능력에 기반하고 있다. 생물학에서 최고의 발견은 유전과 진화, 유전자의 발견을 들 수 있다. 멘델이 유전의 존재를 밝혔고, 다윈은 유전자가 변이를 일으키며 생물이 진화해왔다는 것을 밝혔다. 왓슨과 크릭은 유전정보가 단백질을 만드는 DNA의 이중나선에 저장되어 있다는 사실을 밝혀냈다. 특히 왓슨과 크릭은 당시 최고의 생물학자는 아니었지만, 서로 최고의 파트너가 되어서 남들이 무시하거나 해석해내지 못한 정보들을 조합해서 DNA의 모형을 만들어내는 데 성공한다.[1)]

수단적 창의성은 어떤 목적을 달성하는 새로운 방법을 개발하는 능력으로 엔지니어, 발명가 등의 창의성을 말한다. 새로운 개념을 설계하고, 이를 구현할 방안을 재료나 구조, 부품, 기술 등을 개발하여 기술적 문제를 해결하는 능력이다. 창의적인 물건들을 보면 같은 일상의 문제와 니즈를 다르게 파악하는 다양한 시각과 디자인 감각을 만날 수 있다. 발명적인 생각과 물건들(Inventive thoughts and products)과 관련된 타분야의 사이트들을 찾아서 생각의 유추 방법을 익히는 것도 창의성에 도움이 된다.[2)]

① 경영학자(경영방식에 대한 이해와 적용)는 사업과 조직의 원리에 대해 발견하는 동시에 보다 나은 성과들을 위해 새로운 경영개발하는 창의성을 발휘한다. 이 시대에 경영학자에게 다시 필요한 것은 철학적이고 도덕적인 창의성을 결합하여 수익 이외에 보다 성숙한 성과와 경영의 방향과 방식을 찾고 개발하고 설득해내는 능력이다.

② 의학적 창의성은 포괄적으로 생체의 병리에 대해서 이해하고 면역과 치료의 원리를 파악하고, 치료제와 치료방법을 개발하는 능력이다. 서양 의학에서는 많은 분과 의학에 발달하였는데, 외과의 수술도구나 재료에서 전문가인 의사가 새로운 의료 도구나 재료를 개발하는 사례를 발견할 수 있다. 새로운 임플랜트 재료와 구조처럼 치과의사가 참여하는 혁신에서도 의학적 창의성을 찾아볼 수 있다. 무엇보다 일차적인 창의성은 병리에 대한 것으로 질병

과 그 원인을 밝혀내는 것이다. 이제는 이름 모를 병에 걸려서 죽는 사람이 과거보다 적어졌다고는 하지만, 여전히 몸 안의 세포 만큼이나 많은 개체 수가 우리 몸 안에 공생한다는 마이크로바이옴의 복잡한 영향과 역할에 대해서는 앞으도 더욱 많이 연구가 되어야 할 것이다.

③ 스포츠 창의성은 예술에서의 무용의 창의성과도 상통하는 면이 있다. 신체를 활용해서 동작의 강도, 속도와 아름다움을 높이는 방법을 개발하고 연마하는 능력이다. 새로운 방법을 개발하여 기존의 인간의 한계인 세계기록을 깨는 것이 가장 중요한 성과인 스포츠에서는 배면뛰기, 수영의 턴, 새로운 축구 포메이션, 투구의 구질 등의 개발과 숙련이 가장 중요한 창의성의 발현이라고 할 수 있다. 물론, 새로운 경기장 운영전략을 짜고, 주니어 훈련체계를 설계하고, 스포츠 구단을 보다 효과적으로 운영하는 것은 경영적인 창의성을 발휘할 분야이다.

### 학습활동... 자신의 창의성 영역 찾기

내가 가진 창의성은 어느 영역에 있는가? : 자신의 고유한 개성을 찾고, 발휘하고 완성하자.

- **일상적 창의성** : 메뉴 추천, 재밌게 노는 법, (　　　　)
- **표현적 창의성** : 심상, 심정, 사고의 표현형식과 새로운 미에 대한 감흥과 공감
  ① 새로운 드라마, 영화, 음악의 창작과 소통, 새로운 캐릭터와 스토리 개발
  ② 새로운 게임의 스토리, 문화예술 행사의 기획, 예술적 감성의 이해

- **발견적 창의성**: 새로운 원리 발견, 진실의 탐구, 원리의 의미와 적확한 표현
  ① 기업현상에 대한 이해, 새로운 경영원리의 발견과 실험. 경제학자(경제 시스템의 원리와 예측), 심리과학자(심리의 구성과 원리 파악, 진단과 처치)

- **도구적 창의성**: 새로운 방법을 개발하는 능력, 엔지니어, 발명가,
  ① 경영학자(경영방식 개발과 경영혁신): 새로운 조직운영 방식 개발

- **집단 창의성**: 다른 사고와 경험을 바탕으로 협력했을 때 천재적 결과를 낼 수 있음.
  ① 창의적 토대: 목적과 취지, 문제 합의, 공통의 가치, 규칙과 인격의 존중
  ② 창의적 마찰: 이견, 부동의, 다양성과 긍정적인 갈등 수용, 확산적 사고,
  ③ 창의적 민첩성: 최소작동제품(MVP), 원형(prototyping)
  ④ 창의적 통합: 다양한 시도들을 평가하고, 장점들을 통합해가는 과정

### 사례소개 아사히야마 동물원

일본에서 가장 추운 홋카이도 아사히카와 시에 위치한 아사히야마 동물원이다. 개원한지는 이미 45년 정도 된 시립 동물원으로, 말그대로 시공무원들이 운영하고 있다. 현재는 창의적인 동물원의 디자인과 운영방식이 세계적인 화제가 되고, 일본 제일의 동물원이 되었지만, 10여년 전만 해도 완전히 반대 상황이었다. 재정적자가 누적되어 시에서 폐원을 추진했던 적도 있기 때문이다. 홋카이도에서 나고 자란 고스케 마사오 현 원장이 동물원장으로 취임한 1995년부터 조직변화가 시작되었다. 100여곳에 달하는 일본의 여타 동물원에서는 볼 수 없는 북방 특유의 동물원을 비전을 삼고, 동물과 함께 즐기면서 만끽할 수 있는 해방감을 갖게 하는 동물원을 가치로 삼고 개원하였지만, 1980년대 다른 대형 놀이공원들에 밀리면서 동물원 본래의 기능을 충분히 살리지 못한 이 곳 동물원은 쇠락의 길을 걸었다. 아사히야마 동물원에는

정기적으로 자체 세미나가 열리면서 자발적인 연구모임이 진행되어 오고 있었다. 학습조직은 1975년 이래 쭈욱 있어왔다고 한다. 창의적인 노력으로는 '방문 수업 형태로 직접 아이들을 찾아가는 시도', '펭귄들과의 산책'으로 동계 개장, 사람들보다 높은 위치에서 생활하게 만들어주어 스트레스를 줄인 원숭이 산, 등등 동물의 입장에서 편안하고 행복하게 생활할 수 있게 공간으로 재설계하였다. 아사히야마 동물원의 경영철학은 '생명을 전하는 것'이라고 한다. 생명에 대한 믿음과 신뢰가 디자인 경영을 통해 지역 주민들의 공감을 얻을 수 있었고, 조직을 지탱해 주는 원동력이 되었다. 아사히야마 동물원은 동물이 야생의 본성을 유지하고, 사람들은 동물친화적이면서 최대한 현장에 접근하는 유리돔 등을 통해서 동물의 삶을 체험할 할 수 있도록 하였다.

출처: 이병욱(2008),아사히야마 동물원에서 배우는 창조적 디자인 경영, 국일미디어
중앙일보(2010년 5월15일), 아사히야마 동물원의 대변신

**연구문제**

아사히야마 공원은 고객체험여정의 관점에서 구경꾼으로 멀리서 지켜보는 것이 아니라, 마치 동물의 생활 속으로 들어가는 듯한 경험을 선사하는 새로운 체험의 장을 마련하였다. 이러한 원리를 적용할 수 있는 '고객체험여정(Custmer Journey)' 관점의 서비스에는 어떤 것들이 있는가? 이러한 관점 전환의 아이디어를 낼 수 있는 학습조직의 다른 사례를 찾아보자.

# 제7장 집단 창의성과 창의성 방법

## 제1절 집단 창의성과 창의적 팀워크

창의성은 천재의 전유물이 아니다. 특히, 팀워크를 배우면 개인의 잠재력과 개성들이 어우러져서 긍정적인 시너지를 발휘할 수 있다. 가장 중요한 것은 서로의 '차이'를 존중하는 태도이다. 그렇게 해야 차이를 표현할 수 있다. 그 차이의 표현은 결국 자신의 진정한 자기자신의 이해와 자각에서 출발한다. 누구나 다르기 때문에 분명히 팀에 자신만의 공헌할 부분이 존재한다.

코끼리 그리기(Bigger Picture)는 장님이 코끼리를 만지는 것과 같이 우리의 제한된 지각능력으로 현상을 온전히 파악할 수 없을 때 염두에 두어야 할 전제이다. 장님(제한된 차원만 지각하는)과 같은 다양한 구성원들이 같은 현상이라도 서로 지각하고 시각화하는 결과물이 다르다. 오래된 우화에 나오듯이 장님들이 코끼리를 만지고 '코끼리'에 대해서 이야기를 나눈다. 한 장님은 '코끼리는 대롱같이 생겼다'고 하였다. 그러자, 다른 장님은 '코끼리는 기둥같이 생겼다.'고 하고, 그 옆에 있는 장님은 '채찍같이 생겼다'고 하고, 결국 다툼이 날 판이다. 여기서부터가 매우 중요하다. 스스로 장님이고, 모든 것을 보고 경험할 수 없다는 겸손(humility)을 바탕으로 서로의 의견을 존중(respect)한다면 어떻게 될까? 결국 서로가 가진 '흩어진 정보'들을 모아서 전체 모습(bigger picture)를 그리려고 할 것이다. 서로의 정보와 생각을 '결합'해서 전체 모습을 그릴 수 있다면, 마치 퍼즐 맞추기처럼 시행착오를 거쳐서 제대로된 모습을 찾을 수 있을 것이다. 그러기 위해서는 하나의 과정이 더 필요하다. 구성원들이(여기서는 장님들이) 의논한 다음에 다시 코끼리를 이어서 만져보는 '검증'과정이다.

이는 최신의 혁신적 창업방법론인 린스타트업(lean startup)의 방법론이기도 하다. 린스타트업은 고객의 니즈에 대한 가설을 담은 프로토타입을 만들어서 이를 시험하고 피드백을 최소의 비용으로 얻고 이를 다시 모델에 반영하는 반복적인 학습과정이다. 이를 통해서 고객이 거부할 수 없는 수준까지 혁신을 해감으로써 성공가능성을 최소비용으로 높이는 것이다. 팀과제는 일종의 프로젝트로 진행을 하게 된다. 기업은 수많은 프로젝트들로 이루어져 있기 때문에 프로젝트를 제대로 수행한다면 중요한 팀워크 역량을 기르게 된다. 프로젝트관리(Project Management) 만으로도 연구분야가 있고, 자격증도 존재할 정도로 중요한 관리역량이다. 하지만, 안타깝게도 많은 팀프로젝트들이 과제로서 부담으로 다가오고, 제대로 협력이 안되어서 1/n도 제대로 되지 않는 경우도 많다. 보다 성실하고 책임감 있는 학생이 혼자 도맡아 하는 경우도 많이 보게 된다. 이러한 경우에는 창의적 팀워크는 먼 이야기가 되는 것이다.

팀워크 역량의 중요성은 아무리 강조해도 지나치지 않을 정도로 기관과 기업에서 매우 중요한 실무역량이다. 그렇다고 책임감만 가지고 혼자서 도맡아 일을 하는 자세가 능사는 아니다. 구성원들간의 참여와 협력을 이끌어내는 리더십이 매우 중요한 것이다. 팀원들 간의 관계를 증진하고, 동시에 과업에 대한 목표와 역할을 설정하고 진행하는 능력이 팀 리더십의 핵심적인 부분이다.

많은 사람들은 창의성을 매우 개별적인 현상으로 간주한다. 물론 창의성은 종종 개인적인 특성도 해당되지만, 사실 많은 역사적 혁신들은 창의적 '집단'의 산물로 나타난다. 집단은 종종 개인보다 훨씬 창의적인 결과물을 완성할 수 있으며, 다양한 재능과 통찰력, 경험 및 에너지를 팀 성과와 결부시켜 위대한 결과물을 창출해내곤 한다. 그러나 훌륭한 결과물을 거두려면 집단이 올바른 사고형태와 기술적 능력을 갖추어야 하는데, 이는 보통 '다양성'을 의미한다. 이러한 다양성은 몇 가지 이점을 갖는다.

- 개개인의 차이는 새로운 아이디어의 도화선이 되는 '창조적 마찰'을 일으킬 수 있다.[1)]
- 사고와 견해의 다양성은 '집단사고'에 대한 보호막 구실을 한다. 집단사고란 개개인의 생각들이 사교적인 이유로 인해 하나의 특정 견해로 집중되는 경향을 말한다.
- 사고와 기술의 다양성은 훌륭한 아이디어를 발전시키는 데 있어 더 많은 기회를 제공한다.

따라서 팀 리더들은 팀원을 구성하는 방식과 팀원들의 의사소통 방식을 고려할 필요가 있다. 그리고 새로운 아이디어에 대해서 늘 포용하고 판단을 유보하는 브레인스토밍의 규칙을 염두에 둘 필요가 있다.

창의성의 과정은 문제의 이해, 아이디어 생성, 실행계획의 세 단계로 나눠볼 수 있다. 보다 세부적으로는 문제의 이해에서는 영역의 발견, 자료탐색 등의 단계를 거친다. 아이디어의 생성에서는 문제발견, 독특한 아이디어를 생성하는 세부활동들이 있다. 그리고 행동계획에서는 해결책 개발과 수용토대를 구축하는 단계가 배제될 수 있다. 각각의 활동은 창의성의 두 가지 양상인 확산적 사고와 수렴적 사고가 반복적, 교차적으로 나타난다.

자신이 당면한 도전이 무엇인지 고민하고, 이를 해결하기 위한 아이디어를 만들고 평가해보고, 실제 실천을 위해서 계획을 하고 실천에 옮겨보는 과정이 창의적인 문제해결과정(Creative Problem Solving)이다. 창의적 문제해결 모델은 50년에 걸쳐서 다듬어져 왔다는데, 크게 도전과제의 이해(Understanding the Challenge), 아이디어의 생성(Generating Idea), 실천을 위한 계획(Preparing for the Action) 등의 세 가지 영역의 중앙에 접근의 계획(Planning for your Approach) 내에 설계과정(Design Process)과 중심이 되는 평가의 과정(Appraisal Task)으로 구성되어 있다.[2)]

창의성에서 확산적 사고와 수렴적 사고를 모든 영역과 단계에 적용한 것은 기술혁신에서 단계별로 아이디어를 거르는(Screening) 과정과 유사한 수렴적 사고로 선별을 하는 과정을 두는 것이다. 자신의 생활 속에서 만나는 실제 도전을 통해서 보다 구체적으로 다양한 창의적 문제해결과정을 직접 경험해보고 익혀가는 것이 중요하다. 자신이 잘 하는 부분이 문제의 정의인지, 아이디어 제시인지, 구체적인 해결책을 실천하는데 있는지 살펴보고 파악해두는 것은 창의적인 팀워크에서 적절히 공헌하기 위한 자기인식이다.

집단 창의성은 서로 다른 사고와 경험을 바탕으로 협력했을 때 천재적 결과를 만들어낸다. 이를 위한 창의적 토대에는 목적과 취지, 문제 합의, 공통의 가치, 규칙과 인격의 존중 등이 있다. 하버드의 린다 힐 교수는 집단 창의성에 대한 연구에서 다음 세 가지 창의성 방법론을 제시하고 있다.[3)] 첫 번째는 창의적 마찰을 일으켜야 한다. 좋은 게 좋다고 넘어가고 무비판적으로 동의하고 자신의 의견을 억누르고 있는 것은 집단의 문제해결에 도움이 되지 않는다. 창의성을 위해서는 우리말 트레바리처럼 이견 혹은 부동의(Dissent)하고, 서로의 차이에서 나오는 다양성과 긍정적인 갈등 수용하여야 한다. 다양한 의견과 아이디어를 모으는 과정이 확산적 사고(Divergent thinking)의 과정인 것이다. 두 번째는 창의적 민첩성이 중요하다. 문제에 대한 해결책을 일종의 가설(Hypothesis)로 테스트를 하고, 실패나 부정적 피드백에서 학습하고 이를 수정하여 완성해가는 것이다. 린스타트업에서 강조하는 최소작동제품(MVP: Minimum Viable Product)이나 디자인 사고에서 강조하는 프로토타입(prototyping)을 만드는 것이다. 마지막으로 이러한 다양한 솔루션들을 결합하는 창의적 통합이 필요하다. 다양한 시도들을 평가하고, 장점들을 통합해가는 과정이다.

단순히 창의성은 새로운 아이디어를 만들어내는 능력을 말한다. 자신이 가장 창의적이었던 경험을 서술하고, 어떻게 아이디어를 떠올렸고, 어떻게 실현하였는지를 생각해보자. 자신만의 문제해결 방식은 무엇인지를 정리해보자. 이를테면, 자료를 많이 열람하는 다독(多讀), 산책, 강제조합법, 브레인스토밍, 명목집단, 여섯 색깔 모자, 마인드맵 등 다양한 방법을 쓸 수 있다. 하지만, 혼자만의 힘으로 되지 않을 때는 보완하는 사고방식과 팀워크가 중요하다(기획, 실행, 전달). 진정한 리더십과 팔로어십을 통해서 팀구성원들 모두가 솔선하고 존중하고, 개성을 발휘해서 협력해야 한다. 혁신에서 값진 다양성은 누군가 사용자의 관점을 대변하는 것이다. 혁신은 사용자의 불편, 고통, 불만을 해결하는 새로운 솔루션을 만드는 것이므로, 사용자의 마음 속으로 들어가볼 수 있다면 짐작하는 것보다는 훨씬 더 확실한 솔루션을 개발해낼 수 있을 것이다. 사용자혁신은 사용자가 혼자 혹은 공동체를 이뤄서 함께 새로운 제품을 개발해 내는 경우이다: 테니스 라켓(Head), 운동화 개발(Nike), 치과재료(보철, 임플란트). 혁신자는 두 가지 관점을 모두 가져야 하고, 보다 다양한 관점들이 결합될 수 있다면 새롭고도 효과적인 솔루션을 보다 아름답고 저렴하게 만들어낼 수 있을 것이다.

특히, 사용자의 관점과 생산자의 능력을 갖추게 된다면 혁신자로서 핵심적인 두 가지를 가진 셈이다. 혁신은 의학적인 창의성의 관점에서 보면 병리와 원인을 밝히고 이에 대한 복합적이고 확실한 솔루션을 개발하는 과정이다. 진통제 + 영양제 + 치료제 + 치료공간 + 인간관계 + 지능기계 인터페이스 등이 종합되어서 고객의 문제를 해결한다. 고객의 입장을 공감하기 위해 가까이서 관찰, 경청하고, 디자이너가 직접 경험해보는 노력들을 통해, 고객의 해결해야 할 과제(JTBD theory: Job to be done)를 이해할 수 있다. 크리스텐슨 교수가 밝힌 것처럼 고객은 기업이 제공하는 솔루션을 원래 의도한 니즈로만 사용하지 않는다. 아침에 밀크쉐이크를 드라이브쓰루에서 사는 것은 바나나 대신 허기를 달래고, 출근 길 시간 동안 적당한 속도로 먹을 수 있고, 오른손이 할 일을 만들어주기 위해서라면, 오후에 퇴근 시간에는 아이와 함께 패스트푸드점에서 가서 함께 먹을 만한 것이 밀크쉐이크이기 때문이라는 것이다.[4] 매우 흥미로운 관점이고, 사용자의 관점과 입장이 혁신에서 중요함을 다시 한번 강조하고 있다. 소비자로서 느끼는 불편, 생활 속에서 수행해야 하는 역할들과 해야만 하는 일들과 라이프 스타일을 이해한다면 복합적이고 적절한 솔루션을 개발할 수 있을 것이다.

## 제2절 창의성 방법론

창의성은 긍정적인 심리상태에서 발현이 된다. 특히 내면상태가 내재적 동기에 의해서 "그 일 자체를 즐길 때" 가장 신선한 제안을 한다. 자신은 무엇을 할 때 가장 내재적 동기와 성취감을 느끼는지를 기술해보고, 그러한 일을 업으로 삼기 위해서는 어떻게 해야 할지 제안해봅시다. 창의성을 발휘하는 데 있어서 내재적 동기가 중요하다는 이야기는 앞에서 소개했다. 그 다음에는 창의적 환경과 창의적 기법, 분야의 지식 등이 창의적 과정에 영향을 준다. 과정과 단계에 따라 활용할 수 있는 창의적 기법은 다르다. 문제해결 초기에는 발상법, 중간에는 회의법, 전반적으로 창의적 과정에 대해 이해하는 것이 도움이 된다. 창의적 맥락과 조건으로서 조직환경은 실패에 대한 허용, 자율성, 중요성, 다양한 기술, 코칭 등이 중요하게 작요한다. 마지막으로는 문제해결 분야의 전문적 지식을 알면 당연히 문제에 대해서도 관련 해결책도 잘 알기 때문에 바탕이 될 것이다.

- 탐구적, 확산적 사고: 기존의 자원과 기술의 제약을 극복하고, 위험을 관리하고, 기회를 추구하는 여정이다. 자신의 주변에 관심을 가지는 사업기회들을 최대한 많이 제안해보자.
- 수렴적, 비판적 사고: 여러가지 사업기회 중에 어떤 것이 매력적이고(Attractive), 실패해도 괜찮으며(Forgiving), 시기가 적절한지(Timing), 가치있으며(Valuable) 자신이 강점을 발휘할 수 있는(Realizable)지를 평가해보자.

창의적 사고에는 몇 가지가 있다. 생각의 탄생에서 소개되는 것처럼 다양한 사고가 창의적 과정에 관여한다. 새로운 발견과 예술품의 창작에는 한번의 영감과 아이디어만으로 되는 것이 아니다. 다양한 사고를 하는 구성원들이 자신들의 강점 사고를 팀회의 중에 적절하게 발휘를 해주어야 아이디어들이 나오고 성장하고 결합하고 완성이 된다:

① 탐구적 사고 : 착안, 문제의식, 생각, 조사 하는 사고방식
② 확산적 사고 : 아이디어 제시(Ideation)하는 유창한 발상력
③ 아이디어의 배태와 이완, 수평적 사고
④ 수렴적 사고(Convergent thinking) : 평가, 비판, 의사결정, 선택
⑤ 원리의 발견과 솔루션의 발명 : 통찰, 조명, 영감, 지속
⑥ 목적적 사고 : 회의의 배경과 전망, 문제와 취지 설정
⑦ 제안적 사고 : 새로운 아이디어 제시, 엉뚱한 생각들을 발상
⑧ 희망적 사고 : 이에 대한 긍정적인 호응, 희망적인 사항을 제안
⑨ 공감적 사고 : 정서적인 측면에 대해 보완하고, 검토하고 제안함
⑩ 사실적 사고 : 사실을 체크하고, 근거를 찾아봄

⑪ 절차적 사고 : 잘 진행이 되고 있는지를 검토하고 조정함
⑫ 평가적 사고 : 대안들의 장단점과 실행가능성, 가치 등 평가
⑬ 완결적 사고 : 시간과 자원 제약 내 기대치를 조정하고 최적화
⑭ 경청적 사고 : 살피고, 듣고, 공감하고, 확인하고, 질문을 생각
⑮ 외부적 사고 : 이해관계자의 입장에서 생각하고 설득함

창의성 기법(Creativity technique)에는 브레인스토밍, 강제결합법, 연상법, 명목집단기법, 마인드맵, 스캠퍼, 여섯 가지 색깔 모자 등 다양하고 저마다 여러 가지 방법을 쓴다. 그 중에서 가장 효과적인 창의성의 방법을 찾는 것은 유익한 일이다. 사실, 분야별로 모두 창의성을 활용하고 있기 때문에 그만큼 많은 창의성의 고유한 기법들이 있다고도 할 수 있다. 이를 한데 모아놓은 책이 루트번스타인 부부가 쓴 『생각의 탄생』이다. 13가지 생각의 기본적인 도구가 있고 이를 몇 가지씩 결합하여서 과학자나 예술가들이 자신들의 창의적인 이론이나 작품을 만든다고 한다. 관찰, 형상화, 추상화, 패턴인식, 패턴형성, 유추, 몸으로 생각하기, 감정이입, 차원적 사고, 모형 만들기, 놀이, 변형, 통합 등이다. 여기서는 변주된 반복과 외부화해서 전달하는 가르치기를 추가하였다. 하나의 생각이나 통찰이나 작품이 완성되고 나서 창작이 멈추는 것이 아니고 계속 변주된다. 그렇게 새로운 느낌과 새로운 맥락과 대상에서 유사하면서도 차별화된 작품과 글을 계속 쓸 수 있다. 창작을 통해 발견한 원리나 진리탐구에 의해서 밝혀낸 진실들은 체계화하고 가르치는 과정에서 생각은 보다 체계화되고 지속가능한 형태가 되어 전달이 된다.

교육과정은 지식의 내용만을 가르치는 것이 아니고, 생각의 발견과 성장, 완성의 과정을 가르치고, 구체적인 방법론과 사유방식, 행동양식들을 가르쳐야 하며, 지적인 면과 정서적인 면을 함께 가르쳐야 한다. 이를 통해서 전인격이 투영된 전일적인 관계와 교육을 통해서, 전인격적인 성장을 이끌어갈 수 있는 것이다. 단순히 새로운 아이디어를 만들어내는

기법을 배우는 차원이 아니라, 세상을 보고, 문제를 대하고, 해결책을 만들고 완성해가는 창의성의 도구와 다루는 방법들을 마치 장인처럼 익히는 것이다.

과학자이든, 연구자이든, 예술가이든, 기업가이든 모두 창의성이 필요하고, 아이디어만을 제안하는 수준을 넘어 완성도 높은 생각으로 완성하고 현실 속에 적용하여 비전을 완성해가는 경험을 해보는 것이 중요하다. 창의성을 도구로 볼 수도 있지만, 우리 안의 고유한 특성을 통해서 창의적인 인간성을 일깨우는 방법으로서 이들 창의성의 도구들을 배우고 익혀야 한다는 것이다.

〈표 7-1〉 생각의 완성과정과 창의적인 생각의 도구들

| 단 계 | 생각도구 | 방 법 |
|---|---|---|
| 생각의 시작 | 관찰 | 적극적인 관찰<br>주의깊게 경청<br>세부적인 장엄 |
| | 형상화 | 내부 시각적으로 떠올려보기<br>외부 시각적으로 표현해보기<br>내부적인 감각깨우기 |
| | 추상화 | 단순화<br>공통점 찾기<br>분야간 경계넘기<br>사물의 본질 드러내기 |
| 생각의 형성 | 패턴인식 | 무질서에서 질서찾기<br>배열조작과 패턴인식<br>동작 이미지 인식 |
| | 패턴형성 | 대칭을 통한 패턴<br>반복을 통한 패턴형성<br>분야간 패턴적용 |
| | 유추 | 유사성의 발견<br>다른 영역 연결하기<br>공통된 단순한 질서찾기 |

| 단 계 | 생각도구 | 방 법 |
|---|---|---|
| 생각의 구체화 | 몸으로 생각하기 | 걸으면서 생각하기<br>몸으로 느끼고 표현하기<br>생각을 느낌으로 남겨두기 |
| | 감정이입 | 다른 사람의 입장되기<br>대결 상대방처럼 생각하기<br>내면에 대상을 자라게하기 |
| | 차원적 사고 | 공간을 사유하기<br>3차원을 2차원으로 줄이기<br>4차원을 2차원으로 줄이기 |
| 생각의 성장 | 모형 만들기 | 모형으로 표현하기<br>모형으로 게임하기<br>수식으로 표현하기 |
| | 놀이 | 일상속에서 일하기<br>일을 놀이처럼 하기<br>즐겁게 놀면서 실험하기 |
| | 변형 | 분야간 변형해서 적용하기<br>언어를 수학으로 표현하기<br>음악을 시각으로 표현하기 |
| 생각의 완성 | 통합 | 감각을 통합하기<br>동시적으로 표현하기<br>과학과 예술 함께하기 |
| | 반복하기 | 다른 스타일로 반복<br>다른 관점에서 반복<br>다른 대상으로 반복 |
| | 가르치기 | 통합적 교육<br>원리의 체계화<br>방법의 교육 |

자료원: Root-Bernstein, R., & Root-Bernstein, M. (1999). Sparks of genius. Boston and New York: Houghton Mifflin.의 내용발췌 정리 및 보완 (생각의 완성)

이외에도 기존에 나와있는 기법이나 실제 사용해본 기법들을 십여가지 정도 추려서 정리해 보았다:

1. 중심이동법 : 역지사지, 고객/상대방의 입장에서 해법찾기(사용자 혁신 게임)

2. 강제결합법 (1) 손정의법(단어2개 결합): 임의의 두 단어를 결합한 해법 만들기
3. 강제연관법: 임의 2개의 분류법으로 매트릭스를 만들어 강제로 연관시켜 새로운 결합유도
4. 브레인라이팅(Brainwriting) : 문제에 대해 아이디어 최대한 비판하여 덧붙여서 적기
5. 고든기법 : 기능으로 사고하기 (es. 쥐열<<잡기 , 칼 << 자료기)
6. 명목집단 기법 : 공동의 공간에서 각자 해법을 구상하는 방식
7. Triz : 공학적 문제해결의 원리와 해결방안 제시하는 시스템
8. 융합 : 두 가지 이상의 기술/해법을 하나의 문제에 적용한다
9. 참여자 혁신(수업의 목표달성을 위한 학생들의 아이디어)
10. 연상법 : 비유-image/syneties(쥐 → 전화기)
11. 수평적 사고 : 원리의 도출과 적용(유추)-다른 분야 공부
12. 시각법 : 수학자들의 공간적 추론법(문제의 공간 만들기)
13. 몰이법 : 계속 문제 생각 → 자극 → euroka(걷기 목욕)
14. 탐색법 : 새로운 것 위주로 확산적 발상 Divergence(brain-STORMING)
15. 잠재의식 활용법: 선잠상태 활용/이른아침에 기록, 잘때 문제 입력
16. 기록법: 생각나는 것 Post it에 써 붙이기 → 결합하기
17. 정제법: 복잡한 것 중에 불필요한 것 털어내기
18. 창조적 표현법: 자신의 창조언어에 기반하여 표현하기
19. 모방법 : 경쟁자나 공급자, 누구에게서든 영감을 얻기
20. 수평적 사고: 다른 분야의 해법을 적용해보기 등등

모든 창의적인 사람들이 가장 일반적으로 갖고 있는 중요한 성향은 창조과정 자체를 즐기는 능력일 것이다. 그러한 성향이 없다면 시인들은 이상을 포기하고 상업적인 시를 쓸 것이며, 경제학 교수들은 대학에서 받는

수입보다 적어도 곱절을 벌 수 있는 은행에서 일할 것이며, 물리학자들은 기초학문을 하지 않고 조건이 더 좋고 가능성이 좀더 많은 회사에 입사할 것이다.

중요한 것은 창의적인 사람들이 갖고 있는 이러한 상반된 성향을 일반적인 사람들에게서는 찾아보기 힘들다는 것이며, 두 가지 중에서 어느 한 가지 성향이 부족하면 새로운 아이디어는 나타나지 않을 수도 있다는 것이다. 그러므로 이러한 양면성을 활용할 수 있는 사람들이야말로 우리가 '창의적'이라고 부르는 새로움을 창출해낼 수 있다.

창의적인 사람들은 여러 면에서 서로 다르긴 하지만 한 가지 점에서는 일치한다. 그것은 자신이 하는 일을 사랑한다는 사실이다. 그들을 움직이는 것은 명예나 돈에 대한 욕심이 아니다. 좋아하는 일을 할 따름이다. 패션계에서 창의적인 디자이너 중 한 명인 마크 제이콥스는 자신이 재미삼아 옷을 만들고, 돈보다는 재밌는 일을 택하겠다고 한다. 옷과 가방, 액세서리 등 무언가를 만들어서 돈을 벌겠다는 생각으로 시작하지는 않는고 한다. 혼자서 만드는 것보다는 팀원들과 협업하는 과정 자체를 즐기고, 패션쇼를 즐긴다.[5)]

보다 창의적인 사람들은 애머빌 교수의 예상처럼 한결같이 일이 재미있다고 말한다. 내재적 동기로 일을 하는 것이다. 다른 사람들은 같은 일을 해도 일을 즐기면서 하지 않고 깊이 몰입하지 못하기 때문에 자신의 진정한 모습을 드러내지 못하고, 창의적일 수도 없는 것이다. 어떤 일을 하느냐보다는 일을 진정한 자기자신으로서 즐기고 몰입해서 하는 것이 중요하다는 것이다. 억지로 하는 일은 창의적이 되기 힘들다. 발견에서 호기심이 중요한 것처럼 개발에는 공감과 즐거움을 느낄 때 보다 새롭고 적합한 결과물이 나온다.

창의성 방법론(DICER) 과정은 문제의 정의(Definition) 에서부터 시작하여 창의성을 원리를 활용하여 문제를 해결해가는 과정을 축약한 것이다: 문제공간과 솔루션 공간에서 다양한 대안들을 찾아가는 확산적 사고

(Divergence)-배태(Incubation) 와 조망(Illumination)-수렴(Convergence)-실험(Experiement)-해결(Resolution)이 된다. 특히 융합의 해결적 과정에서는 전향(Channeling)-집중(Concentrating)-지속(Continuing)-전환(Converting)의 기능과 세부과정(sub-process)으로 솔루션이 요구되는 성능과 디자인에 도달할 수 있다. 창의성의 과정이 지속되고 방향을 잡아가는 것은 심리적 토대(Foundation)가 있기 때문이다. 내재적으로 문제가 해결된 비전과 자신의 사고와 행동의 지남철 역할을 하는 미덕, 진실, 가치, 그리고 의지를 담은 그릇(Vessel)이다.

[그림 7-1] 창의성의 과정과 솔루션

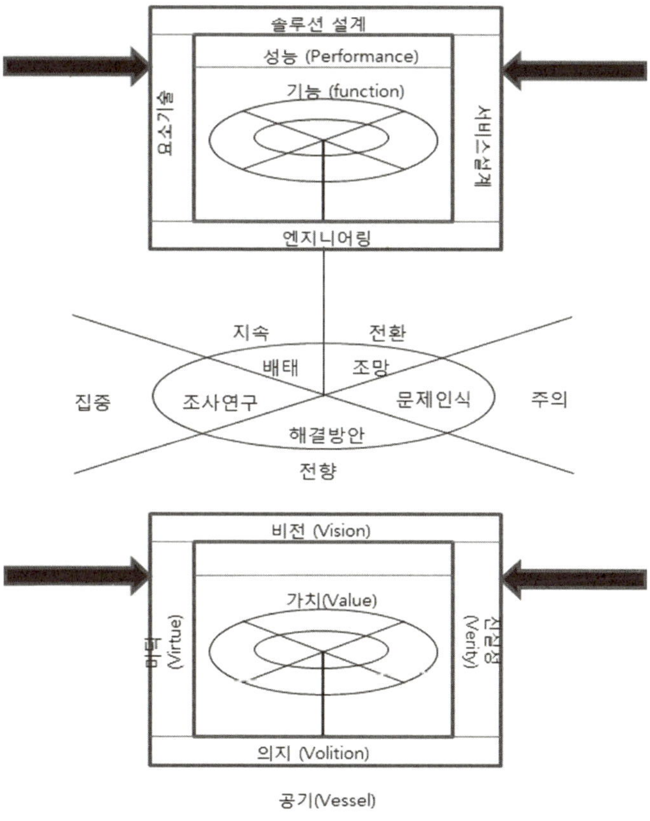

# 제3부 진정한 리더십의 이해와 개발

# 제8장 리더십의 본연과 차별성

## 제1절 진정한 리더십의 확장: 자기학습과 자기실현[1)]

MIT에서 맥그리거의 영향을 받으며 인간의 잠재력을 발현하는 인본주의적 심리학에서 출발한 워렌 베니스 교수는 자기자신의 이해와 표현(Expression)이 진정한 리더를 만들어준다고 이야기한다. 진정한 리더십이라는 용어를 처음으로 제안했던 Terry 박사의 경우는 보다 근원적인 문제에 대한 관심과 해결책의 실천을 강조하였다. "도대체 무엇이 문제이고, 할 수 있는 것이 무엇인가?"에 대한 답을 찾는 것이 진정한 리더라는 것이다. 근원적인 물음은 모든 리더십의 뿌리이고 본연이다. Bill George는 북극성과 나침반(Compass) 역할을 하는 자신만의 가치와 신념이 진정한 리더십에서 핵심적이라고 보았다.

금융위기를 유발한 신뢰의 상실에 근저에는 경영자들의 도덕적 해이와 비윤리적인 의사결정 등이 있었기 때문이다. 2008년 하버드경영대학원은 MBA 졸업생이 엔론의 회장으로서 최고경영자들의 역선택과 허위적 결산 등으로 본 비윤리적인 모습들을 보여서 큰 위기를 겪는다. 대학원장에 취임한 노히라 교수는 MBA 맹세(Oath)를 동료 교수와 재정하고, 경영대학원이 고용자로서 수익을 내는 것이 이상의 역할을 할 수 있는 도덕적 자질을 갖춘 경영자를 길러내야 한다고 역설한다. 업계의 변화를 위해 학계가 먼저 변화해야 한다는 것이다.

진정한 리더십은 자기인식과 자기규율에 덧붙여, 자기학습과 자기실현을 통해서 나타난다. 자기인식은 자신의 감정, 인지, 신념, 가치, 동기를 있는 그대로 제대로 아는 것이다. 자신의 신념과 가치를 인식하고 솔직하게 표현하는 것은 진성 리더십의 기본적인 부분이고, 있는 그대로 신뢰할 수 있는 근거를 제공한다. 하지만, 리더 스스로의 오류와 상황판단에 대한 부족함 등의 한계를 극복하기 위한 자기학습(Self-learning)이 보완 작용을 해야 한다. 잘못된 것을 버릴 수 있는 탈학습(Unlearning)을 하고, 옳다고 생각하는 것은 자기규율을 통해서 자신의 사고와 판단, 행동과정을 도덕적이고 균형잡힌 방식으로 실행해야 한다. 의무적이고 책임을 지는 자세로 신념과 원칙을 따르는 것은 존경심을 유발하겠지만, 따르고 싶은 리더가 되기 위해서는 리더 스스로 몰입하고 긍정적인 정서와 잠재력의 발휘를 통해 만족할 만한 성취를 해내는 자기실현이 중요하다. 내재적 동기를 기반으로 자기희생과 극복을 통해 조직의 근본적인 문제를 함께 해결해 가자고 설득하고 그 과정에서 어려움을 즐겁게 맞이하고 풀어갈 수 있다면 조직변혁의 가능성은 더욱 높아질 것이다.

자기실현적인 모습을 팔로어들이 봤을 때, 그 모습을 배우고 싶고, 따르기 때문에 진정한 팔로어십이 나타나면서 시너지가 일어나는 것이다. 아무래도 진성 리더십에서는 리더의 주관적인 신념과 가치 중심이기 때문에 팔로어입장에서 와닿지 않을 수 있다. 학생들의 배움 경험(Learning experience)이 중요하고, 이를 중심으로 교수 학습체계가 만들어져야 한다고 이야기를 했을 때 학습자들이 공감하지 못할 가능성도 많다. 지금까지의 수업방식과 다르기 때문에, 조직과 개인의 관성을 타파할 정도의 영향력은 쉽게 일어나지 않는다. 팀수준에서는 팀원들 개개인이 자신의 진정한 모습을 인식하고 표현하는 것으로 영향력을 공유하고, 차별화된 아이디어들을 개진하면서 팀의 창의적인 문제해결에 기여할 수 있다.

진성 리더십은 학자마다 다양한 측면이 제기되어 오다가 계간 리더십이 주관하는 심포지엄 형식의 학회에서 주제로 채택되고 상당한 진전을 이룬다. 구성요소는 학자들마다 조금씩 다르게 제시하고 있으나 많은 학자들이 공통적으로 제시하는 개념적 범주는 자기인식(self-awareness)과 자기규제(self-regulation)이고(Avolio & Gardner, 2005), 이에 대한 효과는 리더 동일시와 권한 이양을 통해서 조직시민행동과 업무몰입 등의 긍정적인 효과가 나타난다(Walumbwa, Wang, Wang, H., Schaubroeck, & Avolio, 2010).

〈표 8-1〉 진정한 리더십의 구성요소

| | 자기영역(selfhood) | 관계영역(relationship) | 조직영역(organization) |
|---|---|---|---|
| 인식 | 신념(Belief)<br>가치(Value)<br>감정(Emotion)<br>동기(Motivation) | 신념(Belief)<br>가치(Value)<br>감정(Emotion)<br>동기(Motivation) | 당면문제(Problem)<br>공유가치(Shared Value)<br>정서적 에너지<br>동기부여 및 참여도 |
| 학습 | 실천과 경험<br>회상과 성찰<br>통찰과 종합<br>실험과 계획 | 사회적 학습<br>경청 및 파악<br>공감(Compassion)<br>적응적 학습 | 내부화(Internalization)<br>사회화(Socialization)<br>외부화(Externalization)<br>결합화(Combination) |
| 실천 | 도덕적 기준과 규제<br>균형잡힌 상황파악<br>투명한 정보공개<br>언행일치 | 공감적 의사소통<br>자연스러운 친근함<br>인격존중<br>차이에 대한 가치부여 | 다양한 의견수렴<br>진정한 비전제시<br>공감적 인내<br>지속적인 문제해결 노력 |
| 실현 | 자기결단(Resolution)<br>자기표현(Expression)<br>자기변혁(Transform)<br>자기실현(Realization) | 존재감(Presence)<br>수용(Acceptance)<br>공명(Resonance)<br>신뢰(Trust) | 문제해결(Resolution)<br>가치창출(Creation)<br>가치전달(Delivery)<br>기회실현(Realization) |

진정한 리더십의 구성영역은 자기영역과 관계영역으로 확장되는 것이 바람직하다. 리더십은 관계적인 속성과 과정적인 부분이 있기 때문이다. 나아가서는 조직영역에 미치는 영향을 통해서 리더십의 효과성이 증명되는 것이므로, 조직과 사회영역에서의 요소도 진정한 리더십에는 내포될 필요가 있다. 특히 구성원들과 이해관계자들과의 관계에서 올바른

(Righteousness)과 공감(Compassion)의 능력은 매우 중요하게 작용한다. 특히 관계에 있어서 전인격적으로(Holistic) 대할 때에야 리더로서 존중받고 추종받을 수 있는 자격이 생긴다. 진정한 리더십의 내적인 요소는 자기인식, 자기학습, 자기규제, 자기실현의 네 가지를 두고, 자기 영역을 관계, 조직영역에서의 연결적 요소들로 진정한 영향력을 발휘할 수 있다.

〈표 8-2〉 진정한 리더십과 기존 리더십과의 비교

| 진정한 리더십 하위요소 | | 진성 | 변혁 | 카리스마 | 섬김 리더십 | 정신적 리더십 | 윤리적 리더십 | 교환관계 LMX |
|---|---|---|---|---|---|---|---|---|
| 자기 인식 | 가치(Value) | O | O | O | O | O | | |
| | 감정(Emotions) | O | O | O | O | O | | O |
| | 인지(Cognition) | O | O | O | O | O | | |
| | 욕구(Needs) | | | | | | | |
| 자기 학습 | 탈학습(Unlearning) | | O | | | | | |
| | 심화학습(Mastery) | | O | | | | | |
| 자기 규제 | 내재화 | O | O | O | | O | O | |
| | 관계 투명성 | O | O | | | O | | O |
| | 균형적 처리 | O | O | | | | | O |
| | 진정한 행동 | O | | | O | | O | |
| 자기 실현 | 진정한 관계 | | | | | | | O |
| | 행복 | | | | | | | |
| | 몰입 | | | | | | | |
| | 자기성취 | | | | | | | |

자료원: Avolio & Gardner(2005)와 Walumbwa et al.(2008)을 정리보완하여, 김상민과 차민석(2016)에서 발췌하고, 자기학습과 자기실현의 차원을 추가함.

## 제2절 진정한 리더십: ARCH 모델

진정한 리더십을 가졌는지를 알 수 있는 방법은 진성(Authenticity)으로 표현되는 진실한 가치와 신념을 가진 것이 가장 중요하다. 근원적인 문제를 제기하고 이를 해결하기 위해 자신을 드러내는 과정에 이어서, 관계하는 이해관계자들에게 올바르고, 개인적으로나 집단적으로 공감할 수 있고, 개인적으로 대할 때도 전인격적이어야 한다. 이것이 다리 리더십으로도 불릴 수 있는 ARCH(Authentic, Righteous, Compassionate, and Holistic) 리더십 모델이다. 정의롭고 올바른 도덕성, 자의식의 극복과 타인의 공감과 인격적인 존중을 통해서 진정한 팔로어십을 견인하기 때문에 리더십이 진실하고 올바를 수 있다.

[그림 8-1] ARCH 리더십의 이미지

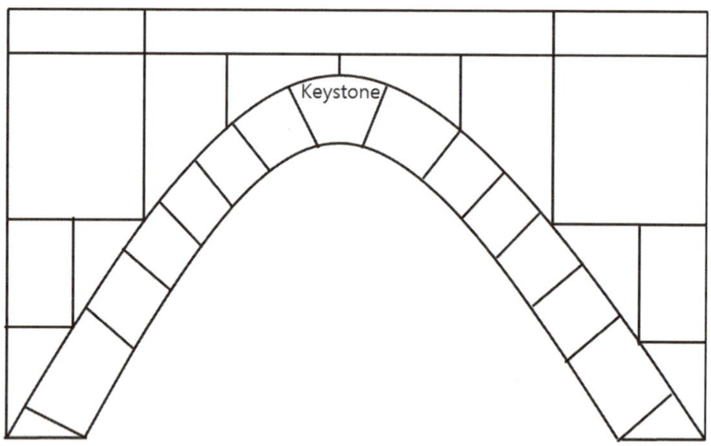

리더십이 타고나는 부분이 있다하더라도 길러지고, 훈련하지 않고서 진정한 리더십을 완성해갈 수는 없다. 자기탐색과 성찰의 시간을 거치지 않고 어떻게 자기인식에 제대로 이를 수는 없을 것이다. 자기학습의 과정은 세상을 두루 이해하는 탐험적 학습과 자신의 전문영역에 대해서 깊이 있게 심화하고 숙달하는 학습, 자신의 잘못된 관점과 방식에 대해서는 과감하게 버릴 줄 아는 탈학습을 통해서 도약하고 성장해간다. 예전 학자처럼 글을 읽고 사유하는 철학적인 과정과 과학자처럼 탐험하고 실험하며, 일상속에서 실천하고 단련하는 과정, 이러한 모든 것들을 결합해서 자신의 관점을 갖추는 자기성장의 과정을 거쳐야 한다.

자신의 관점이 완전하지 않을 수 있고, 오류가 있을 수 있음을 염두에 두고 오랜 공부의 시간을 통해서 검증하고 반증가능성을 앞에 두고 정립해가야지만 투명하게 자신의 뜻을 표현하고, 관계 속에서도 자신의 관점에 묶이지 않고 균형잡힌 의사결정을 해내갈 수 있다. 일관성 있는 실천도 자신의 관점과 기준이 정립이 되었기 때문에 가능하고, 이를 통해서 신뢰가 쌓여가는 것이다. 오랫동안 신뢰를 쌓아가는 동시에 자신의 가치를 실현하고 자신의 잠재력과 역량을 발휘하면서 원하는 성취와 진전을 이루며 자기실현적인 긍정의 생애를 살아간다. 리더가 자기희생을 해야 할 때도 있고, 그 때문에 존경을 받긴 하지만, 따르고 싶고 배우려고 하는 것은 리더의 생애자체가 긍정적이고 의미있고 성취에 이른 부분들이 빛나기 때문이다.

진정한 리더십은 진실하고, 덕성스럽고, 진성의, 연민하는, 올바른, 자신과 관계 속에서 공명하는 리더십(Veritable, Virtuous, Authentic, Compassionate, Righteous, Resonant Leadership)이다. 어려운 상황에서 함께 하는 입장에서 이끌어가고, 구성원들의 잠재력들을 모두 인식하고, 이들을 발휘하도록 하는 리더십이다. 절대로 자기자신의 가치와 신념에 함몰되어 주변을 살피지 못하는 리더십은 진정한 영향력을 가질 수 없다. 서로의 역할을 잘 부여하여, 조직이 잘 돌아가게 하는 리더십이다. 무엇보다 세상의 이치와 돌아가는 상황을 잘 파악하는 맥락적이고 생태적인 리더십이다.

자기진실과 상대의 진실이 공명하기 때문에 대립과 양극화 내지는 다극화된 집단들 간에도 신뢰관계 상의 질적인 변화가 일어난다. 관계적 속성은 단순히 태도의 문제를 넘어서서, 정체성, 내면에서, 존재하는 연결감, 의심, 불신, 숨겨진 의도에 대한 탐색, 기만성에 대한 감지 등으로 진성 팔로어십이 자취를 감출 수 있다. 이를 극복할 수 있는 방법은 소속감, 정체성, 직급에 따라 다르겠지만, 직급을 높이고, 임금을 높여주는 포상을 보장하고, 조직이 응집력을 가질 때 전략적 조직으로 거듭날 수 있다. 그렇지 않고 조직과 리더를 불신하고 제시하는 보상이 마음을 움직이지 못할 때는, 위기 속에서 허물어지듯 무너지는 조직이 될 수 있다.

진정한 리더십은 리더마다 고유한 가치와 메시지, 스타일이 다르므로, 실천적인 과정에서는 전체 스펙트럼과 자신의 위치, 색깔, 그리고 통합적인 관계 속에서 자신의 영향력을 펼쳐가야 한다. 자신이 어떤 미디엄과 맥락, 조직 속에 있는지를 잘 파악하고 이를 잘 살펴서 행동해야 한다. 그 영향력에 대해서도 과소평가해서도 안된다. 진실을 추구할 수 있지만, 이것만으로는 부족하다. 원칙만을 강조하는 것이 원칙이 실현되도록 하는 방식은 아닌 것이다. 자신의 원칙을 이야기하고, 회사의 입장에서 리더십을 구사하는 경우, 이것은 구성원과 괴리와 불신을 일으킨다. 과연 구성원에게 도움이 되는 것은 무엇인가?

진정한 리더십은 자기탐험, 관계실험, 학습과정, 자기실현, 기회실현을 통해서, 근원적인 문제를 해결해가고, 내재한 갈등과 문제들도 서로 이익이 될 수 있도록 하고 인격과 권리를 존중하면서 해소해갈 수 있다. 그 과정에서 얻은 경험만으로도 다른 조직에게 나눠줄 수 있는 조직문제의 해결책들을 가지게 된다. 조직문제의 해결책의 변화하는 환경에 적절히 대응하면서도 진정한 가치와 목적을 품고 전달하는 분명한 비전과 삶의 방식, 관계의 양식, 구체적인 실행방안 등으로 나타난다. 인간에 대한 이해와 연민을 가지고, 신뢰할 수 있는 의사소통을 하고, 이를 통해서 깊이 있는 영향을 미칠 수 있다.

인간의 잠재력을 실현하기 위한 노력들은 인간관계론을 태동시킨 호손 실험에서의 발견도 영향을 주었지만, McGregor와 Maslow의 영향은 이론의 발전에 심대한 영향을 미쳤다. 학계에서와는 달리 현장에서는 이미 진정한 리더들이 있어왔고, 각자의 방식으로 조직을 만들거나 이끌어 왔다. 진정한 리더가 팔로어와의 성숙하고 공감하는 관계를 통해서 교류하며 함께 성장하고 협력해서 조직의 문제들을 함께 해결해 가는 것이다. 조직의 문제는 다양한 맥락에서 다양하게 제기될 수 있다. 작은 스타트업이나 신생벤처라면 기술개발과 제품출시가 우선된 문제일 수 있다. 오래된 행정조직이라면 관행과 갈등에 의한 경직성과 적대감, 안일함 등이 근원적인 문제일 수 있다. 리더 스스로 학습하고 표현하고 관계를 형성하는 과정에서 팔로어도 감화를 받고, 함께 학습의 중요성을 인식하고, 필요하면 조언도 주고 받으며 활력과 성과를 달성하는데 협력해갈 것이다.

[그림 8-2] 진정한 리더십과 팔로어십

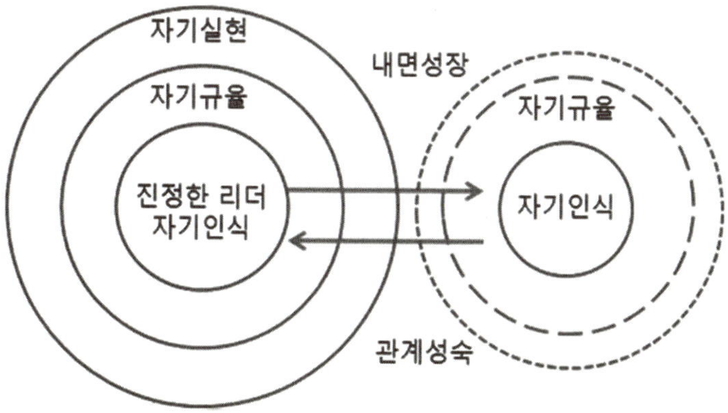

**연구문제**

1) 자신의 인생에서 진정한 관계라고 할 수 있는 이들은 누구인가?
2) 상대에게 기대하지 않고, 누군가에게 진실하고, 유익하고, 공정하고, 헌신한 적이 있었다면 언제 누구와의 관계였는가?
3) 누군가에게 자신의 가장 약한 부분과 솔직한 부분을 이야기하고 수용하고 이해받았을 때의 느낌은 어떠했는가?
4) 자기자신의 가치와 신념은 무엇인가? 이를 문장으로 표현했을 때 진실한 울림이 있는가?
5) 불확실한 환경에서 현재 속해있는 조직은 어떤 문제를 가지고 있고 무엇이 문제이고, 어떻게 해결해 가야 하겠는가?

## 제3절 진정한 관계와 행동

진정한 관계는 인생을 살아가면서 누릴 수 있는 가장 소중한 보물과 같다. 진실하고 신뢰할 수 있는 관계에서 기쁨이 나오고 행복이 나오고 진정한 배움도 있다. 교수자와 학생 간의 애착(Rapport)이라는 것이 중요한데, 특히 교수자의 자기인식과 학습, 규율과 자기실현, 그 과정에서 터득한 인생의 지혜는 학생에게 오롯이 전달될 수 있다. 단, 교수-학생 관계가 투명하고 신뢰할 만하고 친밀해야 한다. 관계에 대한 가장 아름다운 이야기 중 하나는 생떽쥐베리의 『어린왕자』에 나오는 여우와의 대화이다. 관계란 서로 길들여가는 과정이라는 말이 나온다. 관계란 서로 알아가고 익숙해지고 친밀함과 신뢰가 쌓이면 대체하기 힘든 것으로 존재하게 된다. 파블로 네루다의 시집 중에는 어릴적 옆 집 친구와 나눈 소중한 관계에 대한 이야기가 나온다. 벽에 난 작은 구멍으로 서로 얼굴도 모르던 두 아이가 '양과 솔방울', 가장 소중하게 여기던 것을 주고 받았다고 한다. 그때의 관계에 대한 경험과 기억이 평생 영향을 주었다고 한다. 관계한다는 것은 자신이 가진 것을 내놓을 때, 소중한 것을 얻게 되는 과정이라고 시인은 생각했고, 자신의 생동하는 느낌과 생각을 시라는 언어로 세상과 교감하였다고 한다. 자신에게 소중한 것을 나누고, 타인이 준 무언가가 나에게는 위안이 되기도 한다. 조직과 고객이라는 타인의 문제에 대해 관심을 가지고, 공감하고, 그 답을 찾아서 전해주는 노력이 진정한 리더십의 모습이다. 다리로 은유하자면 다리 건너에 있는 이에게 솔루션을 전해주고자 교량을 짓고, 마침내는 답을 찾고 문제가 해결되는 새로운 현실을 맞이하는 것이다.

[그림 8-3] 문제와 해결책의 교량: 진정한 리더십과 팔로어십 다리(ARCHs)

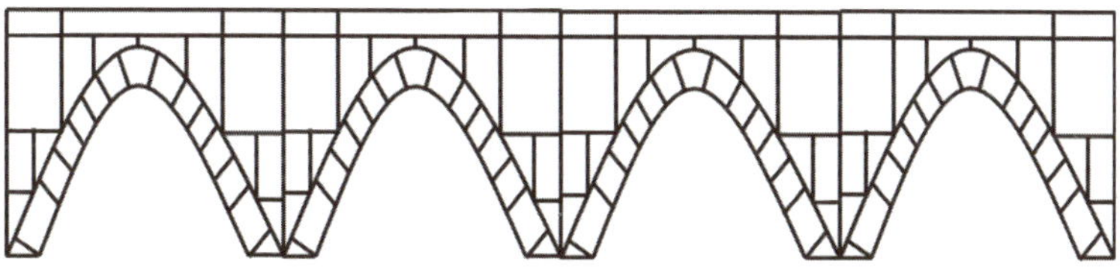

인생에서 누군가에게 기쁨이 되고, 감사함이 되고, 긍정적인 관계를 형성하는 것은 무언가 위안과 해결이 될만한 것을 정성스레 전해주는 노력에 의해 가능하다. 물론 자신의 답이 진실하고 유익한 해답인지에 대해서는 건네기 전에 묻고, 건네고 나서도 묻고, 어쩌면 다시 해답을 찾으러 가야 할 수도 있겠다. 인간 공통의 문제 중에는 외로움이 있다. 스스로 선택하여 홀로 있는 고독과는 달리 누군가와 함께 있어도 느낄 수 있는 단절된 느낌, 외톨이가 되는 듯한 느낌이다. 어쩌면 많은 이들이 외로움에서 벗어나고자 일상을 보내고, 어쩌면 평생을 노력하면서 사는지도 모르겠다. 페이스북이 세계적인 기업이 된 원동력이 우리가 느끼는 외로움과 이를 해결하고자 하는 연결의지(Connective intent)일 수도 있겠다. 반드시 정답이 될런지는 모르지만 연애와 결혼도 외로움을 더는 해결책이

기도 하며, 모임과 회식과 술자리도 관계형성을 통해서 외롭지 않기 위해서인 부분이 없지 않을 것이다. 타인으로부터 소외된 고독한 삶은 불행하고 고통스럽다. 어느 정도는 스스로 타인을 소외시키기 때문에 외로움을 느끼는지도 모른다.

진성 리더십의 위험은 고매한 신념과 가치가 자신만의(Alone) 생각이거나 자신이 동일시하는 집단(Affiliation)의 가치로 머무를 때이다. 문화상대주의적 관점에서 밝히고 있듯이 문화적 가치는 서로 고유한 것이므로 우위를 이야기할 수 없다. 인간 생명과 존엄은 다르지 않으므로, 팔로어가 리더를 따르는 것은 권력과 위엄 때문이라기 보다, 올바른 길을 먼저 인식하고, 실현하려고 노력하고 있기 때문에 스스로 감화를 받는 것이다. 기업의 리더가 한순간에 리더십을 잃게 되는 것은 리더의 배에서 팔로어가 한 순간에 내릴 수 있기 때문이다. 리더와 팔로어 사이에 있는 관계의 다리를 튼튼하게 하려면 늘 왕래가 있고, 그 왕래가 서로에게 유익하고 진실해야 한다.

사람 인(亻)을 파지하면 서로 의지하며 살아가는 사회적 존재를 상징하는 것으로 알 수 있다. 인간이라는 말 자체도 이미 '사람과 사람 사이'라는 의미이다. 인간은 다른 동물들과는 달리 가장 무력한 존재로 태어나서 부모에게 절대적으로 의존하며 성장한다. 육체적인 성장 뿐 아니라 사회적인 독립에 이르기 위해서는 20년에서 30년이 걸린다. 인간은 어린 시절의 성장과정 속에서 사회적 존재로 학습되고 교육된다. 인간은 공동체를 이루며 살아가도록 조건지어진 것이다. 가족, 마을, 학교, 회사 등 공동체는 다른 공동체들과 협력하거나 경쟁하며 지속하거나 소멸한다.

인간은 태어나면서부터 인간관계 속에 던져진다. 인간관계는 우리에게 과제이기도 하지만 만족과 행복의 원천이 되기도 하기 때문에 삶에서 매우 중요하다. 부모로부터, 교사로부터, 친구로부터, 이성으로부터 사랑과 인정, 존경을 받았을 때 우리는 스스로 가치있는 존재로 느끼고 삶의 충족감인 행복을 느낄 수 있는 것이다.

사회가 안전되고 지속가능하기 위해서는 구성원들 간에 성숙하고 효율적인 관계가 바탕이 되어야 한다. 성숙한 삶과 건전한 사회에 관심을 가진 교육체계와 사회화 과정을 통해서 보다 성숙한 구성원들이 성장할 수 있는 여건이 마련된다. 특히 종교와 철학에서 강조하는 인간관계의 가치들은 사랑, 자애, 배려와 같은 규범이다. 하지만, 인간은 누구나 자기중심적인 관점과 속성을 가지고 태어나서 생존을 위해 살아가는 존재이기도 하기 때문에 갈등과 경쟁 또한 필연적인 현상이다.

인간관계는 기본적으로 자타의 상호작용이므로 성숙한 관계를 위해서는 서로 이해하고, 상호작용을 이해하고, 관계의 목적이나 가치를 공유하고 함께 실현방안을 모색하는 반복적인 과정을 통해 가능할 것이다.

[그림 8-4] 진정한 리더십과 진정한 팔로어십의 관계

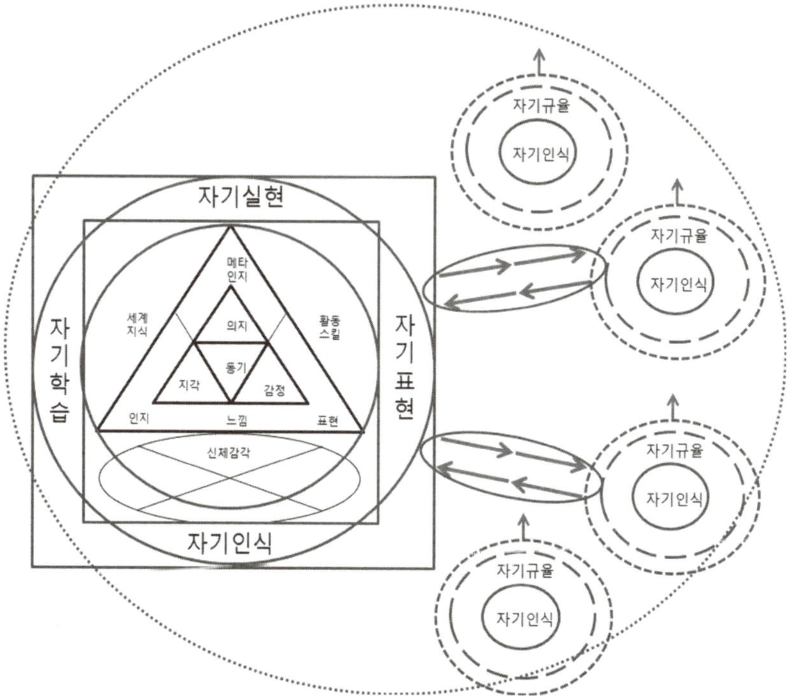

특히 대학생 시기는 가장 인간관계가 활발하며, 이해관계보다는 우정에 바탕을 둔 개방적이고 발전적인 관계모색의 시기이다. 동시에 아직 미숙한 점들 때문에 여러 가지 갈등을 겪기도 하며, 교우관계에서 어려움을 겪기도 한다. 관계에서 오는 고통은 학업에도 영향을 미치며, 이후에 직장생활을 할 때에도 자신감이나 사회활동성에도 큰 영향을 미칠 수 있다. 따라서 대학생 시기에는 미래 인생을 설계하고 준비하며, 본인이 원하고 또한 가능한 인간관계에 대해서 이해하고 쌓아가는 시기가 되어야 한다.

진정한 리더는 자신의 의지, 지각, 감정, 동기를 감각하고 인식하고, 세계지식과 활동스킬에 대한 자기학습을 진행한다. 활동스킬과 느낌, 공감능력 등을 통해 적절하게 표현하며, 이러한 지속적인 노력과 메타인지를 통해서 보다 자신의 상태를 인지하고, 학습과정, 성장과정을 인지하여 과정과 결과에 있어서 자기자신의 비전과 부합하는 실현의 여정을 간다. 진정한 팔로어는 리더와의 진정한 관계를 가지고 있는데, 팔로어 역시 자기인식과 자기규율을 가지고 있고, 진정한 팔로어는 리더의 자기표현에 대해 공감하고 공명한다. 리더의 자기실현의 모습을 질시하지 않고, 모델링을 하여 배우려는 의지를 가진다. 리더의 자기학습과 자기실현의 방식을 배우는 메타학습을 하는 것 자체가 조직의 역량과 몰입도를 높여주는 영향력이 된다. 하지만, 리더와 구성원간의 관계는 진정한 관계와 멀 수도 있고, 성격 상의 차이든지, 시간적인 제약이든지, 세대 간의 차이에 따른 가치의 차이 때문에 결속력이나 영향력이 균일하지 않다.

특히, 리더가 다르고 집단 간의 경쟁관계나 경합하는 분위기가 형성이 되거나 입장이 다른 부서 간일 때는 관계장이 부딪히는 영역에서 마찰이 일어난다. 이는 이해관계의 충돌일 수도 있어서 목표의 차이에 따른 갈등이거나 서로 존중받고자 하지만 충분히 인정받지 못하는 데서 오는 불만일 수도 있다. 집단 간의 대립에 의해서 변화를 추동하는 그룹과 반대하는 그룹이 대립하는 경우, 각 관계장 내에서의 결합은 강화되지만, 집단을 교차하는 관계에서는 진정한 리더십과 팔로어십의 관계가 형성되기 어려워진다.

[그림 8-5] 진정한 리더십과 팔로어십의 관계장

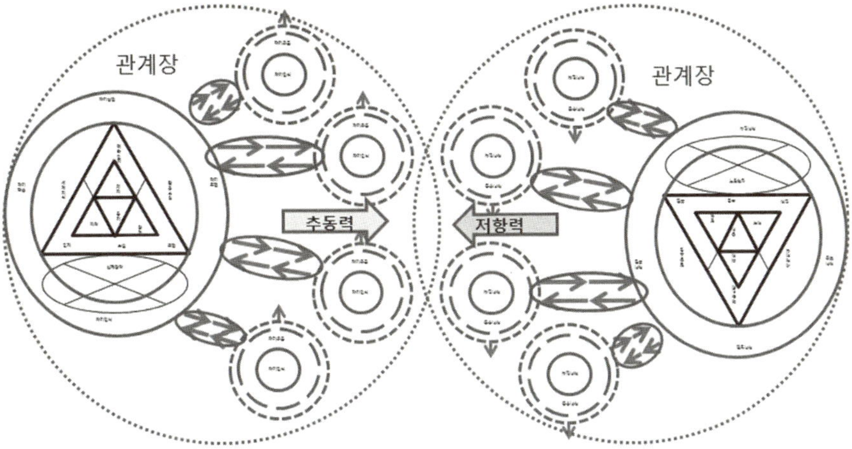


## 제4절 진정한 인생여정 사례분석

> 팔이 안으로만 굽는다 하여
> 어찌 등 뒤에 있는 그대를 껴안을 수 없으랴.
> 내 한 몸 돌아서면 충분한 것을.
>
> -이외수, 날마다 하늘이 열리나니

서로 등돌리고 있는 관계에서 다시 마주보고, 서로 떠나있다가 다시 돌아와 마주서서 눈과 입을 마주한다. 서로 한번 따뜻한 포옹이라도 해주면 좋겠다. 진정한 인생여정은 내적이든 외적이든 떠남과 귀향으로 이루어진 항해로 비유할 수 있다. 관계에서도 떠남이 있고, 회후가 있다. 오래된 꿈들이 마음 속에 있다가 다시 만나기도 한다. 전공 공부와 경력 쌓고, 생존을 목전에 두고 급급하다가 잠시 뒤돌아 보면, 약간은 빛바랜

듯 어릴 적 꿈이 파도처럼 일렁인다.

등돌리고 있던 것들을 돌아보고, 관계를 돌이켜보고, 무지를 깨치려 다시금 공부를 해야 할 때이다. 진정한 리더의 공부는 끝이 없고, 해결해야 할 문제들은 가치실현의 기회로서 호명되기를 기다리고 있다. 우리가 멀리 있고, 보지 못했던 관계, 조직, 지역의 문제와 아픔에 공감하고, 인간의 존엄과 권리를 다시금 존중하는 정중한 자세로 누구도 대신하지 못하는 진정한 인생여정을 계속한다.

### 사례분석: 진정한 리더십에서의 내적 여정 '숲'

다음의 글을 읽고 메시지가 진정성이 있다고 느껴지는지, 어떤 부분에 공감하는지를 적어보자.

자신의 '숲'- 자기인식, 자기학습, 협력과 해결에 대한 이야기를 적어보자. 짧게 자신이나 가까운 사람의 인생의 내적 여정을 기록해보자.

과연, 지역과 지구적 문제에 대한 인식이 학습과 해결책으로 이어질 수 있겠는가? 사례의 주인공이라면 어떻게 해결해가겠는가?

감씨의 꿈은 시골학교 운동장에서 아이들과 함께 하는 것이었다. 시골학교 학생이 되는 것이었고, 더 커서는 바닷가에 있는 학교 선생님이 되는 것이었다. 순수하고 정겨운 아이들과 함께 하는 삶을 산다면 훈훈하고 한 생이 따뜻하게 지날 것 같아서다. 이 세상에서 누릴 수 있는 행복 같았다. 자연 속에서, 자연만큼 아름다운 사람들 속에서, 함께 공부하면서 살아가는 것이었다. 외가가 있는 푸른 바다를 가로지르는 배 위에서 늘 가슴 설레었다. 비취색 푸른 파도 위로 흰 포말을 일으키는 철제선박을 주로 탔다. 사랑은 포근한 등과 밥 안먹겠다고 떼쓰는 아이에게 따라다니면서 밥을 먹이시는 어머니의 정성과 먼 산에 계곡에 함께 캠핑을 가서, 쪼개먹던 수박이며, 끓여서 냄비 뚜겅에 후후 불어 식혀먹던 라면이며, 가을하늘을 바라고 노란 은행잎과 은행알들을 따던 기억이다.

생애의 가장 힘든 순간에 자신을 지켜주는 것은 추억의 숲이다. 그

추억을 함께 하는 소중한 사람이다. 인간애와 가치의 증거이고, 살아가는 힘과 지향의 원천이다. 소중한 사람들을, 소중한 이 지역을, 소중한 이 자연을 지켜가고 가꾸어가는 것이야말로 궁극적이고 본질적인 이 생에서 자신이 원하는 것이라는 것을 잊지 않았으면 한다. 여러 지역에서 살아보았고 가보았고, 많은 사람들을 만났다. 이 땅, 이 나라에서 살아가는 많은 사람과 집들과 다양한 사업들과 모습들이 뇌리에 남아있다. 그래도 가장 소중한 사람은 가족이고, 소중한 곳은 고향일 수밖에 없는 듯 하다. 거주지에 기반하는 인간의 본연이고 한계이기도 하다.

특별히 더 좋은 일을 많이 한다고는 할 수 없지만, 지금 동시대를 살아가는 다른 지역에 있는 사람들의 고통을 외면하지는 않는다. 뉴스에는 원래 그 날의 안 좋은 소식들이 주를 이룬다. 세상에는 미담도 참 많은데 말이다. 보람있는 일, 가치있는 일을 하는 것이 반드시 힘들 필요는 없다. 자신이 잘 할 수 있는 일, 자연스러운 일이 있다면 말이다.

너무도 힘들었던, 힘겨웠던 공부가 끝나는 때를 기다렸다. 박사공부는 더욱 힘들었고, 터널 끝이 보이지 않는 어두움이고 괴로움이 있었다. 공부가 끝나면 행복해질 것 같지만, 그렇지는 않다. 우리는 언제나 도전에 직면한다.

아직 가보지 못한 아프리카는 내전과 식량난을 겪고 있어 굶주리는 아이와 어른들이 많다고 한다. 남미에는 신발이 없고, 학교에 갈 수 없는 아이들이 아주 많다. 네팔의 카트만두에는 길거리가 매연과 쓰레기 더미로 쌓여있다. 인도네시아 어느 지역은 물이 드러운데 정수시설이 없어 콜레라 등 전염병에 걸리기 쉽상이라고 한다.

혼자서는 해결할 수 없는 문제들이다. 전지구적인 글로벌 문제이다. 우리가 참여할 수 있는 방법은, 해결할 수 있는 길은 몇 가지 있다.

1. 소비자로서 일주일/한달에 한번 정도는 전통시장에 가는 것이다.
2. 재생에너지에 관심을 갖고 소비전력을 최대한 아끼는 것이다.
3. 공정한 거래의 제품을 쓰고 마시고, 윤리적 소비를 하는 것이다.

4. 잡지 빅이슈 자립과 치유를 지원하는 컨텐츠를 소비하는 것이다.
5. 사회적 공헌에 힘쓰는 기업의 제품과 서비스를 소비하는 것이다.

여러분의 열정과 가치와 일치한다면 한번 쯤은 사회적 문제를 혁신적으로 해결하는 기업가로서 도전해보는 것도 좋다.

1. 나와 이웃의 문제가 그리 다르지 않음을 대화로 느껴본다.
2. 이웃의 문제를 공감하고, 해결하고자 결심을 해본다.
3. 서로의 문제들을 해결해주는 것이 사업이라고 할 수 있다.
4. 주변에 있는 큰 문제를 해결한다면 영향력을 발휘하는 것이다.
5. 조그마한 제안이라도 실현된다면 조금 더 살기 좋아질 것이다.

일생을 살고 갈 때, 우리가 주변에 미친 영향을 되돌아보았을 때, 과연 무슨 의미있는 일을 하였는지 되짚어보게 된다. 자신에 대해 고마워하는 사람이 있고, 아쉬워 하는 사람이 있고, 추억하는 사람이 있고, 사랑하는 사람이 있고, 그 뜻을 이어가는 사람이 있다면, 그만큼 그 인생은 보람있었다고 할 것이다.

인생은 보다 많은 돈을 벌고, 보다 많은 돈을 쓰는 것으로 의미지어지는 것이 아니라, 얼마나 더 공감하고, 얼마나 더 많이 사랑하고, 얼마나 더 좋은 영향을 미치는가로 의미질 수 있다. 스스로 별로 하는 일은 없지만, 사회적 문제를 새로운 솔루션으로 해결하고자 하는 도전을 우리가 어떻게 수행하느냐에 따라서 세상은 달라질 것이다. 대표적으로 탐스슈즈는 여행중, 폴로와 탱고를 배우다가 만난 헐벗은 아이들에게 신발을 나눠주기 위해서 사업을 시작했다. 친구들과 인턴들과 캘리포니아에서 시작한 사업은 이제 한국에도 진출했고, 남미 뿐 아니라 아프리카 등 다양한 곳에 신발을 나눠주고 있다. 아이들은 신발을 신고, 보다 나은 건강을 유지할 수 있게 되었고, 학교도 다닐 수 있게 되었다.

청소년들을 위한 피프틴, 노숙자를 위한 빅이슈, 사채에 목메는 이들을 위한 그라민뱅크, 전세계의 사회적 기업가를 후원하고 길러내는 아쇼카 재단, 아프리카 문제를 해결하는 어큐먼재단, 유기농으로 된 샐러드 드레싱으로 시작한 뉴먼즈 오운, 교사를 교육하고 벽지로 파견하는 티치 포 어메리카, 독거노인들을 위한 통신기기를 나눠주는 안전센터, 한끼 먹으면 한끼를 나눠주는 테이블 포 유, 신발을 사면 나눠주는 탐스슈즈가 있다. 우리 이웃들은 우리 만큼 어쩌면 그 이상으로 고민이 있고, 고통이 있고, 힘들 수 있다. 외면하지 않아도 소통의 다리가 놓여질 기회가 없다. 우리는 이 시대의 고통과 문제를 어렴풋이는 알고 있고, 슬프기도 하고, 아프기도 한다. 고통을 느끼기만 하면 공감의 피로(Empathy fatigue)가 온다. 고민을 나누고 해결과정을 함께하고 해결해낼 때는 신이 난다. 오랜 문제가 해결되면 홀가분해지듯이 가뿐해지고 기쁘다.

그리 잘 풀리진 못했지만, 시도가 좋았던 오르그닷, 폐자재로 만든 친환경 옷을 만드는 기업이었다. 스스로 즐길 수 있는 공연과 디자인, 교육을 하는 노리단, 은퇴하신 분들이 재능기부로 강연과 컨설팅을 수행하는 미래촌, 귀농을 돕거나 농부들을 위한 생협, 장애인(Differently abled)이 만든 햄과 소시지, 쿠키가 오히려 더 맛있다. 누구나 부족한 점이 있고 서로 의지해야 할 부분이 있고, 반대로 각자 잘 하는 일들이 있다. 누구나 고통을 느끼고, 소중한 사람이 있으며, 행복을 느낄 수도 있다. '숲'의 자형의 자음, 모음, 받침을 따라서 내면의 인식, 학습, 해결의 내적 여정을 따라가본다.

ㅅ은 자기인식이다. 남들이 모두 가는 길을 가는 길이 어쩌면 가장 위태할 수 있다. 더욱이 자신이 원하지도 않는데 다른 사람이 가기 때문에 따른다면 더욱 안타까운 일이다. 우연히 마주하게 된 삼천포처럼 여러분의 삶에는 다양한 사잇길과 새로운 만남들이 있다. 그 곳에서 여러분을 행복하게 해주고, 주변을 행복하게 해주는 일을 할 수 있을지 모른다.

새로운 만남과 시도가 필요하다. 지금이 그 시기이고, 때로는 고통스럽고, 혼란스럽고, 답답할 때도 있다. 때로는 주저앉고 싶고, 힘겹고, 외롭다. 삶을 지탱하고 움직이는 힘은 자신이 사랑하는 사람과 사랑해주는 사람, 인정해주는 사람과 인정하는 사람, 공감하고 함께 하는 사람, 그리고 자신의 경험과 추억 속에 있는 소중한 일들의 의미를 계속 새롭게 되살려내는 것이기도 하다.

ㅜ는 공부이다. 공부는 재밌는 일인가. 힘든 일인가. 우리는 대학에 오면 어떨 것이라고 생각했는가? 취업하면 어떨 것이라고 생각하는가? 어른이 되면 어떨 것이라고 생각했는가? 우리는 어떤 시기가 오면 행복할 것이고 자유로울 것이라고 생각한다. 하지만 실제 어떤 사건이 행복을 가져다 주지는 않는다. 삶의 방식, 새로운 만남을 추구하면서, 자신의 열정으로 몰입해 들어가는 힘이 삶에 행복과 역량을 가져다 준다. 자신감이 조금 더 생긴다.

새로운 경험에 열려있다. 늘 배울 것이 있다. 개인적으로는 물리학자가 되고자 4년 정도는 노력했던 것 같다. 하지만 그러지 않았다고도 못했다고 할 수 있겠다. 맞지 않기도 했고, 능력이 부족한 것 같기도 했다. 말리기도 했고, 그 만큼 열정을 지속시키지는 못했던 것 같다. 가장 아쉬웠던 것은 지식을 발견하는 과정에서 갖는 기쁨을 누리지 못했기 때문인 것 같다. 고등교육의 문제점을 지적하기 시작했고, 발견과 개발의 즐거움이 빠진 교육은 앙꼬없는 팥빵과 같다고 할 수 있다. 배움의 즐거움, 학문의 즐거움, 몰두와 몰입의 즐거움을 갖는 곳이 여러분이 평생을 바쳐야 할 분야이다. 터전이고, 파야할 우물이고, 지내야 할 생활의 숲이다. 의지해야 할 곳이다.

그곳은 경영이었다. 사람에 관한 것이었고, 어떻게 하면 우리의 삶이 보다 행복해질까, 어떻게 하면 보다 보람있을까, 어떻게 하면 꿈들을 이룰 수 있을까, 어떻게 하면 자신과 조직과 고객이 함께 기뻐하고 그 관계에 대해서 감사하게 될까, 어떻게 하면 이 아름다운 자연과 소중한 사람들이 있는 지역사회들과 함께 하는 사람들이 속한 조직이 지속가능할까? 어떻게 하면 사람들이 만나서 싸우기보다 협력하고, 새로운 가치를 만들어내고, 성과를 함께 기뻐할 수 있을까?

그렇게 20여년을 공부해오고 있지만, 여전히 풀리지 않는 문제들이 있다. 어떻게 하면 다양한 분야가 각자의 힘을 합쳐서, 역량을 발휘해서 새로운 혁신을/가치를 만들어낼까 하는 것이다. 이제는 바야흐로 융합의 시대이고, 통섭의 시대이다. 분과학문을 벗어나야 하는 시점이 된 것이다. 새로운 만남, 새로운 연결이 창조와 창의의 원천이고 본질이다. 이곳과 저 곳을 연결하고, 그 만남이 소모적이거나 분쟁이 되지 않고, 서로 반갑고 감사하고 가치있는 일이 되도록 하는 것이다. 하지만, 스스로 가장 부족한 점이 바로 이점이다.

갈등하고 싸우는 상황을 해결하는 능력이 부족한 것이다. 서로 다른 것을 존중할 수는 있지만, 잘 어우러지게 하는 일은 정말 어렵다. 지역사회에는 다양한 사람들이 살아간다. 다양한 역량과 다양한 사업이 필요로 한다. 각자의 역량과 가치를 존중하면서 보다 처우가 좋으면서 성과가 좋은 기업과 조직들이 필요하다.

ㅍ을 이루기 위해서는 협력과 경영이 필요하다. 각자 스스로의 삶의 가치와 열정을 가지고 역량을 쌓아가는 자기절제와 규율이 필요하다. 서로 다른 사람에 대해서 그 가치를 인정하고 존중하고, 경청하고 공통된 기반을 찾아야 한다. 공통된 문제를 찾아야 한다. 공통된 도전을 찾아야 한다. 함께 할 이유를 찾아야 한다. 우리가 함께 하는 이유는 우리의 터전인 이곳, 이 지역을 보다 나은 곳, 살기 좋은 곳으로 만들기 위해서이다. 결국 우리는 공통된 큰 그림, 비전, 빅 픽쳐를 가져야 한다. 우리가 싸울 때, 차라리 만나지 않는 것이 낫다. 하지만 만나지 않으면 풀리지 않는 문제들이 있다. 만나야 하고 많은 이야기를 나눠야 하고, 격앙되지 않고, 신심어린 목소리에 귀기울여야 한다.

서로의 경험, 경륜, 지혜와 열정, 전문성과 가치, 에너지, 순수함, 섬세함, 이 모든 것을 존중하고 살려내는 리더십, 경영, 조화로운 숲의 공동체를 만들어내야 한다. 대립되는 것은 서로가 있어서 존재하는 것이다.

하나의 기둥보다는 두 개의 기둥이 안전하고, 하나의 우물보다는 두 개의 우물이 보다 풍요롭다. 하나가 아니고 두 개의 날개로 날 수 있으며, 하나의 바퀴가 아니라 두 개의 바퀴일 때 우리는 안정되게 갈 수 있다. 남과 녀가 있고, 지혜와 열정이 있고, 인문과 과학, 예술과 공학, 철학과 경영이 공존할 때 보다 나은 모습이 나올 수 있다. 세상은 하나의 빛깔로 이루어지지 않았기에 이렇게 아름다운 것이다. 서로를 의지해서, 서로의 덕분에 살아간다는 사실을 잊지 않았으면 좋겠다. 우리는 같은 숲을 같은 시기에 거닐고 있는 삶의 동반자들인 것이다.

각자 행복한 나무가 되어, 오래가는 조화롭고 아름다운 숲을 이루어 갔으면 한다. 숲과 같은 인재가 되고, 숲을 가슴에 담아 행복하고 보람차고 가치있는 삶을 살길 바란다. 누구나 한 사람에게 최고의 반려자가 되고, 최고의 친구가 되어줄 수 있는 것처럼 이 지역에서는 누군가에게는 세계를 통틀어 최고이다. 종합순위나 평균점수가 아니라, 관계는 유일하고, 그 안에서 주고 받는 가치도 유일하고, 그 안에서 충분히 승산이 있다. 한 사람에게는 아마존 프라임 서비스나 쿠팡의 로켓배송에게도 지지 않을 수 있다. 다른 곳을 둘러보고, 경험하라. 그리고 돌아온다면 더욱 많은 일들이 기다린다. 보이지 않던 문제들을 보는 관점과 보았던 문제들에 대한 해결책을 날라왔을 테니 말이다. 부디 필요한 만큼 가지고, 나머지는 나누는 기쁨을 누리길 바라고, 소중한 이들이 평안하고, 갈등들이 잦아들어 조금 더 평화롭고, 인생은 고해일 수도, 푸르고 긴 하늘같은 바다인지도 모르겠다. 그렇게 자기여유를 찾는 사이, 묻어뒀던 문제다발을 다시 풀어헤친다. 우리는 무엇을 배우고, 무엇을 지키며, 무엇을 버리고, 무엇을 이 세상에 실현하고 갈 것인가?

# 제9장 진정한 리더십의 개발 : ARCH 모델

## 제1절 진정한 리더십의 사이클

진정한 리더십은 진성(Authenticity)이 의미하는 자기자신의 신념과 가치에 대한 인식과 이에 대한 실천에 기반한다. 이는 진실하고 정직함을 통해서 구성원들에게 신뢰를 불러일으키고, 관계영역에서 공명하고 신뢰로 인한 긍정적인 영향을 준다. 하지만, 진성 리더십은 자기자신의 신념과 가치를 내부에서 외부로 표출하고 자신의 행동을 규제하는 근원적인 역할을 하지만, 이것으로 진정한 리더십이 기대하는 영향을 미치지 못하는 경우가 많다.

구성원들의 감정과 어려움에 대한 인식과 이를 해소하기 위한 노력으로서의 공감(Compassion)이 관계영역에 존재해야 한다. 조직영역에서도 자신의 신념과 가치가 반드시 옳지 않을 수도 있으므로 판단을 유보하고, 다양한 구성원들의 이야기를 경청하는 정치적 올바른 누구도 차별하지 않고 다양성을 포용하면서 진실을 찾아가는 반듯함 혹은 올바름(Rightenousness)이 필요하다. 진정한 리더십의 세 축이 기저에는 진실성(Authenticity)를 갖추어야 한다. 이것은 모든 인간이 다양한 스펙트럼으로 모두 갖추고 있는 것이기에 이를 모두 존중하고, 리더는 팔로어를, 팔로어는 리더를 전적으로(Holistic) 인격적으로 존중하고 대해야 한다.

그러한 관계 속에서 인간성이 조직에 피어날 수 있다. 인간은 누구나 가진 진정한 자기자신과 상황에 대한 고유한 관점에서 창의적인 견해와 신선한 표현이 나온다. 인간은 누구나 가진 양심과 올바름에 대한 감각을 일깨우고, 억누르지 않을 수 있다. 상황에 대해서 이성과 감성을 모두 기울여 균형잡힌 지각을 하고 판단을 하니 실수도 줄어들고, 관계에서도 원만해질 수 있다. 우선 공감하고, 경청하고 귀기울이고 따르는 것이 리더가 먼저 할 일이다. 리더의 위치가 팔로어에게 뜻을 지시하며 저절로 해야만 하는 것이 리더십이 아니다. 리더의 배는 초대할 수 있지만 강제 승선은 되지 않는다. 강제로 태워가는 배는 이미 리더십이 아니다. 그래서 리더의 인식이 중요하다. 리더십에 대한 이해와 내면상태, 자기자신과 성공에 대한 암묵적인 이론(Implicit theory)인 마인드셋이 중요하다. 판단 기준(Frame of reference)은 세상에서 일어나는 일들에 대해서 지각하고 진실성과 기만성, 올바름과 부정을 가르는 기준이 된다.

[그림 9-1] 진정한 리더십의 자기인식 요소

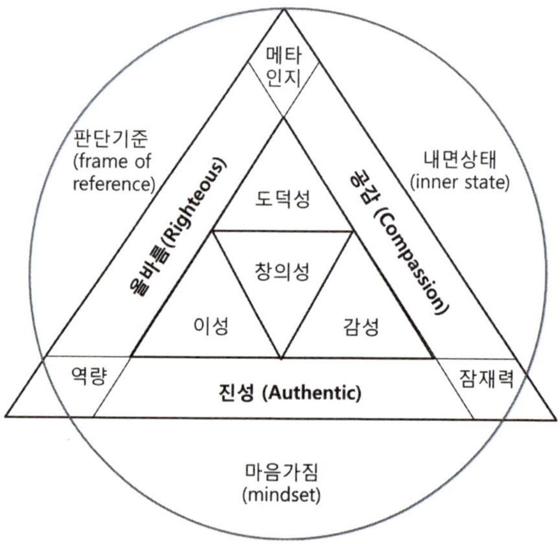

진정한 리더십과 달리 피상적이고 기만적인 리더십(DUBS: Deceptive, Unfair, Blocked, Superficial)의 가능성도 늘 존재한다. 진정한 리더십을 구사하다가도 자기검증과 학습을 등한시 하면 기만성에 빠지고, 자신의 도덕적 기준만을 적용하면 불공정해지며, 성공에 도취되거나 권력에 함몰되면 막히게 된다. 무엇보다 귀기울이지 않고, 팔로어의 마음을 따르겠다는 자세를 잊고, 리더십을 자기이익을 달성하는 수단으로 여기면 피상적으로 바뀐다. 진정한 리더십은 보다 사려깊고, 통찰하기에 보다 더 진실할 수 있다. 화합하고자 하고, 자발적이고, 생태계를 고려하기에 올바를 수 있다. 보다 정신적이고 선의를 가지고 있기에 공감할 수 있고, 전일적이다.

〈표 9-1〉 진정한 리더십: ARCH vs. DUBS 모델

| 기준 | 피상적 리더십(DUBS) | 진정한 리더십(ARCH) |
|---|---|---|
| 진실성 | **기만적(Deceptive)**, 비양심적인 | **진실한(Authentic)**, 양심 |
| 영성 | 악의(Illness), 탐욕, 소외 | 정신적(Spiritual), 선의, 연결 |
| 이성 | 부주의(Inattentive), 불합리 | 사려깊은(Thoughtful), 합리 |
| 공정성 | **부당한(Unfair)**, 불공평, 불공정 | **올바른(Righteous)**, 공정 |
| 차이 | 대립적인, 황폐한 | 화합하는(Harmonious) |
| 직관 | 혼란스러운(Confused) | 통찰하는(Insightful) |
| 윤리성 | **차단된(Blocked)**, 무감각 | **공감적(Compassionate)** |
| 동기 | 통제적인, 억지스러운 | 자발적인(Voluntary) |
| 범위 | 자아중심(ego-centered) | 생태계(Habitat-wide) |
| 관계성 | **피상적인(Superficial)** | **전일적인(Holistic)** |
| 신뢰 | 의심스러운(suspicious) | 믿을 수 있는(Trustworthy) |
| 관심 | 기능 파편화(fragmented) | 전체적 관심(concerned) |

조직학습은 구체적인 현실을 기반으로 하는 경험학습을 통해서 검증하고 숙련되고 발전한다. 그리고 진정한 학습은 내면 깊이 암묵적 지식과 기술로 체화되어, 우리의 눈과 손을 보다 밝고 민첩하고 정확하게 만들어준다. 경험들은 기억이 되고, 다시 회상되고 결합된다. 기억은 회상

과 솔루션 공간으로서 작용하기도 한다. 행복하고 회복적인 힘을 주는 추억을 담아두기도 하고, 고통의 회상이 이어지는 슬프고 괴로운 저장고(Repositorie)가 되기도 한다.

[그림 9-2] 자기학습 과정

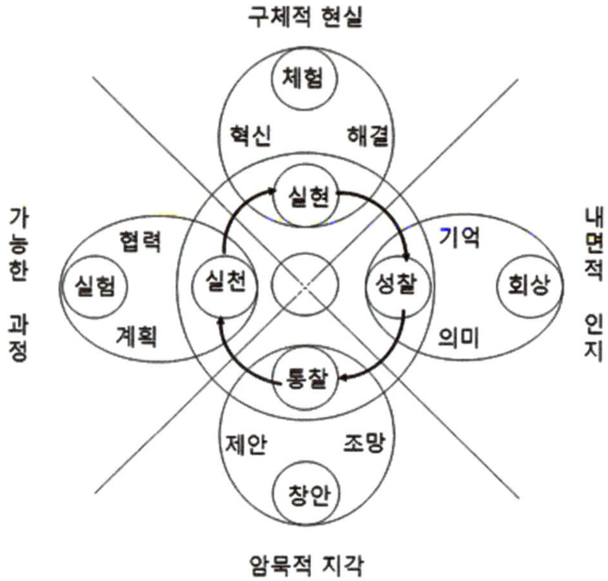


Kolb(1984)에 기반한 자기학습과정은 실험과 창안, 성찰과 실현의 다양한 성장의 도구들을 담아두었다. 학습은 사이클을 통해서 이루어지기도 하지만, 각 영역에 오래 머물면서 탐험하고 실험하면서 새로운 발견의 정보근거들을 모으고, 체험에 오래 머물러서 연습을 통해 숙련자가 될 수 있다. 인간의 대단한 점은 도구를 사용하는 것과 도구의 사용이 숙련되고, 마침내는 도구를 보다 나은 형태로 혁신한다는 점을 들 수 있다. 돌도끼에서 시작된 인간 도구의 역사는 마침내 스마트폰과 3D프린터, 자율자동차, 인공지능 비서에 이르렀다.

이러한 새로운 솔루션들이 구현한 가치들은 문제의 정의(Define)-원리의 발견(Discovery)-솔루션의 설계(Design & Develop)-가치의 전달(Delivery)에 의해서 이루질 수 있다. 사업은 공급자와 고객을 이어주는 양면적 관계의 축인 플랫폼을 만들어가는 과정이라고 볼 수 있다. 모든 이해관계자가 소외되지 않고 참여하며, 참여자들이 누릴 수 있는 혜택이 충분히 많다. 플랫폼을 통해서 공급자와 고객이 상호 네트웍효과(Cross network effect)를 통해, 보다 많은 선택과 수요라는 혜택을 누린다. 이러한 가치설계를 위한 생태계의 구상이 숲의 완성인 것이다. 보다 응집력 있고, 혁신적이며, 효율적으로 운영되고 거래할 수 있는 조직을 구성해가는 것이 최대의 과제이다. 네 가지 중에 한 가지라도 제대로 하면 산업 생태계에서는 생존할 가능성이 매우 높다. 두 가지 이상이면 훨씬 더 높을 것이다. 이를테면, 조직이 응집력도 있고, 이를 바탕으로 혁신도 시장에서 선도적으로 잘 하고 대응도 잘 할 수 있다. 따라서 팀워크와 조직의 응집력은 지속가능한 사업의 토대에 해당한다고 볼 수 있다.

[그림 9-3] 조직 영역에서의 가치실현 과정

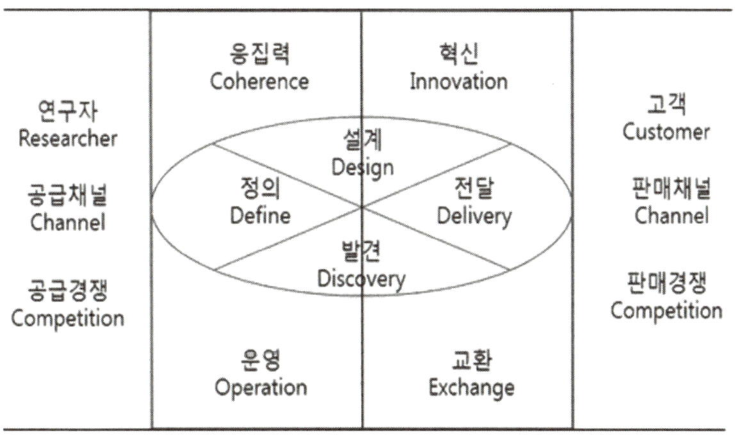

진실하고 올바르고 공감하는 자기인식과 자기리더십으로 세상과 자신의 분야에 대해서 보다 투철한 통찰과 깊이 있는 숙달을을 위해서 학습을 한다. 학습에서는 성찰과 통찰을 통해 쓸데없는 습관을 버리고, 새로운 방식을 실험적으로 도입하고 시도한다. 새로운 아이디어를 실험해서 괜찮으면 실천과 보급을 통해서 실현한다.

[그림 9-4] 진정한 리더십의 구성: 내면, 학습, 사업 구조

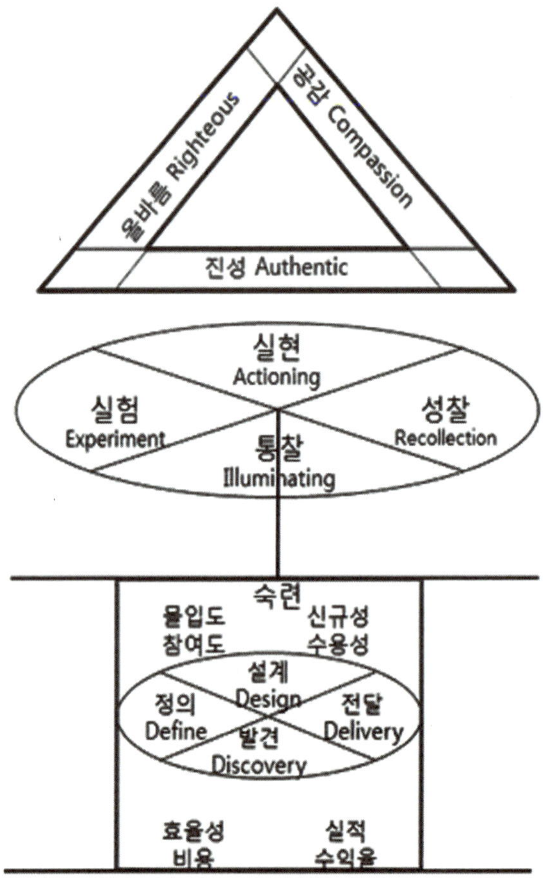

지금 진정한 리더십은 자기신념과 가치를 넘어서 자기학습과 실현적인 사업비전과 관계를 품게 된다. 이를 품고 세상에 나아가서 필요하면 리더십을 발휘하고, 해야 한다면 허드렛일이라도 솔선해서 할 수 있는 자세로 임한다면 팔로어들도 리더의 배에 타게 될 것이다. 그러한 자세로 고객도 투자자도 연구자도 소중하게 대하고 파트너십을 맺어간다. 이를 통해서 현실의 변혁도 가능해지고, 사업 생태계는 더욱 회복적이고 견고해진다.

진정한 리더십은 자기인식과 자기학습, 자기규제, 자기실현의 네 가지 축을 기반으로 하는 것은 맞다. 관계와 조직의 맥락에서 작용하면서 진정한 리더십은 관계를 인식하고 공감하며, 관계에서 바꾸고 새로운 것을 익히고, 올바르고 전인격적인 존중과 가치를 진다. 상대편도 자기자신을 표현할 수 있는 권리를 주고, 공통의 가치를 함께 실현해간다.

조직의 창원에서는 조직구성원들의 심리를 공감하고 파악하며, 고객들과의 관계와 만족상태를 인식한다. 특히, 사용자 공동체에서 혁신에 대한 좋은 제안들을 한다면 이를 인정하고 감사하고 보상하는 것도 조직과 고객에 대한 인식에서 시작한다. 조직차원에서 익혀야 할 것들이 많이 있고 조속히 필요하다면 새로운 구성원을 채용해야 하겠고, 기존의 암묵지를 명시화해서 공유하고 이에 대한 보상을 하고, 창의적 팀워크를 통해서 아이디어를 개진하고 이를 결합해서 새로운 솔루션을 개발한다. 조직차원의 가치에 대해서 재고하고, 성별, 나이, 인종, 문화, 지역, 학벌에 따라서 차별받지 않고, 다양한 개인차이를 다양한 고객들의 의견 이상으로 존중하고 통합적으로 공헌할 수 있는 사업기회를 실현하고자 협력한다.

이를테면, 아시아 지역의 베트남이나 라오스, 미얀마, 말레이시아 등지에서 들어온 신입사원들이 있다면, 그들의 문화에 관심을 갖고 장점을 받아들이고, 한국과 함께 할 수 있는 사업들을 보다 확장하고, 양지역에 모두 공헌할 수 있는 사회적 책임활동과 생태적인 고려를 담은 사업을 전개해가면 된다. 물론, 바쁘고 수익을 내기에 바쁘다고 하면 동남아시아

국가들을 단순히 시장으로 보고, 아시아권 사원들도 수익을 위한 수단으로 보게 될 것이다. 물론, 비용으로 보는 것보다는 나을지 몰라도 전인격적인 관계는 아닌 것이다. 인간의 잠재력은 한 사람이 기업을 일으키고, 한 기업이 하나의 도시를 먹여살릴 수도 있는데서도 볼 수 있다. 진정으로 몰입해서 열정적인 일을 하지 않는 것은 팔로어의 문제라고 볼 수도 있겠지만, 리더가 진정한 리더십을 이끌어내지 못한 문제로 볼 수도 있다. 조직의 성과는 팔로어가 아니라 리더가 책임을 져야 하고, 리더는 먼저 나서서 솔선해야 하는 역할이기도 하다.

[그림 9-5] 진정한 리더십의 다층적 과정: 자기, 관계, 조직

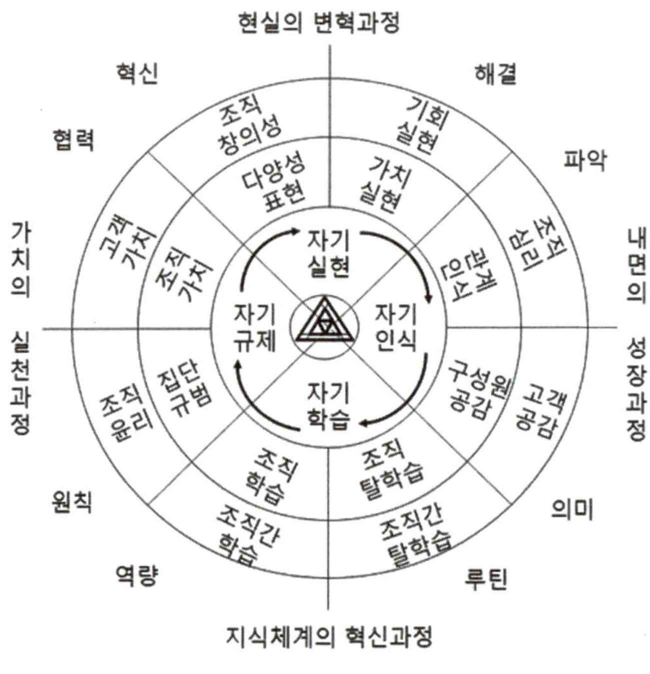


부서장들이나 부사장들이나 사업부장들이 각자의 입장과 그룹 내에서 몰입과 시민행동, 순기능을 이끌어내는 진정한 리더십에 태우고, 조직

전체의 리더는 각 그룹의 리더와 구성원들을 환경의 도전과 저항력, 경쟁, 위협 등을 공유하면서 조직 전반의 진정한 리더십을 형성해야 한다. 조직 전반에 고르게 리더십이 형성되도록 하는 것은 매우 어려운 도전이다.

[그림 9-6] 기업의 역장분석: 리더의 관계장의 대립과 제3자의 개입

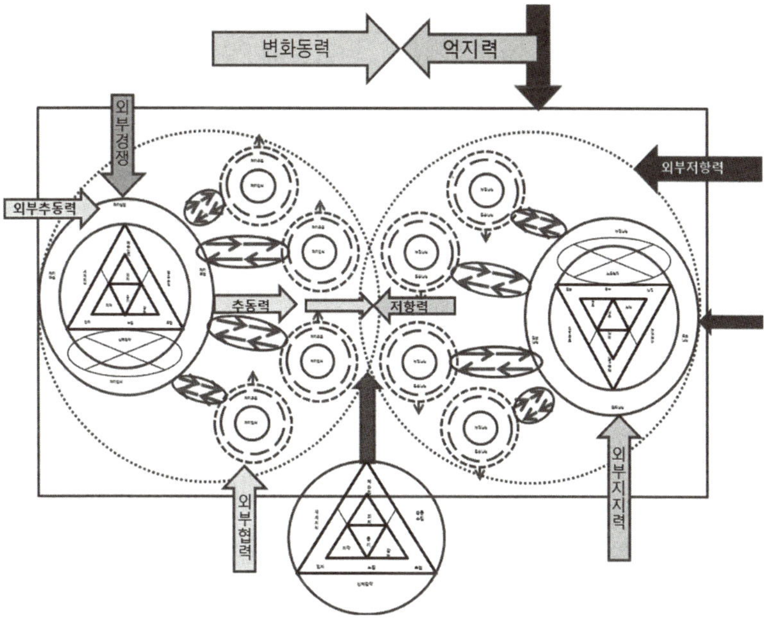


> **대립적 갈등의 이해와 조정 - 실행(Action)**
>
> 자신이 속해 있는 조직이나 모임에서 발생하는 오해와 대립의 관계를 살펴보자. 집단 대 집단의 대립의 경우에, 갈등과 대립의 연원이 어떻게 되고, 어떻게 하면 해소하거나 완화할 수 있을지 살펴보자.
>
> 1. 갈등과 대립이 소통에서 메시지 왜곡, 관계와 상호 영향력에 어떤 영향을 주는가?
> 2. 관계를 중재하기 위해서는 어떤 신뢰와 권위, 전문적 역량이 필요한지 예상해보자.
> 3. 두 그룹 모두에게 이익이 되는 제안을 했는데도 수용이 되지 않는 경우의 조건을 알아보자. (죄수의 딜레마 상황의 탈출 방안은 무엇이 있는가?)

## 제2절 진정한 혁신조직과 팔로어십

우리에게는 진정한 혁신 조직이 필요하다. 그것은 진정한 리더십에 의해서 가능하다. 진정한 리더를 배우는 진정한 팔로어들에 의해서 가능하다. 그리고 진솔하지만 순응적인 조직이 아니라 각자 개성을 존중하는 다양성을 품은 팀들에 의해서 가능해진다. 리더십은 팔로어십과 동전의 양면이다. 리더가 지휘해도 팔로어가 영향력을 수용하지 않거나 비틀어 버리면 아무리 진정한 의미로 설득하고 메시지를 전했다고 해도 긍정적인 영향력을 미칠 수 없다.

점점 더 팔로어의 단합과 의견형성이 활발해질수록 리더십 이상으로 팔로어십 중요해질 수밖에 없다. 리더십의 행사에 있어서도 팔로어의 입장을 공감하고 먼저 따르는 과정이 필요하다. 리더가 팔로어를 이끄는 것만큼이나 팔로어의 영향력을 수용하고 추종해야 하는 역설적인 과정이 진정한 리더십에서 중요하다. 기존의 제품과 프로세스, 조직보다 새로운 것을 만들고 새로운 모습이 되고자 하는 환경과 함께 공진화하는 혁신적인 조직일수록 팔로어십을 발휘하도록 장을 마련하는 것이 중요하다. 결국 구성원들이 변화하지 않으면 조직의 변혁이 제대로 이뤄졌다고 할 수 없다.

불확실하고 불확정적인 탐험여정을 가는 조직에서 리더가 모든 것을 파악하고 나를 따르라고 할 수 있는 사업환경이 아니다. 복잡성에 상응하는 내부적인 다양성과 동태성에 상응하는 즉각적인 대응과 함께 장기적인 대응을 해나가야 하는 환경상태이다. 이는 산업의 경쟁자들과의 경합으로 가속화되고, 산업경계가 융합되고, 지리적인 접근이 용이해짐으로서 보다 첨예해진다. 구성원들이 팀장이고 사장인 것처럼 리더십을 발휘해야 한다. 진정한 팔로어십, 자기 리더십을 가진 구성원들이 필요하다.

아시아권에서는 의견을 달리하는 것이 권위를 거스르는 일이라고 생각하고 밉보기 십상이라고 우려한다. 기존의 아시아 문화에서 우리가 가진 인격을 도야하는 예의와 절제, 겸손과 성실의 자세는 매우 중요하고 소중한 정신적 자산이다. 그리고 선배나 상사가 조언하는 것을 수용하고 따르는 것은 전통적이고 안정적인 사회에서는 유효한 사회문화이다. 조직에서도 사장이 모든 것을 파악하고 있고 정답을 알고 있고, 조직 전체가 투지를 발휘해서 해내는 것만이 남았다면 불만이나 비판하는 구성원은 장애물로 여겨질 수 있다.

하지만 이제는 구성원 한 사람 한 사람이 고객의 접점이 되고, 윤리의 지킴이가 되고, 사회에 공헌하는 중요한 역할을 해야 하는 시점이 되었다. 인간이 가진 가장 묵혀진 자산인 창의성을 개성을 발휘하는 진정한 조직이 되어야 할 때가 되었다. 선도적인 혁신을 해야만 대한민국은 거대한 중국과 앞질러가던 일본의 아우라에 갇히지 않고 진로를 찾을 수 있다. 활로를 열어갈 수 있다.

경제와 사회가 활로를 찾아야 구조적으로 만연한 일자리 부족도 해결이 될 수 있다. 개인적으로 보다 자기실현적인 인생을 살 수 있는 세상을 열어갈 수 있다. 결정적인 순간에 결정적인 역할들을 할 이 시대의 청년들이 있다. 지금까지의 공부습관에 고착되지 말고, 성적에 고착되지 말고, 현실의 모습에 고착되지 않길 바란다. 학습하고 성장하며 혁신해가길 바란다. 그러면서도 지킬 것은 지키는 인성의 인재로 인정받길 바란다. 그렇게 신입생들에게 기대하는 것들이 많고, 길고, 밝다. 우선, 좀 더 긍정적으로 미래를 준비하자.

역사상 가장 위대한 리더들의 특징은 인재들의 강점을 잘 간파하고 등용하여 마음껏 발휘할 수 잇는 여건을 만들었다는 조건을 벗어나지 않는다. 혼자서 모든 것을 성취하여 위대한 역사적 인물이 된 사람은 아마도 거의 없다고 볼 수 있다. 그에게 가르침을 준 사람, 옆에서 도왔던 사람, 뜻을 함께 한 사람 그리고 그와 대적했던 사람이나 도전과제들이 존재했다.

가장 위대한 리더와 그가 이끌었던 조직들은 어떤 특징들이 있을까? 역사의 흐름에서 공정하고 공평하게 파악하고, 미래로 현명하게 나아가는 지도자는 누구인가? 서구의 리더십 연구자와 노자가 이야기하는 이상적인 리더는 통한다. 그들의 이야기처럼 구성원들이 존재감을 인식하지 못하고 태평성대를 구가하는 지도자가 가장 이상적이다. 이는 리더의 통치술이 최고의 수준에 달했을 때이고, 이러한 기반이 자리잡은 사회는 아주 오래갈 수 있다. 오래가는 왕조의 토대가 된 왕들이나 황제와 같은 통치자들이 얼마나 제도마련에 고심했는지를 찾아볼 수 있다. 로마의 초대 황제인 카이사르의 양자였던 아우구스투스가 그랬고, 태종의 아들인 대왕 세종이 그러했다.

리더십이 없어도 자율적으로 살 수 있다면 가장 좋은 일이다. 민주적이고 자율적으로 각자의 장점을 발휘할 수 있는 가장 이상적인 사회를 구현해 가야 하지만, 인류사가 반드시 한 방향으로 나아가지 않는다. 오히려 진자의 흐름처럼 오고 가고, 퇴보와 진보를 거듭한다. 실수를 하고 배우지만 또 실수를 하곤 한다. 글로벌 경제위기와 90%에 달하는 인류가 빈곤의 고통을 겪는 지구촌에서 우리는 살아가고 있다. 이념과 지역의 갈등과 격차들이 여전히 존재하는 우리나라이다. 여러분은 어떤 리더와 어떤 팔로워십으로 사회를 이끌어갈 것인가?

군대와 비슷한 관료조직, 그리고 생산조직이 근대의 기업조직이었다. 군대조직은 보편적이기에 사회조직에 미치는 영향은 학교조직 이상으로 크다고 할 수 있다. 하지만 인간을 전인격적으로 보지 않았던 것은 제한된 시각에 따라서, 적용한 조직들에서는 변화하는 환경과 창의적인 도전과제의 수행에 있어서 한계에 직면한다. 회계학에서도 기업의 자산, 자본과 부채, 매출과 비용과 이익, 현금의 흐름만으로 기업의 과거와 현재를 측정할 수 있다고 생각할 수 있지만, 그렇지 않다. 그래서 활동기반 회계(Activity-based accounting)나 균형성과지표(Balanced score card)와 같은 경영기법이 등장하는 것이다. 단순히 재무적인 수치만을 성과지표로 보는 것은 사업현상의 전체과정을 반영하지 못하는 것이다. 이에 대한 보완의 노력은 앞으로도 계속될 것이다. 조직 내부조직 간의 대립은 조직 전체의 존립에 위협이 된다. 구성원과 리더의 교류, 타부서원들끼리의 교류, 리더간의 교류, 상위 리더의 중재적 연결, 조직환경의 변화에 대한 공감, 서로의 노고에 대한 인정 등이 조직관계장을 마련하고 진정한 리더십의 영향도 고르게 퍼질 수 있다. 서로의 진정한 영향력이 조직의 분위기를 채울 때 지원적이고 혁신적인 활동들이 보다 활발해질 수 있을 것이다.

[그림 9-7] 조직관계장의 강화: 집단관계장에서의 연결과 공감의 형성

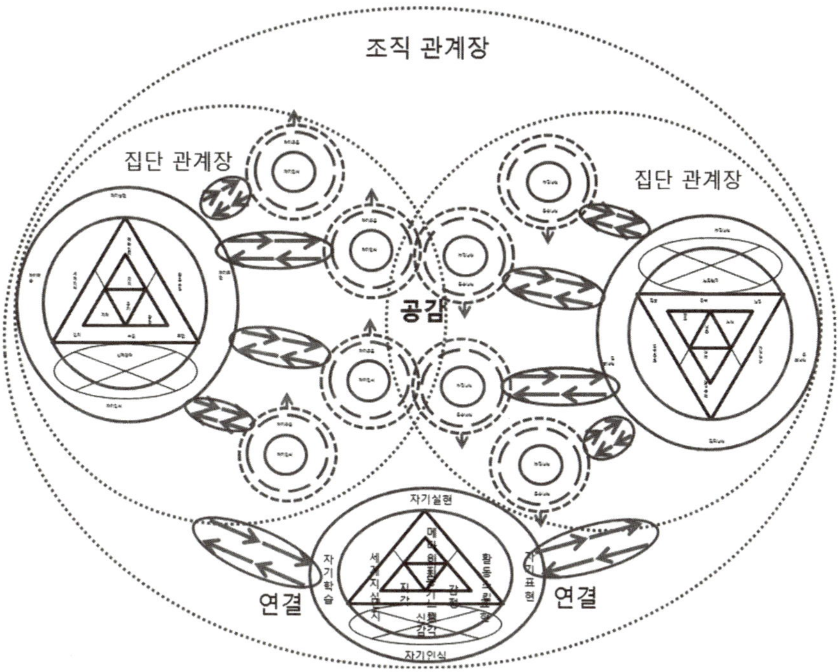

경영은 끊임없이 변화한다. 아직 경영은 젊은 학문이고, 경영은 아직 인간의 잠재력을 조직차원에서 충분히 발휘하지 못하고 있다. 아직 클러스터 차원에서 조직간 협력은 충분히 일어나지 않고 있다. 아직 도시와 주변지역이 충분히 협력하지 못하고 있고, 지구상에는 아직 빈곤과 교육의 문제를 해결하지 못한 곳이 너무 많다. 경영이 할 일이 많고, 경영은 계속 성장할 것이다. 보다 지속가능한 모습으로, 보다 인간적인 모습으로, 보다 혁신적인 모습으로, 보다 이상적인 리더와 팔로어들의 모습으로 성숙해져 갈 것이다. 진정한 리더십은 긍정적 조직(Positive Organization)을 만들고, 진정한 관계들과 자기인식 속에서 보다 혁신적인 노력들을 기울이는 조직으로 성숙해져갈 수 있다. 탐험여정만으로 조직이 생존할 수는 없기에 숙련된 전문가와 기존의 역량을 강화하는 부서도 필요하고, 새로운 역량을 탐험하는 부서나 구성원도 필요하다.

마틴 셀리그먼이 주도하는 긍정심리학의 연구의 흐름 중에서 오랜 정신적 전통을 가진 미덕(Virtue)을 되살린 것은 칙센미하이 교수의 집중적 몰입(flow)과 결합되어서 긍정적인 정서(Positive affect; Emotion), 참여적 몰입(Engagement), 관계(Relationship), 의미(Meaning), 성취(Achievement)로 구성된 인생을 꽃피워줄 수 있는 방법이다.[1] 자신의 대표 강점에 대해서 생각해보고, 중요한 관계에 있는 사람과 서로에게 보여주고 이야기를 나눈다면, 관계도 성숙해질 수 있고, 서로의 강점을 발휘하도록 도울 수 있는 좋은 시간이 될 것이다. 미덕과 강점은 셀리그먼의 전작인 『진정한 행복(*Authentic Happiness*)』에 나오는 행동 속의 가치(Value in action)인 미덕과 강점들을 나타낸 것이다.

### 사례소개 아이언맨의 모델, 엘론 머스크

테슬라의 엘론 머스크는 매너가 좋거나 느긋한 성격으로 인격적이고 친절하게 대하는 사람은 아닐지 몰라도, 남들이 불가능하다고 하는 전기차, 민간 우주선 등의 사업을 하면서 누구보다 열심히 일하고, 배우고, 지휘하는 역할을 하였다. 자신이 꿈꾸는 불가능을 솔직하게 이야기하고, 꿈이 공명하는 인재를 찾는다. 최대한 많은 시간을 쏟지만, 불확실하고 불확정적인 대항해와 같은 사업이기에 마치 높은 파도를 겪어내듯이, 사업의 외적 여정이 부침을 겪을 때에는 내적인 여정도 도취감과 비참함을 번갈아 느끼며 조울증처럼 오르내린다.[2] 기술자 집안에서 태어났고, 남아프리카에서 자라다가, 캐나다로, 펜실베니아로, 캘리포니아로 이주를 하였고, 늘 물리학을 품고 있었고, 직접적인 추론을 중시하였다.[3] Paypal의 공동 창업자였고, 테슬라, 스페이스 X, 솔라시티의 연속 창업 기업가(Serial entrepreneur)로서 화성에 이주해서 사는 것이 목표라고 한다.

### 학습활동... 실천(Action)과 성찰(Reflection)

1) 엘론 머스크가 자신의 꿈을 거침없이 솔직하게, 철저하고 처절할 정도로 몰입해서 돌파해나가는 비결은 무엇일까?
2) 아이언맨의 모델이어서 부와 편안함을 누릴 것 같지만, 식사도 서둘러 할 정도로 일에 전념해있다.
3) 불가능할 정도의 일을 해내는 이유는 구성원들이 그러한 능력과 열의가 있다는 의미이다. 어떻게 그러한 인재를 찾고, 어떻게 문제를 해결해 가는가?

### 학습활동... 관점(Perspective)

2008년 사업이 파산할 뻔 한 적도 있고, 전기차 모델X도 손익분기점을 넘기는 일이 쉽지는 않고, 스페이스 X에서 론칭한 로켓의 회수가 주로 실패하는 등의 어려운 상황을 어떻게 극복해 나갈 수 있겠는가? 스스로 '마치 지옥행 티켓을 끊었다면, 힘든 것은 각오해야 하는 것'과 같다고 밝힌 바 있다. 스스로 자신의 선택과 이에 대한 각오는 어떠한지 점검해보자.

# 제4부 혁신조직의 설계와 실현

# 제10장 혁신조직과 탐험여정

## 제1절 혁신조직의 속성

스탠포드의 제임스 마치 교수의 이론인 '탐험과 활용(Exploration and Exploitation)'은 가장 흥미로운 경영학 이론 중 하나이다. 조직이 생존하기 위해서는 우선 기존 역량을 활용하는 데 많은 투자를 해야 겠지만, 새로운 역량을 탐험하지 않으면 장기적으로 생존하기는 어렵다. 그렇다고 새로운 역량의 탐험에만 주력하다보면, 현실의 당기이익은 내려가고 당장 살아남기가 어렵습니다. 그래서, 위기의 시대에 새로운 역량을 탐험하는 혁신적인 조직은 기존의 강점이 되는 역량을 발휘하는데도 소홀함이 없는 양향적 양손잡이조직(Ambivert & Ambidextrous organizations)이다. 조직 내에서 기존의 강점과 역량을 심화하고 강화하는 활용(Exploitation)은 기존의 강점과 내부에 가진 것에 집중하는 것이기도 하다. 새로운 것을 찾는 과정은 내부의 새로운 잠재력을 발굴하는 과정이기도 하지만, 새로운 경험과 여정을 통해서 탐험(Exploration)하는 과정이다. 활용과 탐험을 내적인 변혁과 외적인 혁신의 과정 모두에서 실현할 수 있을 때 진정한 혁신조직이다.

혁신조직은 조직도에 반영이 될 수도 있지만, 수직의 계층 수와 부서의 수, 부서의 이름으로 설계가 완성되지 않는다. 조직은 소통하고 협력하는 과정으로 구성원들이 서로 이야기를 나누며 의미부여(Sense-making)를 통해서 환경과 사건들을 이해하고, 불확실하고 애매한 상황에 대해 보다 큰 그림을 맞추고 명확하게 만드는 과정이 필요하다. 같은 부서가 아니라도 필요하면 서로 협력할 수 있어야 하고, 새롭게 팀을 만들 수 있고 자원을 쓸 수 있는 자율성도 있어야 한다. 단순히 외재적 보상에 의해서 움직이고 성취하는 존재가 아니므로, 인간의 내재적 동기인 본연의 호기심과 몰입, 사회적 인정에 대해서도 고려해야 보다 현실적으로 순기능하는 혁신조직을 설계하고 실현할 수 있다.

사람이라는 동물이 세상에 등장한지도 만여년 정도밖에 되지 않았다. 지구의 역사에 비하면 너무도 짧은 시간이다. 더욱이 현재 정보지식기반의 문명이 급속히 발전한 것도 지난 한 세기 남짓 밖에 되지 않았다. 우리의 마음에는 다양한 욕구의 기제가 존재하고 동시적으로 작용하며, 하나의 욕구가 다른 욕구보다 지배적인 상황이 존재할 수는 있겠다. 하지만 본질적으로 인간이 가진 동기와 가치, 의사소통, 의사결정, 리더십과 팔로워십, 조직문화 등의 현상은 공통적인 측면이 많다. 동시에 구성원들이 다양해지는 다국적 기업이나 조직에서는 공통적인 부분에 대한 이해와 서로 상이한 점을 새로운 시장영역에 대한 이해와 문제해결 능력으로 연결시키는 것이 경영자의 역량일 것이다. 공통성을 확대하고 다양성을 존중하고 갈등보다는 화합하는 방향으로 이끌어내는 조직의 리더십과 팔로워십이 필요하다.

사람을 이해하기 위해서는 사고, 감정, 동기, 행동에 대해서 알아야 한다. 우리의 기억과 사고, 감정과 동기, 계획과 행동에 대해서 전반적인 이해를 하고 나면, 사람마다 인지 스타일, 욕구의 구조, 강점과 재능, 미래의 가능성에 대해서 일관성 있는 판단을 할 수 있을 것이다. 우리 마음의 구조, 행동의 패턴, 성과와 보상, 그리고 궁극적인 가치와 행동가치, 의사소통과 리더십 등 구성원들이 행복하고 효과적으로 생존하는 조직을 만들기 위해서 우리가 알고 익혀야 할 것들이다. 물론, 이런 점을 간과하고도 경영은 가능할지 모른다. 특히 생산현장에서는 근로자들의 육체적인 움직임과 산출의 효율성 내지는 생산성을 따지게 되니 인간의 내면적인 요소나 관계적인 요인들에 대해서 간과할 수 있다. 특히 경제학에서 제기하는 '자신의 효용을 극대화하는 인간'으로서의 가정은 현실과 부합하지는 않는다. 특히, 인간의 협력을 통한 목적달성이라는 조직론의 기본 가정과 대치되기도 한다. 인간은 이타적 동기와 행위를 하며, 직관을 통해서 합리적인 선택을 넘어서는 현실의 과정을 돌파하기도 한다. 특히 인간의 행동에서 즉흥적인 부분들은 숙련과 전문성에 따라서 매우 다양한 수준을 보여주기도 한다.

인간은 자신이 원하는 삶의 조건을 갖추기 위해서 사람들은 노력한다. 욕구와 가치, 열정은 비참한 조건에서 벗어나 행복한 여건을 만들기 위한 기나긴 여정의 동력이다. 감정은 현재의 조건들을 판별해주는 신호체계라고 할 수 있다. 우리가 어떤 욕구를 가졌는지를 이해하는 것은 인간을 이해하는 초석이며, 상대가 무엇을 원하는지를 아는 것은 대인관계의 초석이라고 할 수 있다. 우리는 스스로 그리고 서로에게 좋은 세상을 만들어가는 과정에 있다. 본질적인 역량은 현상을 새롭게 보고, 새롭게 해결하는 창의성이라고 판단하였다.

인간에게 욕구와 목적과 가치만을 주고 창의성이 없었더라면 대부분 불행하게 남을 것이다. 인간으로서 가진 사회성과 창의성이 결합하여 현실을 변화시켜가는, 문제를 해결하는 답들을 찾을 수 있는 것이다. 하지만 성과만을 강조하고 보상만으로 경영해서는 창의성을 촉발하고 유지하기 어렵다. 중간의 과정들, 우연한 순간적인 성과들도 간과해서는 안되고, 의미있는 비전을 통한 방향설정과 조직이라는 지속적 협력체계도 중요하다. 작은 아이디어에서 혁신이 나오고, 혁신을 통해서 사회와 경제가 변화해간다. 세상에 혁신은 다양하고, 주변 어디를 가나 볼 수 있다. 인간 창의성의 결실들이 우리의 일상을 채우고 있다고 봐도 무방하다. 혁신을 주도하는 사람은 자신과 관계, 조직이 성장할 수 있다는 믿음을 내재적으로 가지고 있는 이들이다. 진정한 여정을 통해 인간이 자연스럽게 가진 잠재력을 발휘할 수 있고 성장할 수 있다.

〈표 10-1〉 진정한 여정과 성장 마인드셋의 확장: 고정형과의 비교

| | 고정형 Fixed Mindset | 성장형 Growth Mindset |
|---|---|---|
| 내재이론(Implicit theory) | 우리 자신은 타고났다. | 우리는 성장한다. |
| 동기(motivation) | 똑똑해보이고자 한다. | 배우고자 한다. |
| 자기인식(self awareness) | 성격과 재능이 정해졌다. | 성격과 재능 모두 변한다. |
| 관계인식(relation) | 관계는 어쩔 수 없다. | 관계를 변화시킬 수 있다. |
| 도전(Challenge) | 못하는 것, 도전을 피한다. | 도전을 감내한다. |
| 장애(Obstacle) | 방어적이고, 포기한다. | 좌절에도 포기하지 않는다. |
| 노력(Efforts) | 노력해도 소용없다. | 노력이 숙달의 길이다. |
| 실패와 비판(Criticism) | 부정적 피드백을 무시 | 비판으로부터 배움 |
| 타인성공(Others' S) | 타인의 성공을 위협으로 | 타인의 성공에 고무, 배움 |
| 결과(Results) | 일찍 고원에 이름, 정체됨 | 가장 높은 성취, 잠재력실현 |
| 창의성(Creativity) | 천재들의 전유물이라고 믿음 | 누구나 창의적인 자질을 가지고 있음. |
| 협력인식(Collaboration) | 협력은 거래적이고, 역할을 분명히 나누는 것이 중요함 | 협력을 통해서 각자의 개성을 발휘해 해결책을 만듦 |
| 리더십(Leadership) | 지위에 기반하여 발휘하는 것 | 어느 지위이든지 영향력을 발휘 |
| 인생의 성공인식(Success) | 연봉이나 지위 등 사회적 성공과 주변의 인정이 중요함 | 긍정적인 정서와 관계, 의미와 성취를 몰입하는 방식으로 실현 |

자료원: Dweck, C. S.(2008), Mindset: The New Psychology of Success, Ballantine Books: New York. (p. 245)을 저자 번역을 기반으로 확장정리

개인이 성장하고 관계가 성장하고 그룹이 성장하면 조직도 성장하고 달라질 수 있다. 개인의 학습에 있어서 메타인지가 중요하다. 학습의 방법에 대해서 배우는 능력이다. 학습은 정서와 장소에 영향을 받고, 내재적 동기에도 영향을 받는다. 외재적 동기가 없어지면 공부를 안하거나

외부에서 자극이 주어져서 공부를 하는 경우에는 평생학습자가 되기는 어렵다. 시험이나 일정한 관문을 통과하고나면 공부와는 담을 쌓을 가능성이 높다. 학습은 뇌신경, 신체기관의 반복적인 기억, 상호적인 관계, 조직 내의 여러 관계 속에서 일어나고, 조직간에도 일어날 수 있다. 뇌의 가소성(Plausibility)은 성장형 마음가짐에 영향을 준다.

한국기업이 실행중심 조직으로 되어 있고, 변혁이 쉽지 않더라도 변화할 수 있다는 마인드셋으로 임하는 것이 중요하다. 위기의 한국조직은 산업, 경로의존성, 정책들의 결과, 세계화의 결과 등 복합적이다. 시장의 불확실성을 자연스럽게 읽고 민첩하고 유연하게 대응하고, 상부와 하부의 단절이 상호적인 교류로 바뀌고, 감정노동보다는 즐거운 노동이 가능한 새로운 조직들이 나타난다. 기존의 핵심역량 중에 새로운 형태로 진화하여 활용할 수 있고, 와해성 혁신은 서로 주고 받는 게임이다. Intel과 AMD가 앞서거니 뒷서거니 프로세서 시장을 지배하는 것과 같다. 문제는 조직체계를 환경변화에 적절한 형태로 만들어 가는 것이다.

혁신(Innovation)은 새로운 질문으로 시작하는 탐구(Quest)이다. 새로운 질문은 자신에게서 시작되기도 하지만 다른 사람, 주변에서 시작되기도 한다. 혁신조직의 구성원들을 선발한다면 질문을 던지고 해결하고자 하는 이들을 찾으면 된다. 질문을 던지지도 않고, 주어진 문제도 풀려고 하지 않는다면 적어도 혁신하는 조직에서는 기여할 바가 적다. 혁신조직에 필요한 구성원들은 현실의 여러 고객들과 구성원들의 생활과 심리상태, 특히 그들의 문제와 어려움에 대해 보다 공감적(Compassionate)이다. 단순히 누군가의 고통을 느끼는 능력만이 있는 것이 아니라, 우리는 그 문제를 해결할 수 있는 의지와 잠재력들을 가지고 있다. 여기서 공감적이라고 하는 것은 문제를 인지하고 이를 해결하려는 의지를 가지려는 태도를 의미한다. 우리가 불편이나 불만, 부족은 새로운 재화나 서비스를 구입하고 사용하는 경제활동을 할 동력이기도 하고, 새로운 사업을 시작하게 하는 기회이기도 하다.

현상의 원인에 대해 궁금해 하는 "왜 그럴까(Why is it so?)"을 던진다. 왜 그런가 하고 원인을 찾는 인과추론(Causation)의 과정은 문제해결의 선결이다. 과학의 발견이 '왜(**Why?**)'라는 질문 한 마디에서 시작한다고 하지 않는가? 과학적 창의성이 가져오는 발견이 원인과 원리를 궁구하는 좋은 질문에서 나온다. 과학적 원리가 보편성을 띄므로, 어떤 현상을 보든지 왜라는 질문을 할 수 있고, 그러다 보면 보편적인 원리에 점점 가까워지고, 어느 순간 '아 하(Eureka)'하는 순간이 있다. 마찬가지의 과정이 경영에서도 필요한데, 조직의 문제가 있다면 왜 나타나는지, 고객의 문제에 대해서는 왜 그런 불편을 느끼는지 등에 대해서 원인을 찾는 것이 중요하다.

어떤 현실의 문제나 지적인 호기심도 자신이 관심(Concern)이 있어야 한다. 자신이 관심있는 이유는 자신의 생의 여정과 관련된 고유한 것이다. 진정한 리더가 난관이나 도전 등을 겪으면서 자기인식과 리더십을 가지고 되는 것처럼, 기업가가 어떤 경험에서 불편이나 문제에 공감하는 것처럼 고유한 관심의 순간(Moment of concern)이 있다. 자신이 살아오면서 겪었던 일들 중에 이 문제는 나에게도 참 힘들었고, 정말 궁금하다는 현상이 있다. 교육의 과정에서 즐겁고 몰입하는 순간도 있지만, 뼈저리게 힘든 순간도 있었을 것이다. 일상생활 속에서도 불편과 부조리를 겪을 수 있고 내면화되면 그 문제에 대해서 관심을 가지게 된다. 일단 관심과 해결의도가 있으면 이와 관련된 타인의 문제에 보다 공감할 수 있고, 문제에 공감하면, 원인에 대해서 찾고자 하는 탐구를 시작하게 된다. 이렇게 질문은 세 가지 3C에서 나온다. 호기심에서, 그리고 관심있는(**C**ompassionate, Curious, Concerned) 문제와 질문이 있어야 한다. 이러한 문제에 대해서 긍정적으로 문제에 접근하여, 진단하고, 문제를 다루는(**A**ppreciatively Approaching, Assessing, & Addressing) 과정으로 나아간다.

해결책의 완성도는 세 가지의 기준으로 평가를 할 수 있다. 무조건 다양한 개선안이나 대안을 찾는 것이 능사는 아니다. 브레인스토밍을 하지만 딱히 좋은 결과가 나오지 않는 경우도 있고, 대안이 너무 많아서 어떤 것을 선택해야 할지 모를 때가 있다. 이때 문제 해결에 적합한 것이 적절성(Relevance)의 기준이 있다. 창의성의 내재적 준거이기도 한데, 다양한 아이디어를 내는 유창성(Fluency)에 적절성이 더해져야 제대로 된 창의성이라고 할 수 있다. 해결책에 대한 부담 수준도 적절하게 책임있는 것이 좋다. 해답은 다양한 상황에서도 기능하는 견고성(Robustness)이 중요하다. 실험실에서 되지만 현장에서 고객의 일상에서 작동하지 않는 솔루션은 실제적인 가치인 소용이 없는 것이다. 해결책을 바로 대증요법처럼 들이미는 것이 아니라, 원인과 조건, 원리에 대해 따져보고 이를 바탕으로 솔루션을 설계하고 개발하는 과정의 엄밀성(Rigor)을 갖추어 다양한 문제상황의 변이에 대해서도 대처할 수 있다. 혁신조직에서는 다양한 구성원이 다양한 각도에서 현상에 대해 질문을 던지고, 문제의 현상에 접근하여, 드디어는 문제를 해결할 수 있는 유용한 솔루션을 찾는다. 탐험의 여정을 통해서 찾은 답을 전달하여 고객이 만족스럽고, 문제에서 놓여나고, 지속가능한 솔루션(Satisfying, Savoring, & Sustainable Solution)을 구매하거나 누릴 수도 있도록 할 수 있다면 지속가능한 사업의 토대가 될 것이다. 혁신조직은 현상에 대해 질문을 던지고, 탐구하고, 접근하고, 해결하고, 전달하는 탐험여정(**CARS**)을 효과적으로 진행할 수 있어야 한다. 탐험여정은 홀로 가는 것이 아니라, 구성원들과 함께 간다.

진정한 리더십을 바탕으로 조직이 신뢰하고, 화합하는 관계를 형성하고(**R**elating), 이러한 신뢰와 긍정적인 소통을 통해 창의적인 혁신(**I**nnovation)을 해내고, 실행력을(**E**xecution) 가지면서도 시장이 던져주는 새로운 도전에 대한 해답을 통해 결과를 만들어낼(**R**esulting) 수 있어야 혁신조직(**CAR-RIER**)의 항해가 애매하고 불확정적이며 예측하기 힘든 환경 속에서도 지속가능하다.

이를 통해서 조직은 보다 유연하면서 집중되고, 개방적이면서도 고유성을 가지고 있고, 회복적이면서도 반응적이고, 공감하면서도 에너지를 주고, 순간을 음미하면서도 장기적으로 지속가능하며, 다양성에 대해 포용적이면서도 협력을 잘 하는 숲형(**FOREST**) 인재와 조직 속성을 가지게 될 것이다.

디자인싱킹도 그렇지만 린스타트업도 가설을 세우고 검증하는 과정이고, 이를 더욱 저비용으로 신속하게 해내는 것을 원리로 삼고 있다. 가장 많은 실패를 통해 가장 많이 배운 조직이 보다 넓은 지식과 깊은 숙련된 역량을 가질 가능성이 많아지기 때문이기도 하지만, 탐험의 과정은 불확정적이어서 다양한 실패가 필수적이기도 하다.

무턱대고 탐험하는 것은 무모하고 어쩌면 파멸적일 수 있다. 그래서 모든 조직은 진실성(Verity)에 대한 감각과 역량을 키워야 한다. 외연적 현상에 대한 진리탐구의 감각은 내면적 진성(Authenticity)에 대한 감각에서 발현된다. 인간에 내재하고 있는 논리적 역량과 오성을 비롯한 구성원들이 조직이 풀어야 할 문제와 해답을 찾는 탐구역량(**LIGHTS**)을 키워가야 한다. 오성을 발휘하여 사리에 맞게 원인과 영향을 추론하는 논리적 사고(Logical thinking)는 말이 되는지 아는 진리의 감수성(Truth sensitivity), 본연의 능력이기도 하고, 공부에 기본하고 있는 언어와 표상체계에 대한 학습에 기반한다. 학창시절에 우리가 배우는 일상의 언어와 논리적 표상언어인 수학에서 많은 부분을 익히고 배울 수 있는 능력이기도 하다.

수많은 경험과 훈련을 통해서 키울 수 있는 것으로 전문가적 직관이 있다. 직관적 사고(Intuitive expertise)는 누구에게나 있지만, 마치 오랜 훈련을 한 축구선수가 슛을 정확하게 하고, 골프 선수가 샷을 날리고, 테니스 선수가 서브를 넣는 것처럼 그 순간에 필요하고 적절하고 알맞은 답은 숙련을 통해서 강화될 수 있다. 소방관이 위기 상황에서 불을 끄거나, 인명을 구조할 때도 전문적인 직관에 의해서 순간적인 대응을 해야 하기도 한다. 이러한 직관의 능력은 기업이 불확정적이고 불확실한 여정을 통해서는 일상적으로 필요해진다. 언제 어떤 사건이 터질지 모르고, 어디서 불량이나 위험한 사태가 벌어질지 알 수 없는 글로벌 기업의 경우에는 더욱 필요한 혁신조직 역량이다.

경험은 추상화되고, 다양한 현상에 적용될 수 있는 원리와 모델로 개념적 일반화(Generalization of concepts)를 거친다. 블랙스완과 같은 주식시장의 폭락도 현상에 대한 설명이 가능하고, 이를 설명하는 이론이 제시된다. 따라서, 실패와 재난의 현상은 벌어진 이후에 일반적인 모델로 예측성이 높아질 수 있다. 기업의 입장에서도 이러한 멘탈모델을 구축하고 확장하고 검증해가면서 다양하고 동태적인 상황에 대해서 적절하게 대응하는 능력을 증대시킬 수 있다. 아이러니하게도 이론과 같은 상아탑 안의 순수함이 복잡한 혁신조직에서 절실해지고 있는 것이다. 이러한 역량의 중요성을 입증하는 것이 최근 대두되고 있는 빅데이터분석 전문가에 대한 양성과 기계학습을 통한 인공지능의 부각이다. 다층적인 기계학습을 통해서 빅데이터 안에 존재하는 패턴을 모델화하고 예측하는 능력을 컴퓨터를 통해서 구현하게 되었고, 기업에서는 변화하는 복잡한 세상에 대해 패턴을 도출해내는 능력을 가진 전문가로서 인간이든 기계이든 고용(Hire)해서 해결할 문제(Job to be done)와 상황이 있다.

이론이 기능하기 위해서는 현실에 대해서 추론하여 가설을 제시할 수 있어야 한다. 이렇게 될 것이라는 예측으로서 명제를 구축(Hypothesis generation) 하는데, 이 명제는 단순한 답일 수도 있지만, 그 자체가 솔루션을 의미하기도 한다. 고객의 특정 문제에 대해서 이러한 방식이 반응이 좋고, 문제도 해결할 것이라고 예상하는 것이다. 그러한 예상이 맞는지는 검증해봐야 알겠지만, 문제에 대한 해결책은 단일한 답일 수도 있지만, 보통은 솔루션셋이 존재한다. 이를테면 문제를 해결하고 부작용은 줄이고, 순기능을 증대하는 요소들로 구성된 패키지인 것이다. 흔히 디자인이라고 불리는 인터페이스와 구조설계를 포함하여 어떤 개념으로 문제를 해결할 것인지 가설구축 단계에서 제시가 된다. 남들이 이미 제시한 가설을 제시하면 신선하지 않고, 가치도 적다. 다른 곳에서 찾기 어려운 희소하고 가치있고, 모방하기 힘든 솔루션 설계와 솔루션의 제작능력을 갖추어야 지속가능한 경쟁우위를 누릴 수 있다.

가설로서의 솔루션에 대한 진실성의 검증(Test of truthfulness)은 고객과의 만남이 필요하다. 고객이 사용해보고 솔루션의 가치를 판단하는 진실의 순간(Moment of truth)를 통해서 가치가 판명이 난다. 고객이 단박에 만족하고 수용하고 반복해서 찾아준다면 좋겠지만 그런 경우는 내적인 검증과정을 매우 많이 거쳐야만 가능하다. 실제 시장에서 고객의 반론이라고 할 수 있는 실망어린 반응들은 환류(Feedback) 되어서 보다 나은 해결책을 찾는데 활용해야 한다. 이러한 과정이 잘 일어나는 조직이 학습능력이 있는 것이다. 변화하는 환경에 적응하기 위해 필요한 흡수역량(Absorptive capacity)은 연구과정을 통해서 기술지식 뿐 아니라 고객지식도 내부로 가져오는 역량이다.

다양한 반응과 반론들이 있고, 제안한 해결책에 동의하지 않는 의견들을 종합(Synthesis of dissents)하기 위해서 반복적인 과정과 완성에 대한 기준이 필요하다. 완벽한 해결책이란 찾기 어렵거나 불가능하고, 모든 기업들은 상대적으로 보다 나은 답을 고객들에게 제시할 뿐이고, 보다 나은 답을 스스로 찾아가는 기업가적 여정(Entrepreneurial Journey)을 가야 한다. 새로운 문제를 발견하고, 새로운 혁신기회를 포착해야 하고, 새로운 문제에 대한 해결책을 제시하는 여정은 기업의 수명을 넘어서 계속된다. 지적능력과 정서적인 요소들을 통해서 사업 현장(Field)의 답들을 찾아가는 진정한 혁신여정의 역량이 필요하다. 첫 성공에 도취되거나 핵심역량에 고착되거나 사고의 틀에 갇히는 등의 문제는 항해하는 배를 침몰하게 하는 치명적인 여정문제(Journey problem)이다.

우리나라에 많은 실행조직은 그 동안 추격적인 학습과정에서 고착된 병폐가 있다. 그것은 사고의 과정을 일부만 요구하거나 실행을 강조하는 조직에서는 새로운 혁신을 위한 지적 활동을 억압하고 지시에 대해서 질문을 던지지 않고 신속하게 실행하는 능력이다. 실행하는 조직의 현재 상태로서는 안타깝게도 시장상황은 급변하고 불확실하고 경쟁은 융합과 함께 전략경영에서 화두로 제시한 것처럼 초경쟁적으로(Hyper-competitive) 치열해지고 있다. 한국의 기업들은 오랫동안 수직적이고 중앙집권화된 조직구조와 조직문화를 통해서 신속한 의사결정과 대응을 통해 보다 성장기에 있는 세계시장의 환경에서 살아남았고 번영했다. 이제는 보다 빠르게 실행하고 집단적으로 모방하고 노력하는 중국의 추격이 전기차와 인공지능 분야 등에서 추월하는 수준에 이르고 있는 듯 하다. 알리바바를 비롯해서 QR코드를 바탕으로 한 새로운 플랫폼 생태계가 거대한 내수시장을 바탕으로 커져가고 있고, 모바일게임에서도 국내 기업들과는 차별화된 모습으로 선전하고 있다. 팔이 안으로 굽는다는 표현처럼 연구하는 입장에서도 지역성에서 보다 근접한 기업들에 대해 공감의 강도가 크고 안타까움도 클 수밖에 없다. 앞으로 변화하는 환경이 어떠하고 어떤 조직으로 헤쳐나가야 할지를 고민하지 않을 수 없다.

**조직재설계 - 탐험과 실행(Explore & Action)**

어느 도시와 지역을 가든지 그 지역에 사는 시민들이 누리는 서비스에는 공공 서비스와 민간 서비스가 있다. 공공 서비스를 제공하는 조직의 경우 대부분 관료제를 택하고 있는 것으로 보인다.

지역을 중심으로 서비스를 제공하는 공공기관은 기존의 부서 중심의 조직운용방식을 바꾸어서, 새롭게 할 필요가 시민들의 불편과 제안에 의해서 제기될 수 있다. 시청, 구청, 공단, 공사 등의 정부 및 공공기관의 조직도를 찾아보고 부서를 통해서 기능의 구성과 편제를 알아보자.

가능하다면 공공조직이 관료제를 보완하거나 혁신조직으로 만드는 제안을 해보자. 이를테면, 서비스의 수요자의 입장에서 보다 만족스럽고, 계속 누리고 싶고, 긍정적인 정서와 관계를 형성하는 체험을 제공하려면 어떻게 해야 할지 탐구해보자.

공공조직으로서 대학이나 기업의 공익복지 관련 부서를 보다 공감적이고 효과적으로 만들 수 있는 방안을 생각해보자.

1. 변화하는 환경에 보다 나은 서비스를 제공하기 위한 조직구조, 문화, 인사제도 등의 개선적 설계방안을 제안해보자.
2. 보다 선도적으로 이끌어가기 위해 혁신조직의 요소들을 포함한다면 어떤 속성들을 구현하면 되겠는가?
3. 공공기관은 관료제는 어떻게 해서 나왔으며, 현재에도 적절한지를 검토하자.
4. 새로운 조직체계를 택한 공공기관 및 공익 서비스 조직구조와 운영체계를 제안해보자.

## 제2절 4가지 사업환경과 8가지 혁신여정

환경의 특성에 따라서 조직모습도 달라져야 한다(Dess & Beard). 기존의 조직은 재설계해야 하고, 새로운 조직은 사업환경에 맞게 설계하고 구축해가야 적응할 수 있다. 제한된 적응성과 혁신을 어려워하는, 수직적 조직의 한계는 새로운 영역으로 탐험하는 미래의 준비에 있어 드러날 수밖에 없고, 탐험하는 조직은 확실한 환경에서는 불필요하다. 대체로 실행중심 조직이 많기 때문에 변화하는 산업 생태계의 관점에서 혁신의 도전을 해결해야 한다.

[그림 10-1] 사업환경 특성과 탐험여정의 유형

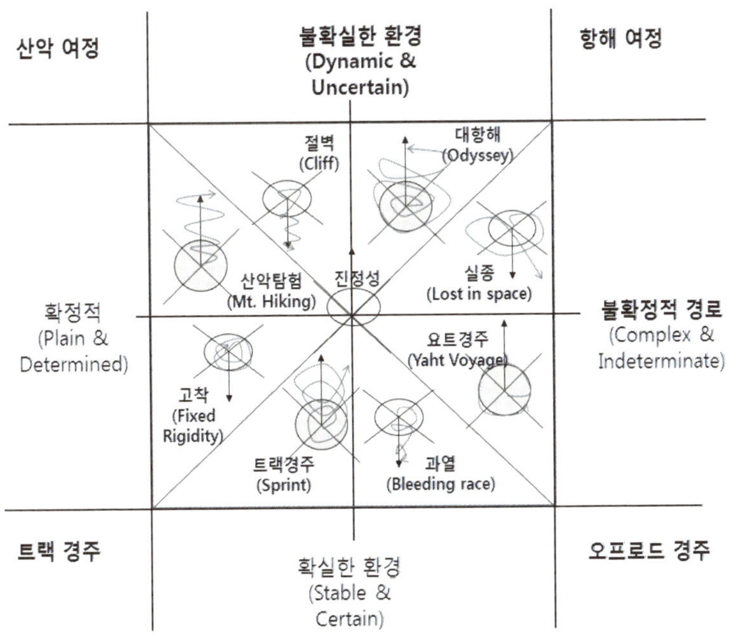

경영환경이 불확실하고 불확정적일 때에는 마치 폭풍우를 견뎌야 하는 기나긴 항해와 같은 탐험여정을 가야 한다. 여정을 포기하는 순간 좌초되고 침몰하는 것이다. 많은 제조기업들이 익숙한 환경은 확실하고 어떤 제품을 어느 수준으로 어떻게 만들어야 하는지 확정적이었다. 사업방식은 마치 잘 닦여진 트랙을 달리듯이 가장 빠른 속도로 일사분란하게 달리면 되었다. 하지만, 환경은 불확실성이 가중되거나, 불확정성이 가중되거나 둘 다 증가하는 방향으로 바뀌고 있다. 따라서, 현재의 조직을 바꾸어야만 생존할 수 있는 환경으로 바뀌고 있는 것이다. 단순히 조직구조가 아니라 사업방식을 포함한 경영체계 자체가 바뀌어야 한다.

경영혁신은 경영의 토대가 되는 조직 자체를 변화시키는 것으로 의미있고 임팩트가 큰 근본적인 혁신이다. 단순히 조직도에 나오는 편제를 바꾸고 부서명을 바꾸고 신설하여 조직구조를 변화시키는 것으로 해결되지 않을 문제들이 등장한다. 제품과 서비스의 수준을 획기적으로 높일 수 있는 혁신이 필요하다면, 제조와 배송의 속도를 몇 배로 줄여야 하는 급진적인 혁신이 필요하다면 어떻게 해야 할까. 불필요한 조직의 구조를 줄이고, 수평적인 조직을 만드는 이유이기도 하다. 구조적인 측면에서 그치지 않고, 조직구성원들의 협력과 관계의 수준과 심리적인 상태도 질적으로 변화시킬 수도 있어야 한다. 이를 통해서 새로운 가치를 나르는(Carrying) 혁신조직으로 변화할 수 있다. 이제는 아무리 똑똑한 CEO라도 혼자서는 파악할 수 없는 복잡하고 동태적이고 불확실한 환경변화가 일어난다. 이에 대한 적응을 위해서는 중앙집권화(Centralized) 조직보다는 당연히 의사결정의 권한이 분산되고, 자원에 대한 접근이 허용되는 수평적 조직이 적합하다. 이미 20세기 중반에 GM이 연방제적 사업부제 수준의 분권화를 넘어서, 모든 구성원들이 스스로 목표를 설정하고 보상하고 업무시간을 정하고 자율적으로 문제를 해결하는 자기조직화에 능한 학습조직이 필요하다. 고어 텍스나 셈코처럼 구성원들이 팀을 만들 수 있고, 리더십은 있지만 리더는 필요에 따라 자체적으로 선정하는 조직의 민주적 행태도 매우 혁신적이고 결과는 고무적이다. 충분한 지식과 노력이 있다면, 수직적인 질서가 보편적인 지역에서도 Semco와 같은 분권화된 조직이 나올 수 있다.1)

조직의 유형은 외부의 적응성과 내부중심성의 긴장관계와 유기적 조직과 반복적인 실행에 강한 조직의 대비 속에서 8가지 유형으로 나눠볼 수 있다. 특히 개인과 조직의 관계, 조직과 시장과의 관계에서 진정성을 실현하는 성숙된 조직의 유형과 해당하는 특성에서 보다 피상적이고 적응적인 외양만 습득한 조직이 있을 수 있다. 조직은 진정한 리더십의 질문으로 시작한다. 문제가 뭔가.

[그림 10-2] **조직체계의 유형**

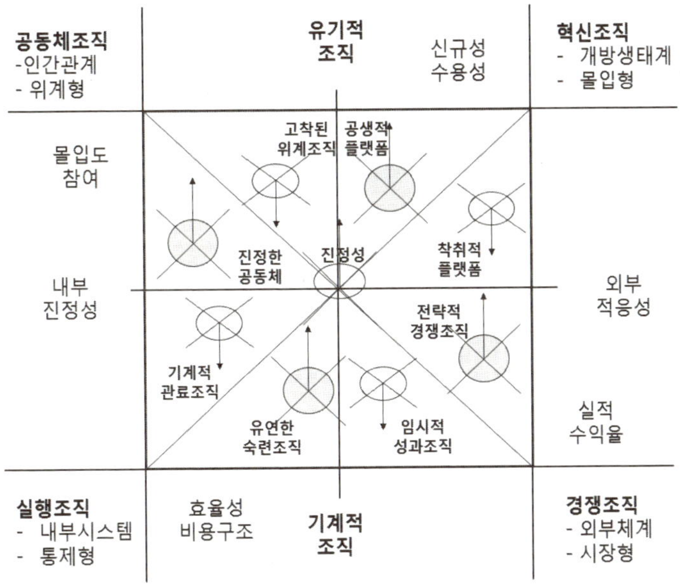


구현되는 조직은 조직의 성향 상에서 외향성과 유기성의 2가지 차원에 따라서 4가지 조직의 발전양상(RIER)이 나온다: 관계형(Relating), 혁신

형(Innovating), 실행형(Executing), 결과형(Resulting) 조직들이다. 처음에는 질문에 대해서 공유하고 함께 답을 찾는 관계형 조직에서, 문제를 해결하고자 하는 혁신형 조직, 해결책을 구현해보려고 하는 실행형 조직, 이를 통해서 시장에서 결과를 얻고자 하는 결과형 조직으로 진화해갈 수 있다. 물론, 모든 조직이 R-I-E-R의 과정을 따를 필요는 없지만 표준적인 조직 발달가능한 형태 혹은 경우에 따라서는 조직개발(Organizational development) 단계로 제시될 수 있겠다. 이들 네 가지 조직 내부에서도 리더십의 진정성에 따라서 이르는 과정도 다르고 결과도 결코 같을 수 없는 2가지씩의 조직들로 실현이 되어 총 8가지의 조직설계와 실현이 가능하다.

조직의 처음에는 조직의 목적과 비전에 공감하는 구성원들로 상대적으로 작은 규모의 조직이 만들어질 수 있다. 보다 상호소통이 원활하고, 각자의 개성이 존중될 수 있는 관계중심형(Relation-centered) 조직이다. 공동체 조직은 시골 마을처럼 정겹고, 서로 잘 알고, 배려하고, 훈훈하고 긍정적인 조직이 될 수 있다. 소속만으로도 정서적으로나 관계적으로 긍정적이고 서로의 문제를 해결해주려고 하기에 매우 자급자족적인(Self-sufficient) 조직이다. 하지만, 공동체의 리더가 희생적이고 모두를 고르게 챙기고, 관계가 원만해야 하고 마을로 비유될 수 있는 조직의 도전과제에 대해서 서로 공유하고 있어야 순기능할 수 있다. 반대로 마을의 이장이 공금을 마을의 발전을 위해서 쓰지 않고, 자기편을 나누고 일부를 소외시킨다든지 험담을 한다든지 하면 마을공동체는 쇠퇴하게 된다. 리더는 권위를 내세우게 되고, 수직적인 위계질서가 강화되고, 외부 변화에 대해서도 대응능력이 떨어지는 폐쇄적 공동체가 될 위험이 있다. 구성원은 자신의 체면이 중요하고, 조직이 처한 문제를 직시할 수 없고, 협력해서 해결할 능력도 많은 부분 상실한 상태이다. 이런 때일수록 진정한 리더십이 필요하고, 자기반성과 자기희생을 통한 신뢰를 이끌어내는 것이 전환의 시발점이 될 수 있다. 조직은 순기능의 비전을 실현할 가능성과 역기능하는 위험도 함께 내포하고 있다. 어떤 조직구조든지 그 자체만으로는 순기능을 보장할 수 없다. 리더가 많은 권한을 포기하고 민주적인 수평 조직을 조직도 상에서 설계해서 만든다고 해서 바로 작동하여 문제를 해결해 내는 것은 아니다.

혁신중심(Innovation-centered) 조직은 외부지향적이고 유기적인 조직으로 플랫폼 조직을 들 수 있다. 플랫폼은 기술혁신에서 다양한 솔루션을 내놓을 수 있는 기술토대를 의미하는데, 여기서는 다양한 이해관계자들과 협력하는 혁신 생태계의 중심을 의미한다. 혁신에 있어서 외부의 협력을 구하는 차원을 넘어서서 제품과 서비스의 공급자들에게 플랫폼을 제공하는 경우, 고객 플랫폼과 함께 양면 시장을 구축하는 기업이 될 수 있다. 인공지능화된 사물 인터넷으로 다양한 공급망을 관리하고, 수많은 고객의 니즈를 파악해서 개인화된 서비스를 제공하는 시대가 오고 있다. 초연결성을 통해서 지구촌이 더욱 가까워지고, 사물들과도 소통할 수 있어 감각과 관계망이 확장되고 있다. 이제는 혼자서 할 수 있는 일들이 아주 많아져서, 수족들을 부리면 되고, 불만이나 기계권이라는 것이 없으므로, 이들의 처우에 대해 고민하기보다 역량을 높이는 방안만 고민하면 된다. 문제는 이러한 고도의 인공지능과 플랫폼을 가진 기업가와 기업이 크라우드 노동자의 약한 협상력과 소비자들의 정보를 활용하여 자신의 이익만 극대화할 때 생겨난다. 승자승(Winner takes it all) 규칙이 보다 강화되는 디지털 경제에서 사회적 안정성을 확보하기 위해서는 기업경영도 함께 성숙되어져야 하고, 진정한 리더십이 절실하게 필요하다. 소비자들도 이를 인식하고 플랫폼 기업과 서비스의 진정성과 혁신성을 모두 따져보는 소비를 하게 될 것으로 보인다. 이를 통해서 착취적인 플랫폼은 어느 순간 도태되고, 상생적 플랫폼이 번영하는 생태계를 만들 수 있다. 문제는 상생적 플랫폼이 경쟁우위가 약할 때 착취적 플랫폼이 생태계를 점령해버린 상태이다. 현재 아마존의 생태계는 중립적이다. 구글처럼 '악해지지 말자(Don't be evil)'이라는 가치를 내세우기보다는 기술기업으로서의 역량과 범주를 가리지 않는 유통망을 구축하고 있기에 앞으로 눈여겨 보아야 할 기업이다.

국내의 쿠팡이 로켓배송으로 도입한 서비스를 이미 아마존은 드론 배송 등을 언급하며 프라임 서비스를 제공하고 있다. 물류 창고도 고강도의 노동 때문에 많은 부분 자동화되고 있다. 마이크로소프트의 빌 게이츠처럼 시애틀에 기반한 아마존이 보다 공익적인 사업에 투자를 하거나 기금을 조성하는 노력은 아직 보이지 않는다.

[그림 10-3] 사업환경과 여정에 따른 조직설계

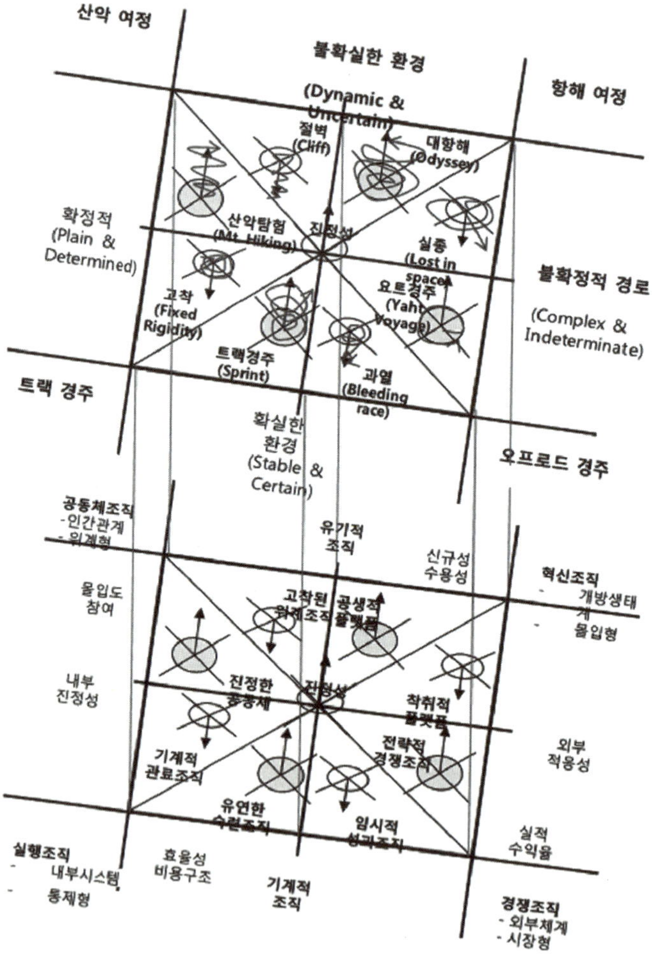

실행중심(Execution-centered) 조직에도 기본기능만 충실한 기업과 진정한 리더십을 통해서 성숙된 조직형태가 존재할 수 있다. 기계적 관료조직은 반복적인 수행에서 강조되는 매뉴얼과 지침, 규정을 강조한다. 같은 영역에서도 보다 개인의 숙달과 개성을 존중하고 역량개발을 강조하는 경우보다 높은 수준의 숙련과 이에 따른 다양한 상황에 유연하게 조절할 수 있는 실행조직이 생겨날 수 있다.

결과중심(Result-centered) 조직에는 전략적 경쟁조직과 임시적 성과를 강조하는 조직으로 나눌 수 있다. 전략적 경쟁조직은 긍정적인 의미에서 시장에서 살아남기 위해 구성원들의 응집력이 매우 높고, 시장의 변화에 적합하게 대응하는 조직을 의미한다. 구성원에 대한 보상도 합리적이고, 거둔 성과에 부합한다. 문제는 지나치게 성과를 강조했을 때, 노동시장의 효율성보다 높은 수준의 고용 유연성을 강조하는 임시적 조직의 경우이다. 이 또한 시장환경에 적응하기 위한 모습이지만, 구성원들의 탈관여(Disengagement)가 높고, 잠재력을 발휘하여 자기실현할 수 있는 장으로서 기능하지는 못한다.

**브레인트러스트(Braintrust) - 탐험(Explore)과 실행(Action)**

우리가 픽사를 떠올릴 때는 토이스토리, 카 시리즈, 니모를 찾아서 등 존 라세터 등의 감독을 떠올리곤 한다. 감독들의 꿈을 이루는데는 경영자인 에드 캣멀의 공로도 어느 정도 인정해야 한다. 물론, 초기에 투자한 조지 루카스, 픽사를 독립시키는데 투자한 스티브 잡스의 선견지명도 지분이 상당하다. 공적인 작품들의 기저에서 움직이는 조직 프로세스인 브레인트러스트(Baintrust)는 말 그대로 믿고 뇌를 공유하는 창의적 과정이다. 솔직하고 정직한 피드백을 모든 장면에서 제공하는 것인데, 이를 통해서 보다 작품의 디테일과 스토리들을 다듬어가는 것이다. 이는 최고경영자였고, 디즈니에 합병된 이후에도 경영을 주도하며, 겨울왕국(아렌델 왕국의 두 공주와 생명을 지켜주는 진정한 사랑 이야기)과 인사이드아웃(기쁨, 슬픔, 두려움, 까다로움, 화 등의 다섯 가지 감정이 아이의 마음 속에서 생활하고 모험하는 이야기로서, 기억 기제와 인격들의 섬과 상상, 망각의 계곡, 인지과정 등에 대해 알려주는 모험담) 등으로 성공적인 작품을 이어가고 있다.

1. 작품에 대한 의사결정은 프로젝트 리더, 감독에게 전적으로 일임하고, 나머지 구성원을 의견을 제공한다.
2. 신뢰할 수 있는 다양한 구성원들의 피드백을 받도록 한다.
3. 최대한 디테일한 수준까지, 공감이 되는지, 재밌는지 반응해준다.
4. 모든 비판이 가능하지만, 동시에 수용하는 것도 감독의 선택이다.
5. 응용해서, 팀원들 간의 학습과정을 서로 공개하고 피드백 받아보자.
6. 팀프로젝트의 중간결과물에 대해서 건설적인 의견을 제시해보자.
7. 신뢰의 분위기를 형성하는데 무엇이 중요하게 작용하는가? 분위기가 경직되거나 피상적으로 흐르는 경우가 있다면 무엇 때문이었는가?
8. 혁신적인 조직에 있는 진정한 리더십과 신뢰를 구축하기 위해서는 어떠한 노력이 필요한지 정리해보자.

자료원: hbr.org/2008/09/how-pixar-fosters-collective-creativity

### 사례연구 아마존과의 협력과 경쟁(Coopetition with Amazon)

아마존은 온라인서점으로 시작하였다. 이제는 책 말고도 여러 가지를 팔고, 거의 모든 것(A to Z)를 파는 유통업체가 되었다. 아마존 프라임 회원이 되면 다음날 바로 배송이 되는 서비스와 스트리밍 서비스, 킨들, 알렉사 등의 서비스나 제품을 저렴하게 이용할 수 있다. 프라임데이 세일을 큰 폭으로 하기 때문에, 마치 크리스마스 시즌처럼 매출이 큰 폭으로 상승한다. 아마존은 알렉사를 통해 말로 쇼핑을 하는 서비스를 제공하는 등 인공지능에도 상당한 수준의 기술력을 갖추고 있고, 수익의 많은 부분을 클라우드 서비스(AWS: Amazon Web Services)에서 거둘 정도이다. 2007년에 킨들을 2014년에는 파이어폰을 출시한 적도 있다. 전방위적 움직임과 기업들에 대한 기술, 휴대폰, 유통업계의 대응들을 살펴보자.

아마존을 1994년 창업할 당시에 베조스는 월스트리트에서 근무하던 중이었다. 원래 서점이나 개발자가 아니었던 것이다. 분명 투자자들을 잘 아는 것은 창업을 하는데 이점이 있을 것이다. 1997년 전자상거래가 국내에도 도입이 되었지만 매우 생소하던 시점이었으니, 아마존의 창업은 매우 선도적인 움직임이었다. 처음의 사명은 2번째 사명을 바꾸었을 때 거침없이(Relentless)였다고 하니, 베조스의 가치를 드러내주는 말이다. 아마존의 혁신주도의 조직문화는 성과주의가 매우 강렬하여 회의하다가 울고 나오는 경우도 있다고 할 정도이다.

**아마존 vs.**

월마트의 제트닷컴 인수는 아마존의 오프라인 진출과 맞물려서 거대 유통기업이 본격적으로 경쟁에 돌입한 것을 볼 수 있다. 오프라인에서는 타겟, 트레이더 조, 홀푸드 마켓에게 시장을 많이 내준 상태에서, 아마존이 강한 온라인쇼핑에 진출하여 맞줄을 놓은 상황이다.

1. 향후 온오프라인 유통의 경쟁 양상을 예상해보자.
2. 월마트가 아마존과 어느 정도 승산이 있겠는가?
3. 월마트와 반즈노블의 아마존 대응 방안을 비교해보자.

자료원: www.amazon.com
https://www.thestreet.com/story/14285932/1/here-are-the-benefits-amazon-prime-members-will-get-at-whole-foods.html
http://verticalplatform.kr/archives/8658

# 제11장 4세대 혁신경영

## 제1절 혁신경영의 흐름

기술과 혁신경영은 현대경영에서 매우 중요해지고 있다. 산업 형성 초창기에 에디슨처럼 뛰어난 발명가가 신기술과 새로운 산업을 일으킨다고 여겨왔다. 한 사람의 기업가가 새로운 고객의 니즈, 새로운 사회의 도래를 예견하고 새로운 결합과 와해성혁신을 진행하여 산업의 지배자가 된다고 보일 수 있다. 하지만, 그 안에는 수많은 실패한 프로젝트와 잊혀진 기술들이 있다. 혁신적인 제품이었지만 후발주자에 의해 시장에서 패배하고 만 기업들이 있다.

문제는 어떻게 하면 '인정받을 수 있는' 수준의 창의성을 발현하는 것이다. 1,000가지 이상의 아이디어가 있어야 하나의 제품이 나오는데, 우리는 100개 밖에 없었다. 결국 1,000개의 아이디어가 모이도록 하는 것이 가장 중요한 과정이다. 새로운 맥락에서 서비스를 한다면 하늘에서의 저녁(Dinner in the Sky)처럼 공중에 부양한 채로 식사를 하는 새로운 고객체험을 할 수 있다. 같은 서비스를 제공하는 방법이 거대 크레인 말고 다른 방법을 찾을 수 있을 것이다. 하지만, 같은 지역에서 같은 서비스를 하는 다른 식당들이 들어설 가능성이 적으니 상당히 지속가능하고 혁신적인 식당이다.

혁신조직은 새로운 결합을 만들어내는 2인 이상의 집단이다. 기존 기업이 혁신조직으로 변화하기 위해서는 구성원들이 창의적으로 바뀌어야 할 뿐 아니라 관계방식도 바뀌어야 하고, 관계의 장을 제공하는 기업의 문화와 리더십이 함께 바뀌어야 한다. 구성원들이 창의적으로 바뀌고자 하는데 리더십은 진정한 성숙을 이룰 수 없다면 혁신조직이 되기 어렵다.

새로운 결합방식, 새로운 인재 자체가 창의성의 원천이라고 할 수 있다. 기존의 인재가 새로운 원천을 학습하고, 기존의 지식들을 새롭게 조합한다. 조직학습은 앞에서 이야기했듯이 탐험과 활용으로 나눠볼 수 있다(March, 1991). 조직이 새로운 것을 배우고, 기존 습관 중에 버리는 과정이다. 탐험은 말그대로 잘 모르는 영역으로 가서 새로운 역량을 쌓는 활동이다. 활용은 잘 하는 영역에서 기존의 역량을 강화하는 활동이다.

자율적인 경영을 하는 팀중심의 문화가 중요하다. 가장 유연한 조직은 끊임없이 팀조직이 진화하는 유기적 조직이겠지만, 그러한 혁신조직은 구성원들의 자율성과 전문성, 협업능력이 뛰어나야 가능하다. 문제를 해결하는 효과적인 방식은 문제해결에 필요한 전문지식을 가진 구성원들을 자율적 권한과 필요한 자원을 제공하여 팀으로 묶어주는 것이다.

조직의 효과적인 운영단위가 팀이고, 팀의 과업 수행이 프로젝트 단위로 진행이 되면, 상위 리더십에서는 프로젝트의 포트폴리오 관리와 프로젝트들의 목표관리가 중요할 것이다. 목표 조차도 자율경영팀에서는 자체적으로 설정할 수 있다. 해결하고자 하는 목표수준을 도전적으로 잡고, 그 가치에 대해서 공유하는 구성원들이라면 효과적인 혁신팀을 꾸릴 수 있다. 내재한 프로세스는 어떻게 목표를 달성한 것인지에 대한 전략수립이다. 조직 자체를 혁신적으로 꾸리는 것 자체도 목표를 달성하는 방법이므로, 고도로 전략적인 경영이라고 할 수 있다. 기존의 솔루션셋과 차별화되는 가치창출은 창의적인 팀워크, 탐험적인 시도를 허용하는 조직의 분위기 형성과 진정한 자기표현을 통한 다양성의 긍정적인 시너지 유도체계가 만들어져야 한다. 늘 발생할 수 있는 부정적인 감정이나 교류를 최소화하는 섬세하고 감성적인 경영이 필요한 이유이다. 물론, 합리적인 경영에서 강조하는 자원계획, 필요한 인적인 역량, 관계, 자금, 일정관리, 업무분담 및 진행, 중도목표 관리 등의 이성의 영역도 균형이 잡히는 것이 중요하다. 하지만 이성적인 부분과 감성적인 부분이 양가적으로 작용하는 것이 바람직할 것이다.

아래의 혁신경영의 통합모델은 혁신경영의 세대별 중요한 부분들을 통합해서 완성한 체계이다. 1세대에는 에디슨처럼 창의적인 인재, 고학력 연구자와 같이 사람(Person)이 가장 중요했다. 이를 심화하면, 구성원들 각자 내재한 강점을 발견하고 창의적 방법을 함양하는 것이다. 창의적 문제해결과정의 방법론이나 생각의 도구, 기법들을 배우고, 스프린트와 같이 팀창의성의 방법론을 워크숍 형태로 배우는 것도 도움이 될 것이다. 2세대에는 프로젝트(Project)의 일정, 자원, 이슈, 문제해결 단계인 프로세스(Process)가 중요하다. 프로젝트 단위로 일정한 연구개발 수율이 나오도록 관리하려고 하였다.

[그림 11-1] 4세대 혁신경영 통합모델

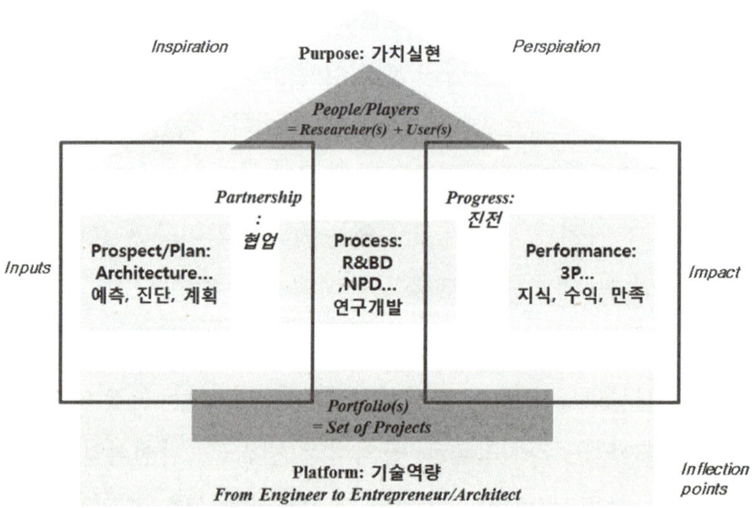

3세대 혁신경영에서는 당장의 성과보다는 불확실한 과제들의 속성을 포용하고 목적(Purpose)의식을 구성원들이 공유하고, 핵심주제, 비전들을 공유하는 것을 강조하였다. 과제들의 묶음인 포트폴리오(Portfoilo)와 파트너십(Partnership)을 통해서 다기능간의 협업으로 다양한 전문지식이 반영된 솔루션이 나오도록 관리하였다. 하지만, 불확실하고 와해적인 환경에서는 이로서도 부족하여 대응능력을 강화하고자 하였다. 변화하는 환경에서는 아예 기술적 솔루션을 만들어낼 수 있는 기술 플랫폼(Platform)을 만드는 것을 강조하였다.[1)]

기술경영 1세대에서는 창의적 기술경영(Creative Person)을 하였고, 2세대에서는 체계적 기술경영(Systemic Project: 팀단위 연구개발 수행), 3세대에서는 전략적 기술경영(Strategic Portfolio: 목적지향적 과제기획), 4세대는 기존의 플랫폼을 폐기하고 새로운 플랫폼을 형성하여, 시장학습을 중심으로 다양한 제품을 만들어낼 수 있는 기업가적 기술경영(Entrepreneurial Platform: 시장확산)을 도입하였다. 이는 산업적 혁신생태계를 형성하고 시장협업 플랫폼까지 확장되어서 새로운 사업모델을 만들어내는 토대가 될 수 있다. 그리고, 다시 혁신자의 몰입과 창의성의 미시적 과정에 대한 이해와 진전관리(Progress Management)도 중요해지고 있다.

이와 함께 새롭게 등장하는 혁신경영의 방법론은 사용자혁신, 개방형 혁신, 고객의 해결과제 중심의 솔루션 개발 등을 들 수 있다. 기술혁신 시스템의 설계는 기본적으로 기존 시스템에 대한 해체와 재검토 작업에서 시작된다. 기본적으로 사용자혁신에 대한 관점보다는 슘페터적 관점(Schumpeterian perspective) 안에서 작용한다고 본다. 아직 이름을 내세우기는 그렇지만, Hippelian perspective와 대비시킬 수 있다. 중심과 주변, 차원과 상호작용 등이 설계의 고려요인입니다. 대안적인 설계가능성도 내포하고 있다.

해결과제(JTBD: Job to be done) 접근도 고객을 바라볼 때, 그들이 해결하고자 하는 과제가 무엇인지를 파악하는 것을 강조하여 관점(Perspective)

의 전환을 요구한다. 생활에서 여러가지 문제를 동시에 해결하는 제품과 서비스, 프로세스를 발견할 수 있다.

현대 기업의 존폐를 가르는 것은 소비자의 선택이다. 소비자의 선택은 제품이나 서비스가 제공하는 가치와 지불해야 할 가격의 함수이다. 단순하게 가치가 가격보다 높을 때, 고객은 혜택을 경험하고 니즈를 충족하거나 문제를 해결한다. 기업의 입장에서는 가치를 높이는 것은 제품이나 서비스의 구성과 성능, 디자인 등의 혁신을 통해서 주력하고, 비용을 낮추는 것은 공정의 개선 및 혁신을 통해서 가능하다. 이러한 활동의 핵심에는 기업의 기술혁신 현상이 있고, 이를 잘 이해하고 관리하는 것은 기업가와 경영자, 중간관리자뿐 아니라 연구자나 개발자, 공정관리자 및 지식근로자에게도 중요하다.

이러한 분야는 기술경영에서 주로 다룬다. 기술과 제품, 서비스의 혁신을 효과적으로 기획, 실행, 운영, 개발하는 과정이다. 혁신(innovation)은 새로운 것을 만들어가는 과정이다. 대표적으로 창의성이 활약하는 분야이다. 새로운 아이디어들이 아주 많이 필요하기 때문이다. 결정적인 아이디어가 몇 개 그리고 수백 개 내지 수천개의 추가적인 아이디어 제안이 필요한 완성품들이 있다. 대표적인 기술 및 예술 분야의 혁신기업인 픽사(Pixar)의 경우 새로운 작품에 대한 아이디어를 감독이 일상 속에서 건져내서 제시를 하면, 이를 수많은 스태프들이 참여해서 발전시켜간다. 자동차를 좋아하는 감독이 생명력을 불어넣은 캐릭터에 이야기와 장면별 숱한 디테일들이 브레인 트러스트 과정을 통해서 완성도를 높여간다. 수천 개의 아이디어가 필요한 경우이다.

일반기업에서도 창의적인 인재를 찾고, 기업도 혁신의 중요성을 인식하고 있다. 지역간, 기업간의 경쟁은 기술혁신이 좌우하는데, 어느 지역의 기술수준을 타지역에서 넘어서게 되면 지역적인 산업와해가 진행되는 현상이 일어난다. 일본의 조선업이 일어나면서 영국의 조선업이 쇠락하고, 일본과 한국의 반도체 기업들이 혁신해서 따라잡자 미국의 인텔이

메모리 산업에서 철수한다. 인텔에 많은 조언을 주기도 했고, 연구 현장으로 삼아 자신의 역저인 『혁신자의 딜레마』를 완성할 수 있었던 클레이튼 크리스텐슨 하버드대학교 경영대학원 교수는 "혁신하지 않으면 와해당한다"고 강조한다. 이제는 와해성 혁신이 보편화되고, 초국가적인 하이퍼경쟁이 일상 속에 자리잡기까지했다. 인재를 강조하고, 지역대학에서 인재를 채용했던 삼성의 이병철 회장의 마지막 사업이 최일류 기술의 요람으로 성장한 '삼성종합기술원'이었다. 뛰어난 기술혁신으로 반도체 뿐 아니라, 휴대폰, 디스플레이 등에서도 세계 최고 수준을 견지하고 있다.

한국의 중소기업은 대기업의 공급업체로서 산업에 자리잡은 경우가 많다. 글로벌생산네트웍 상에서 1차 벤더부터 2차 벤더로 내려올수록 기술혁신에 대한 투자가 적고 부품의 적기 저가생산에 몰두해온 경향이 있다. 원가경쟁력이라고 볼 수 있지만, 기술개발과 인재개발에 대한 투자를 하지 못한 기업은 점점 시장경쟁에서 도태되는 상황을 맞이하고 있다. 원청기업인 대기업이 세계적인 산업조류에 적응하지 못하고, 기술혁신을 게을리하는 경우에는 더욱 심각한 사태를 맞이한다. 대기업의 경쟁력이 높더라도 중소기업, 중견기업 등 공급업체의 기술혁신은 매우 중요한 경쟁원천이므로 기술역량에 대한 지속적이고 체계적인 관리가 필요하다. 벤처 1세대 의료장비인 초음파 진단기를 만들던 메디슨의 사례를 보았을 때, 제품기술 혁신에서 있어서는 세계적인 수준에 이르렀다. GE 등의 글로벌기업의 제품과 경쟁할 만한 성능을 갖추고 원가경쟁력을 갖출 수 있었던 것이 인재개발과 기술개발에 대한 전폭적인 투자와 노력을 기울였기 때문이다. 제품의 불량률을 보다 낮추고, 기업의 경쟁력을 지속적으로 강화하고, 디자인 등에서도 지속적으로 개선을 한다면, 기업의 지배구조의 변화를 떠나서 의료기기 사업의 생명력을 지속가능할 것이다.

세계시장에서 소리소문없이 1,2위를 다투는 기업들 중에는 소위 히든챔피온이라고 불리는 독일기업들도 핵심에는 안정적인 경영과 기술혁신에 대한 지속적이 투자를 효과적으로 수행해왔다. 전사적인 노력을 기울여 최고경영자부터 기술혁신에 집중하는 일본전산, 교세라 등의 교토지역 기업들은 일본의 여타 기업이 저성장으로 힘들어할 때에도 빼어난 성과를 지속적으로 보여주었다. 각각 모터시장과 세라믹패키징에 있어서는 세계에서 가장 뛰어난 수준을 보여주어 글로벌시장에서 경쟁우위를 점하고 있다. 이러한 기업처럼 한국의 지역에도 초정밀기술로 세계시장에서 두각을 나타내는 중소기업들이 존재한다. 단순히 기술에 대한 투자가 아니라, 기술인재들에 대한 투자와 배려, 조직관리에서 차이가 난다. 중국기업들이 탐내는 기술력을 가진 기술인력을 획기적인 연봉인상으로 스카우트해서 데려가려는 시도를 해도 떠나지 않는 사례에서 볼 때, 기술혁신역량은 조직관리 역량이 뒷받침이 되어야 함을 알 수 있다.

혁신을 기반으로 하는 혁신은 세계적으로 그 강도와 범위가 확대되고 있다. 이에 따라 기업경쟁에서 기술의 전략적 중요성이 높아지고, 기술의 확보 및 관리, 활용 등 '기술혁신'에 기반을 둔 전략 및 경영에 대한 관심이 높아지고 있다. 기술혁신은 기업에서 일어나지만, 시스템적으로 연구소와 대학, 정부기관 등 상호작용하여 일어난다. 기술혁신의 결과물은 우리의 일상에서 늘 접할 수 있다. 시내를 지나가다가 보게 되는 전기자동차, 지문인식이 되는 최신핸드폰, 무선 이어폰, 심지어 편의점에서 판매하는 도시락도 각 분야의 혁신에 의해서 가능하다. 이제는 극장에도 OLED 대화면을 설치하여 감상하게 하고, 청소를 할 때에도 무선으로 된 경량 청소기로 편안하게 할 수 있다. 비오는 날에도 빨래를 말릴 수 있고, 정수기에서 얼음버튼을 볼 수 있다. 휴대폰에 검색이나 예약을 말로 지시할 수도 있다. 고객의 입장에서 일상생활 속의 기술혁신은 매우 일반적인 현상이다. 물론 세대에 따라서 기술혁신에 대한 수용도는 달라질 수 있고, 분야에 따라서 자신이 기술트렌드를 꿰고 있는 경우도 있다.

혁신을 추진하는 노력은 대기업이 투자여력이 많기 때문에 연구소를 만들어서 기술개발 투자를 많이 하고, 특허 등 지적재산권을 확보하는 노력을 체계적으로 한다. 동시에 벤처, 신생벤처인 스타트업 등 기술기반

신생 중소기업들은 기술혁신이 아니면 생존 자체가 불가능하다. 대기업은 여유로움과 경쟁력을 위해서, 중소기업은 생존 자체를 위해서 기술혁신을 해야 하는 것이다. 뿐만 아니라, 자신이 기술트렌드를 꿰고 있는 제품사용자가 기술혁신을 하기도 한다. 이는 기존 시장에 제대로 된 제품이 없다고 생각하는 경우 기존과는 완전이 다른 신규제품을 제안적으로 개발하는 현상이 있다. 따라서, 혁신적인 진보는 대기업 뿐 아니라, 신생 벤처들, 선도적 사용자에 의해서 주로 일어난다.

매우 장기적이고 기초적인 기술개발은 대기업도 투자로 장기적인 계획에 의해서 진행을 하지만, 전통적으로 공공 연구기관에서 정부지원을 받은 국책연구소에서 다양한 프로그램과 프로젝트로 수행해왔다. 대전의 화학연구소, 기계연구소, 생명과학연구소 등 대덕밸리가 대표적인 연구단지이다. 전국 각지의 산업단지에 이와 연계된 연구소, 분원이 협업하면서 산업계의 기술혁신을 추인하고 있다.

혁신의 과정은 산업수준에서 거시적으로 바라볼 수도 있지만, 이러한 현상은 개인수준, 기술수준에서 미시적으로 일어나는 미시토대(micorofoundation)들이 뭉뜨그려진 장면들이다. 기술혁신 과정은 프로젝트 단위로 체계화된 현상으로 파악할 수도 있고, 보다 본질적으로 인간의 창의적 과정에서 살펴볼 수도 있다. 개인과 집단의 창의성과 기존의 기술기반을 바탕으로 프로그램 혹은 프로젝트 단위로 진행이 된다. 기술혁신을 제대로 수행하기 위해서는 기술혁신의 원리를 이해하고, 이를 바탕으로 조직의 프로젝트팀과 조직의 구조, 문화, 운영방식의 변화가 요구된다.

기술전략의 수립 및 실행에 따르는 제반 의사결정과정과 경영 현안들을 분석하며, 적절한 혁신관리 방법들을 학습하는 것은 혁신조직을 만들고, 혁신자로서 성장해갈 수 있는 기초이다. 기술혁신의 이해는 동태적인 양상에 대한 부분과 다양한 구성요소에 대한 시스템적 관점을 확립해야 가능하다. 각 시장별로 주어진 환경이 다르므로, 이에 대한 분석과 4차 산업혁명 등 메가트렌드 뿐 아니라, 경쟁기업과 초경쟁기업들의 기술혁신 상황을 파악하고 이에 대응할 수 있는 지속가능한 기술전략을 수립할 수 있어야 한다. 어떤 기술을 언제까지 어느 수준으로 확보해야 하는가에 대한 목표를 세웠다면, 이를 가능하게 하는 혁신역량을 개발하고 확보해야 한다. 이 모든 과정은 환경과 자신, 방법에 대한 조직학습과 메타학습의 과정이다. 가장 중요한 것은 혁신조직을 구성하고 서로 효과적으로 협업할 수 있도록 경영하는 것이다. 혁신은 기본적으로 다양한 지적, 미적, 기술적 역량과 관점을 요구하므로 이를 반영하는 구성원들이 진정한 조직을 이루는 작업은 매우 중요하다. 자신들의 차이를 허심탄회하게 표현할 수 있어야 하고, 서로의 생각들과 지식, 느낌들이 교류하고, 새로운 관점과 지식을 만들어가야 새로운 솔루션을 만들어낼 수 있다. 서로의 아이디어를 인정하고 차이를 존중하는 기본적인 혁신윤리를 갖추어야 한다. 원래 진리라는 것이 보편적이고, 보다 또렷히 전체 그림을 그리고 새로운 솔루션을 개발하는 과정에서 지적 공유 과정이 매우 중요하다. 진리탐구 과정인 연구의 결과물도 경제적인 보상체계 마련을 위해서 지적재산권으로 보호받는 것처럼, 구성원들의 아이디어를 인정하는 원칙이 꼭 필요하다. 동시에 협력을 통해서 이룬 혁신 성과에 대해서는 참여한 혁신자들이 공헌에 대한 보상과 인정을 누릴 수 있도록 하는 인센티브 체계는 지속가능한 혁신조직에서 기본적인 기제이다.

## 제2절 사용자 관점과 혁신여정

혁신경영은 플랫폼에서 관점(Perspective)으로 그 중요성이 확대되고 있다. 플랫폼이 단순한 기술 플랫폼에서 양면 시장에 맞는 고객과 공급자의 플랫폼이 되는 것처럼, 혁신은 생산자 혁신에서 사용자 혁신으로 확대 및 전환되는 현상을 볼 수 있다. 게임업계에서 게임을 좋아하는 개발자가 훌륭한 사용자경험을 가진 게임을 제작할 수 있을 가능성이 높다. 트레바리와 같은 독서모임 사업은 독서회원이 보다 나은 서비스에 대한 감각과 아이디어를 보다 적절하게 제시할 수 있다. 건축도 자신의 생활방식에 대해서 스스로 파악하고 있고 건축의 언어를 이해한다면 자신이 짓는 집이 자신에게 보다 비용대비 효익을 높일 수 있을 것이다.

[그림 11-2] 혁신여정에서의 과정과 구성요소

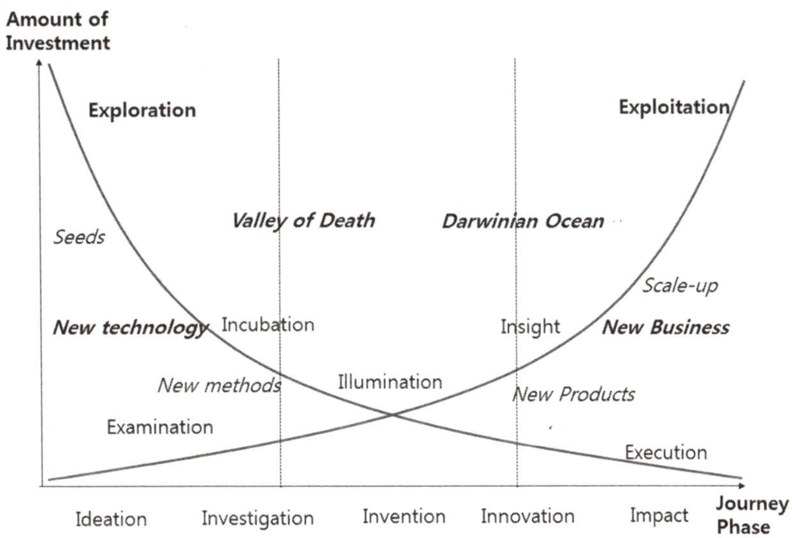


혁신의 과정은 아이디어를 내고, 조사하고, 발명하는 과정에서 죽음의 계곡을 건너야 한다. 새로운 아이디어들을 배태하고, 리뷰하는 과정에서 새로운 조망(Illumination)은 매우 중요한 현상이다. 혁신의 대가들이 중요한 발견들을 의미하기도 하고, 작은 통찰들을 의미할 수도 있다. 혁신이 출시되면 시장에서의 경쟁을 피하기 어렵다. 물론 소비자와 끈끈한 생산자-소비자의 공동체가 형성되어 있고, 팬덤과 덕후질의 지원을 받는다면 시장에서 상당히 안정적인 지위를 누릴 수도 있을 것이다. 초기에는

탐험적인 노력이 많지만 일단 혁신이 수용되면, 이를 강화하는 활용적인 혁신이 이루어지고 고착화되거나 경직될 수 있다. 신생사업체(New business)가 어려움을 겪는 것은 기술개발뿐 아니라 규모를 늘리기 위해서 안정적인 설비와 체계를 갖추는 일이다. 반대로 체계와 규모를 갖추게 되면 잃기 쉬운 능력이 탐험능력이라고 할 수 있다.

애플의 아이폰처럼 가장 높은 수준의 안목을 가진 사용자로서 제품을 대하는 경우 가장 높은 수준의 혁신을 견인할 수 있다. 사용자의 관점을 이해하되, 두루뭉실한 평균적인 경향도 정보가 없는 것은 아니지만, 대표적이거나 까다로운 고객의 관점에서 제품과 서비스를 평가할 수 있고, 개선할 수 있다면 훨씬 성공적인 혁신을 해낼 수 있을 것이다.

혁신의 생태계는 연구자의 커뮤니티에서 닫히는 것이 아니고, 사용자의 커뮤니티와 연결되어 확대되고 있다. 심지어 다양한 기업들에 투자를 해본 벤처투자자도 혁신 아이디어를 많이 접하는 위치에서 보다 적확한 혁신을 선별하고 추진할 수 있는 잠재력을 가지고 있다. 이들은 새로운 사업을 일구어낼 수 있는 기업가적 잠재력을 보여주는 것이다.

새로운 시대에는 관점을 바꿀 수 있는 능력이 개인과 조직에게 중요해질 것이다. 누구나 혁신자가 될 수 있고, 혁신적 연구를 할 수 있다. 가장 중요한 것은 문제에 대한 시각이다. 이를테면 고객의 관점을 이해하는 것이 더욱 중요해진 것이다. 새로운 아이디어를 제안하는 것은 누구나 할 수 있는 일이고, 우리는 늘 새로운 상황, 아무리 정체되어 있어서도 완전히 동일한 순간은 없기 때문에 우리는 늘 새롭고 새로워져야 한다. 보다 일상생활 속에서 여러가지 측면을 새롭게 디자인할 수 있는 기회는 늘 있다. 집안 가구의 배치를 바꾸는 것은 일종의 아키텍쳐 혁신이라고 할 수 있다. 가구를 바꾸거나 살림살이를 바꾸는 것은 모듈혁신 혹은 부품혁신과도 같다. 다만 그것이 기업현장에 일어나지 않고 일상의 개인공간에서 일어나는 점이 다를 뿐이다. 혁신을 사용자 입장에서 보는 것은 매우 중요한 일이다.

MIT의 폰 히펠 교수가 30년 넘게 강조해온 점이기도 하고, 농업기계, 공작기계, 스포츠 기기, 의료기기, 설계 도구 등 다양한 부분에서는 시장에서 획기적인 혁신을 사용자가 해내기도 했다. 서비스 분야에서도 고객의 입장에서 보는 것은 매우 중요하다. 서비스를 이용하다가 '만일 내가 하면 이보다 잘 할 수 있겠다'는 확신을 주는 실망스러운 상황에서 창업을 결심하는 기업가도 있지 않은가. 대표적으로 버진 아틀란틱으로 저가항공사로서 매우 성공적인 서비스를 제공한 계기가 항공 서비스에서 겪은 불편 덕분이다.

사용자의 입장에서 보는 것은 첨단제품에서도 매우 중요한데 게임을 좋아하는 창업자가 좋아하는 스토리를 찾아서 이를 롤플레잉 게임으로 만들어서 성공하는 경우도 있다. 인터넷 상의 사이트들의 랭킹을 매기고, 데이터베이스화하는 연구를 하다가 창업하는 구글도 사용자 관점이 매우 중요한 서비스이다. 당시 박사과정이던 래리 페이지와 세르게이 브린은 기존 검색엔진보다 뛰어난 제품을 만들었지만 창업할 생각은 없어서 기술판매를 하려고 했지만 야후나 알타비스타 등 기존 기업에서 매입할 생각이 없었다고 한다. 기존 기업은 이 경우 사용자의 관점에서 가장 중요한 것이 검색시간과 관심 결과물의 출력이라는 단순한 성능지표일 수 있음을 간과하는 오류를 저지른 것이다.

사용자적 관점에서 가장 까다롭고 섬세한 감각으로 제품을 품평하고 혁신을 주도할 경우 보다 고객에게 환경받고, 간혹 팬덤 현상까지 생기기도 한다. 가전제품을 만드는 기업의 경우, 가정주부가 기존의 청소기가 불편하고 자신의 문제를 해결해주지 못해서 발명을 하고 이를 사업화에 성공한 기업이 있다. 가정주부는 아니지만, 가정주부가 제품을 사용할 때의 사용느낌을 테스트하고, 보다 경량으로 편리하고 세련되게 만드는 노력은 최고경영자부터 개발자까지 가져야 할 자세이기도 하다.

조직의 중심에는 리더가 있다. 리더는 책임, 방향, 전략, 공감, 소통, 그 모든 중심에 있고, 그 중심의 역할을 하기 위해서는 말단에서, 전방에서, 후방에서 무슨 일이 일어나는지 모두 알 필요가 있다. 하지만, 순식간에 벌어지는 일들은 모두 알 수 없고, 전방위로 일어나는 일을 동시에 처리할 수는 없고, 그래서는 돌아가지 않는다.

**팀학습활동… 혁신자와 혁신사례조사**

1. 가장 좋아하는 혁신은 무엇인가? 어떤 혁신을 앞으로 하고 싶은가? 구글 데스크탑, i-pod, i-river, 메가TV, 페이스북, 사이월드, 온라인 증권사, Yes24, Tistory, Lineage I-II, Web 2.0, Navi 등등
2. 혁신자는 어떤 '문제/니즈'를 '해결/충족'하는 솔루션을 개발하였는가? 혁신의 동기와 솔루션의 내용은 무엇인가?
3. Pixar에서는 물리적인 연기(Acting)가 아니고, 디지털화된 세트와 배우들을 통해서 영화를 구현하고자 했다. 이를 통해 토이스토리, 벅스라이프, 니모를 찾아서, 카, 월-E, 인크레더블, 몬스터 주식회사 등을 연속된 히트작을 제작하게 된 동기, 스토리의 원천, 아이디어 회의, 캐릭터의 개발, 3D 애니메이션 기술혁신, 창의적 방법론 등을 알아보자.

# 제12장 진정한 기업가정신

## 제1절 생태적 경영지표

진정한 기업가정신은 어느 분야, 어느 누구에게나 있는 것이다. 그것은 자신의 진정성, 기회의 진정성, 문제의 진정성, 가치의 진정성, 진정한 관계에 기반한다. 그것은 작아도 강하다. 혁신, 새로운 시도, 위험을 내포하고 있다. 그러한 속성이 있지만, 환경에 적정한 수준으로 발휘되는 것이 중요하다. 능력이나 성향이 있다고 해서, 늘상 그렇게 행동해서는 적절하지 않다. 언제, 어떻게, 세계의 선, 자신의 시공간에 대한 필드, 장이 서로 상대적이라는 것, 같은 사건이라도 완전히 다른 시각에서 읽힌다는 것이다.

혁신여정의 도착지인 지속가능한 플랫폼을 보유한 혁신생태계는 다양한 구성요소들과 지표로 경영한다. 생태계적 경영을 위해서는 전체적인 구성요소들을 파악하는 전일적인 관점(Perspective)과 분석적인 관점이 모두 필요하다. 세부적인 관리에 있어서는 분석에 의한 지표화를 진행해야 한다.

[그림 12-1] 지속가능한 경영모델: SHIPS

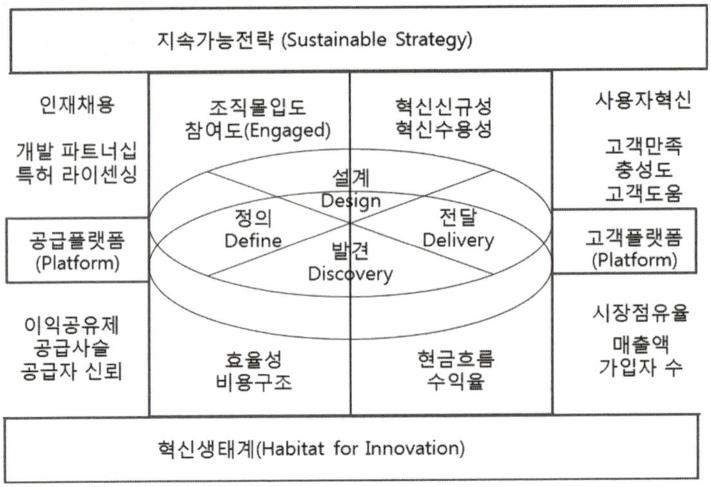


〈표 12-1〉 지속가능한 사업진단표

| 평가차원 | 진단지표 | 평가차원 | 진단지표 |
|---|---|---|---|
| 전일적 관점<br>(Holistic Perspective) | 사업의 특성(ARCH)<br>환경특성(VUCHA)<br>지속가능 경쟁우위<br>일시적 경쟁우위 | 지속가능 관점<br>(Sustainable perspective) | 탄소배출량 및 탄소배출권<br>기후조약 준수(UNEP)<br>하천방류수질<br>환경경영 투자 |
| 운영적 관점<br>(Operation perspective) | 프로세스 연결성<br>프로세스 자동화<br>재고관리 및 납기<br>품질 및 불량비용 | 사회적 관점<br>(Social perspective) | 사회적 책임투자 규모<br>사회공헌활동<br>노경봉사활동<br>사회기부활동 |
| 혁신 관점<br>(Innovation perspective) | 신사업모델 개발<br>신제품 및 신서비스 개발<br>신규 플랫폼 개발<br>신기술 탐색 및 라이센싱<br>신기술 및 부품개발 | 생태계적 관점<br>(Habitat perspective) | 고객플랫폼 유효성<br>공급자플랫폼<br>조직간 관계<br>외부조직 투자<br>이해관계자 관리 |
| 조직 관점<br>(Organization perspective) | 혁신적 조직문화(LEAPS)<br>수평적 조직재설계(협업)<br>유연한 팀형성(Teaming)<br>다양성과 갈등관리 | 재무적 관점<br>(Financial perspective) | 매출규모<br>매출성장<br>수익률(자산, 매출대비)<br>부채비율(자본 vs.대출) |
| 인사 관점<br>(HR & Leadership perspective) | 인재특성(FOREST)<br>인재개발 및 교육훈련<br>노경관계의 파트너십<br>진정한 리더십과 팔로어십<br>공정한 평가와 적절한 보상 | 고객 관점<br>(Market and customer perspective) | 브랜드 자산<br>고객 충성도<br>고객참여 수준<br>고객중심 혁신 |

플랫폼(ㅍ)의 중요성이 확대되고 있다. 완전한 플랫폼은 고객의 여정과 혁신여정을 품고 있다. 진정한 혁신여정은 메타여정의 과정을 받치고 있는 진정한 리더십의 자기인식과 자기학습, 풀고자 하는 고유한 문제를 가지고 있다. 이를 해결하기 위한 비전을 종착지로 두고 혁신여정을 고객 관여도에 따라 다양하게 전개한다.

[그림 12-2] 지속가능한 경영모델과 진정한 기업가적 여정 <<<<<<<<<<<<<<<<<<<<<<<<<<

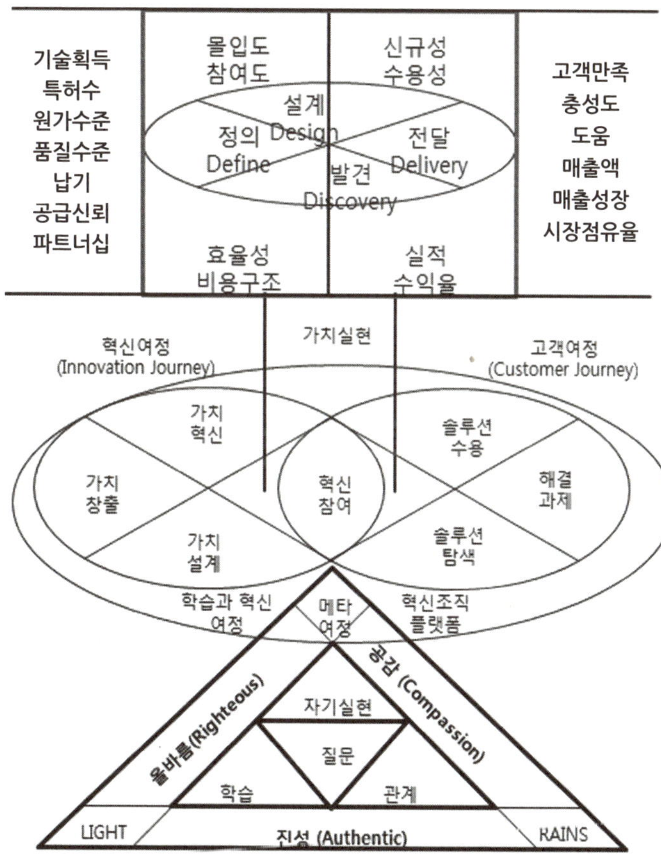


<<<<<<<<<<<<<<<<<<<<<<<<<<<<<<<<<<<<<<<<<<<<<<<<<<<<<<<<<<<<<<

## 혁신과정 심층 사례연구: 진정한 교육혁신

가 사례) 학습하는 과정에서 혼자 공부하는 것보다 함께 하는 것이 나을 때가 있다. 특히 새로운 복합적인 전문지식들의 경우는 혼자서 제대로 소화해내기 어렵다. 신씨는 친구들과 함께 독서클럽을 만들기로 했다. 매달 한 차례씩 모여서 미래를 예측하고 대응할 수 있는 경영방식에 대한 책들을 한 사람이 발제를 하고 나머지 회원은 질문과 토론을 하는 방식이었다. 수년간의 모임을 통해서 세미나식의 독서모임을 통해서 지적인 성장을 이룰 수 있었다.

나 사례) 임씨와 종씨는 학자로서 자신의 지평을 넓혀가고자 통섭적 연구모임을 만들었다. 인문계와 과학계의 인맥들을 각각 모아서 학술적인 커뮤니티를 만들었고, 이를 통해서 철학, 언어학, 생물학, 미학, 물리학, 경제학, 경영학, 인류학 등 다양한 분야를 섭렵할 수 있었다. 특히 최근의 신경과학과 인간의 언어능력의 발달에 대한 내용이나 복잡성과학에 대한 부분은 여러 분야에 적용성이 높은 통섭의 핵심에 자리한 학문이었다. 이를 통해서 각자의 학문과 개발영역에 도움을 얻을 수 있었다.

다 사례) 정보통신기업에서 근무하다가, 모바일 혁신을 접하면서 퇴사하여 창업을 진행하였다. 다양한 아이템을 모색해보다가 잘 되지 않았다. 결국 자신의 성공경험 중에서 학창시절 독서모임을 떠올렸다. 독서모임을 통해서 친목을 다지고, 지적으로도 성장할 수 있는 경험을 서비스로 구현해보고자 하였다. 독서모임으로 시작하여, 회원들을 사원으로 채용하는 방식으로 사업을 확대일로에 있으며, 독서모임에서 문화예술 이벤트 등 다채로운 삶의 솔루션을 제공하는 사업으로 플랫폼이 진화하고 있다.

1. 각 사례에서 혁신의 내용은 무엇이고, 혁신에 참여한 사람들은 어떤 이들이며, 어떤 과정으로 혁신이 실현되었는가?
   - 혁신의 기회 포착은 어떻게 했는가?
   - 혁신에 필요한 역량/솔루션 정보들은 어떻게 구축했는가?
   - 혁신과정에서 가장 힘든 난관/어려움은 무엇이었는가?
   - 힘이 되어준 사람과 파트너들/조직은 어떻게 구성/운영하였는가?

2. 교육 및 학습분야에서 앞으로 필요한 차세대 솔루션은 어떤 것이라고 전망하는가? 이를 실현하기 위해서는 어떤 전략을 어떻게 진행하면 되겠는가?
    - 현재 시장 내에서 각축하는 솔루션들은 어떤 것들이 있는가?
    - 향후 시장의 요구수준과 사양은 어떻게 바뀌어갈 것인가?
    - 차세대 솔루션을 개발하기 위해서는 어떤 기술역량이 필요한가?
    - 이를 개발/획득/실현하기 위해 어떻게 준비해 가야 하는가?

3. 다른 산업에서도 분야의 사업혁신들을 찾아보고 비교분석해보시오.
   조선산업에서의 특수선과 플랜트 사업: 삼성중공업 vs. 대우조선
   패션산업: Marks &S pencer vs. 이랜드, 루이비통 vs. 구치
   인터넷: 구글(Google), 애플(Apple), 페이스북, 아마존,
   공유경제: Uber vs. Lyft, Air B&B vs. Marriot

## 에필로그　미완의 여정과 긍정

교육혁신 여정은 강의실의 플랫폼에서 학습자의 관점(Perspective)을 기억하고, 경청하면서 이루어졌다. 전공 수업을 들으면서, 과연 이 지식들을 나중에 어디에 쓸까하는 회의가 밀려듦과 동시에 점점 복잡해지는 수식에 두뇌가 경직되어가는 느낌이었다. 어쩌면 이 두뇌가 물리학의 복잡한 수식을 받아들이기에는 충분한 그릇이 아니었을 수도 있지만 학습자와 교육과정 자체에서 어떤 괴리감들이 존재한 것은 확실하다. 아인슈타인과 같이 일상의 상대성(Relativity)으로 자신의 이론을 아주 쉽게 설명하면서 우주 공간의 휘어짐을 설명하는 장이론을 만들어낸다면 가장 이상적일 것이다. 과학적 창의성의 토대는 경제학 뿐 아니라 다양한 사회과학의 토대가 되었고, 학문적 신뢰성의 근거가 되어왔다. 다만, 객관적인 지식에 대한 추구는 사물과 관찰자, 인생과 주인공을 괴리시킬 뿐 아니라, 지식을 직접 시연하지 못하는데서 오는 답답함을 가져왔다. 학문의 방법론을 자신의 인생에 적용하고, 배운 지식을 관심을 갖고, 활용하고, 적절함과 자신감을 얻을 수 있었다면 매우 고무되어서 계속 물리학을 공부했을 것이다.

하지만, 공부할수록 정신세계는 물질과 에너지, 수식으로 가득차고, 내면적 학습여정은 황폐한 풍경으로 접어들어갔다. 지능과 문제풀이 능력의 경쟁으로는 창의적인 학자를 길러내는데 충분하지 못함에도 그 이상의 인간적 잠재력을 끌어내는 성과를 아직 보여주지 못하고 있다. 스스로 관심있는 주제에 대해서 연구를 해야 한다. 바퀴를 다시 발명하는 아마추어적인 실수를 하더라도, 생성하는 지식체계를 구축해가는 과정으로 보면 괜찮다. 문제는 바퀴 자체의 원리에 대해서만 설명하고 바퀴를 발명하는 과정과 사고의 방법을 가르치지 않는데서도 비롯된다. 창의성의 방법론은 그래서 비결처럼, 신기루처럼 주어지지만, 분명한 것은 질문을 던지고 답변하고, 답을 알아채는 인간의 능력이 있다는 것이다.

지금까지 다뤄온 모든 이야기들은 종합할 수 있는 표상체계를 찾는 일은 어려웠다. 아인슈타인이 수학자들에게 물어가면서 자신의 수식을 찾듯이, 언어와 기호 속에서 인생의 여정의 상태와 과정에 대한 표상체계를 나름 정리해보았다.

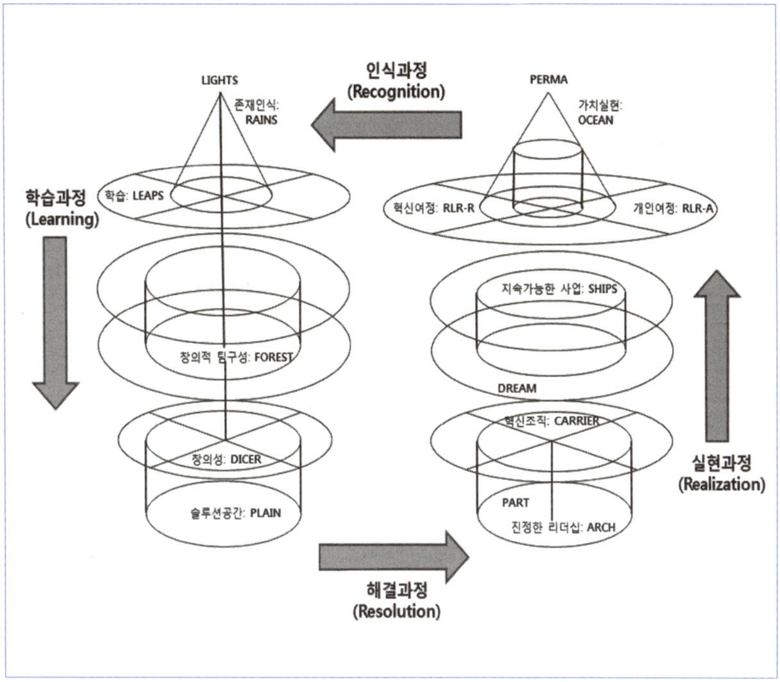


▲ 지속가능한 경영모델

그리스철학의 큰 스승인 소크라테스의 가르침처럼 "가르치기보다 생각하도록 하라"는 방식이 학생들에게 보다 나은 학습여정을 선사할 것이다. 치열하게 연구하고 공부하였지만 부족한 모습 그대로 진정한 경험과 성찰과 지식을 조직화하고, 인생과 경영의 여정 전반을 생각하도록 책을 구성하였다. 여전히 풀리지 않은 문제와 실천방안들의 다양성을 다 담지 못한 아쉬움이 있다.

인생의 양상과 현상적인 측면은 물리학적 접근이나 생물학적 접근 등 자연과학으로 모두 성찰하기 어렵고 철학적인 물음과 역사와 문학적인 섬세함으로 다가가야 내밀한 모습을 조금이나마 더 살피고 담을 수 있다고 생각했다. 이러한 접근 연구에 있어서 객관적인 지식을 추구함으로 보편성을 갖는 것 못지 않게, 현상의 표층 밑에 있는 원인들과 조건들의 작용을 설명하는 원리(Principle)와 진실(Verity)에 대한 진실한 접근(Authentic approach)과 가장 인간적인 현상인 인생경험과 현상들에서의 올바르고(Righteous) 보다 완성되고 성숙된 모습을 추구하고자 한다. 현재 경영학이 당면한 도전은 지적인 측면에서의 완성도를 높여가고 예측력을 높여가는 한편, 현장의 한계를 인식하고 보다 나은 모습을 상기시키고 이끌어가는 역할을 해야 한다. 이러한 움직임은 금융위기 이후 자성의 목소리를 높이는 대표적인 경영대학원들, 하버드, 버클리대학교의 하스 경영대학원, 콜롬비아 경영대학원 등에서 들려온다. 경영의 진정한 의미에 대한 공감(Compassion)과 섬세하고 복잡다단한 측면들을 소외시키지 않는 전일적(Holistic) 접근의 연구를 하고자 했다.

경영의 체계적인 측면과 경쟁우위의 추구는 생존에 대한 것이기에 소홀히 할 수 없는 것이지만, 그 이상의 보다 성숙하고 창의적이고 윤리적인 본연의 인간성의 실현도 가능하다. 혁신조직을 통해 보다 나은 번영을 위한 지속가능한 혁신을 담아내고, 방안을 찾는 경영을 지속해야 할 것이다. 다양한 환경에서 서로 다른 현상들로 나타나고 복잡하고 변화무쌍하고 복잡해서 지금 어디에 있는지 정확히 파악하기 힘든 경영환경(DUCI: Dynamic, Uncertain, Complex, and Indeterminate)이다. 불확실성과 불확정성으로 네 가지 사업환경에 대해 여덟가지 조직 여정의 양상을 살펴보았다. 가장 우선한 것은 우리 자신의 진실과 처해있는 상황과 환경에 대한 파악이다.

새로운 환경변화에서 진정성을 잃지 않고, 목적을 찾아서 여정을 목적지에 이르게 하기 위해서는 메타인지와 메타여정의 과정을 통해 가능하다. 자신의 상태(RAINS)가 어떠한지를 제대로 하고, 주변 조직들이 어떤 숲의 경관(FOREST)을 보여주는지를 파악해야 한다. 개인의 입장에서는 자신의 숲에 적응하거나 새롭게 숲을 만들 수밖에 없다. 조직이라는 숲 혹은 내적 여정을 통해 경험하는 내적인 풍경의 숲은 여러 관계의 장(Relationsal Field) 혹은 들판(Plain: Planes of Leadership, Agglomeration, Investigation, and Negotiation)이라는 세계 안에 있다. 다양한 리더와 모임들, 지적인 검증과 감정적인 대립과 중화가 일어나는 영역들이 존재한다. 우리는 들판을 헤매다가 강의 흐름(STREAMS)을 찾아서 대양으로 가는 길을 알게 된다. 강줄기로 막힌 길은 도약(LEAPS)하거나 주사위를 던지듯(DICER) 확률적 과정(Stochastic process)으로 건널 수 있다. 주로 우리는 잘 닦여진 트랙을 질주하는 경주에 참가하고, 험한 산으로 탐험을 가거나, 먼 바다로 항해를 떠나려 하지는 않는다. 하지만, 폭풍우가 불어오는 바다로 마침내 나갈 수 밖에 없는 상황이 되었다.

갑자기 열대성 폭우와 폭염이라는 날씨의 변화로 다가온 기후 변화라는 전지구적인 도전과 세계적 불황과 전쟁의 위협들 앞에서 우리의 역사가 어디로 갈 것인지, 이 사회가 어떤 모습으로 나아갈 수 있을지 질문하고 답을 찾기 위해 고민하고 이야기할 것이다. 이러한 매우 큰 문제를 한꺼번에 해결하지 못할 때는 함께 고민을 나누거나, 고민을 작은 고민으로 나누어야 한다. 어떤 경우이든 크든 작든 우리가 살아가는 과정에 절실하고 필요한 연구를 실제 하는 것은 힘들지 모르나 의미있고, 긍정적인 인간적 노력이다. 누구든 연구를 할 수 있고, 학문의 길에서도 서로 보완하는 숲같은 학습조직 공동체를 만든다면 보다 빨리 멀리, 깊이까지 탐험여정을 갈 수 있다. 시간적으로 공간적으로 멀리 있어도 함께 하고 공명하고 신뢰하는 관계(PART: Presence, Attunement, Resonance, Trust)가 있는 것은 관계적 존재인 인간에게는 필수적이다. 학문의 길에서도 문제를 함께 인식하고 공명하는 이들이 있기에, 어지럽지 않게 길을 갈 수 있다. 그렇게 자신에게 진실하고 인간의 문제를 공감하고, 올바른 해결책을 찾고, 생태계적 고려를 하는 학문의 길(ARCH scholarship)을 가면 함께 번영할 수 있는 보다 나은 결실을 기대할 수 있을 것이라 제안해본다. 비록 부족하다 해도 그 조차 자신의 모습이기에 고백처럼 나누고, 덕담처럼 독후감을 듣고 싶다. 단지 읽고 마치는 것이 아니고, 도약을 위한 학습을 실행해보고, 함께 진정한 학문하는 학습의 경험을 나누었으면 한다.

진정한 학문의 길은 몰입의 학문(Engaged Scholarship)을 하는 것이기도 하다. 의사가 환자를 치료하듯이 경영 현장의 문제들과 고통을 공감하고 부족하더라도 해결하고자 노력하는 자세가 필요하다. 실무자들과 함께 다른 분야의 연구자와 함께 문제를 풀어가야 한다. 인생과 사회, 사업조지, 환경의 변화는 어느 한 전공으로 풀 수 없다. 분과 학문의 타당성은 보다 큰 문제를 나눠서 풀고, 그 후에 함께 모여서 답을 맞춰서 원래 풀고자 한 보다 큰 문제(Bigger Problem)을 함께 해결할 것이라는 전제에 기반한다. 우리의 학문적 한계를 인식하고 서로에게 배우고 함께 해결해야 한다. 함께 하는 진정한(ARCH) 문제인식-조직학습-문제해결(RLR: Recognition- Learning-Resolution)의 과정은 학자의 배(Scholarship)를 미지의 영역으로 이끌어가는 과정에서 절실히 필요하다. 현장의 경영자인 대학원생들과 사회의 경영의 일원이 될 학부생들이 함께 어울리고, 과학, 공학, 인문사회, 예술 분야의 다양한 전공자들과 실무자들이 보다 나은 사업조직을 실현하길 바란다. 기술적으로, 조직적으로, 도덕적으로, 가치실현적으로 보다 새롭고 나은 혁신조직을 실현하길 바라 마지 않는다.

학자와 교육자로서 현장에서 절실하게 느끼는 교육과 연구의 혁신을 위한 도정을 가고 있고, 그 중간의 보고를 공유하는 차원에서, 어쩌면 마지막일지도 모를 내밀한 이야기들을 다양한 형식으로 담았다. 어떤 내용과 형식이 더 와닿았을지 모르지만, 혹시 도움이 되는 부분이 있었거나, 수정하고 보완해야 할 내용이 있으면 언제든지 허심탄회하게 연락을 주면 진정 고맙겠다. 다시 한번 지금까지 인내심으로 이끌어주신 교수님, 선생님들과 선배님들, 동료들, 누구보다 존재자체 만으로도 자성과 노력을 채찍질 하는 학생들에게 감사의 마음을 전한다. 어떠한 효도로도 갚을 수 없는 은혜로 인생의 여정을 열어주시고 가르쳐주신 부모님을 위해 지켜야 할 가치가 생겼고, 인생의 도전을 맞이한 아이들과 학생들을 보면서 바꾸어야 할 목표들이 생겼다. 과거와 미래를 아름다운 아치형의 곡선으로 이어주는, 진실을 추구하는 진정한 학문은 중립과 중용과 중도의 길이기도 하다. 좋은 교육자의 길을 가길 바라는 어릴적 자기자신과 인생의 이해관계자 분들의 감사의 지분과 인내하고 함께 해준 여생의 동반자에게도 사랑과 감사를 남긴다. 인간이 인간을 아프게 하는 모든 행위의 종식을 기도하고, 서로가 서로를 이해하고 인정하고 협력하여, 자신이 원하는 것을 하면서도 화합하는 상생의 공동체, 지속가능한 플랫폼의 시대의 가능성을 실현해가는데 조금이나마 도움이 되었으면 한다.

**사례탐구** **탐험(Explore): 진정한 교육혁신과 인생여정**

홍씨는 자신이 학창시절의 경험을 살려서, 보다 학습자 중심으로 수업을 운영하겠다고 결심하였다. 하지만, 팀간의 경쟁심이 지나칠 때에는 수업이 호전적인 분위기로 바뀌었다. 이는 홍씨가 원하는 수업이 아닌 것이다. 수업환경이 처해있는 사회와 경제의 양상과 규칙이 학교 조직 내에도 적용되는 것이 아닌가 하는 생각이 들었다. 이러한 현실적인 조건을 인정하고, 학생들이 진로탐색이라는 현실적인 과제를 수행하고 있다는 것을 받아들이는데 시간이 걸렸다. 보다 적극적으로 진로탐색과 취업과 관련된 유용한 정보를 제공하고자 애썼다. 과제도 보다 경쟁적이고 부담이 되지만 사회에 나가서 도움이 되는 내용들로 채웠다. 그러한 와중에 수업은 점점 원래의 취지가 퇴색되는 느낌을 받는다.

1. 교육자로서 자신의 진정성과 사회에 대한 적응성의 딜레마를 해소하는 방안은 무엇이겠는가?
2. 학습자의 입장에서 진로에 대한 걱정을 덜고, 자신의 역량을 키우면서도 보다 협력적인 숲형 인재로 성장하는 방법은 무엇이겠는가?
3. 최근 등장한 외부교육자료(OER: Open Educational Resource)들이나 교수법을 어떻게 활용하면 보다 창의적이고 몰입하는 혁신조직을 수업시간에 실현할 수 있겠는가?
4. 자신의 인생여정의 전체 과정을 아래의 그림처럼 하나의 과정으로 표현해보자.

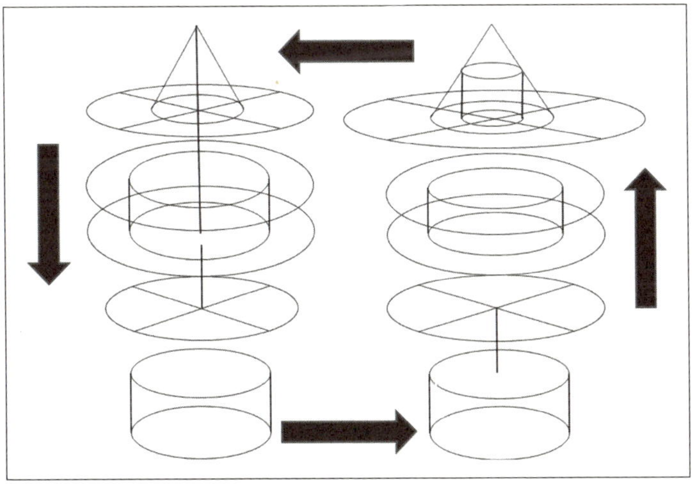

# 참고문헌


1. 김지현 (2011), “창의성 함양을 위한 접근유형별 대학 교육프로그램 탐색,” 교양교육연구, 5권, 2호, pp. 205-277.
2. 레오나르도 바르톨(2001), 스파크-집단의 창의력에 불을 붙여라, 세종서적.
3. 로버트 & 미쉘 루트번스타인(2007), 박종성 옮김, 생각의 탄생, 에코의 서재.
4. 마이코스키, 블레이크, 노진선 옮김 (2012), 탐스 스토리, 세종서적
5. 배종태 · 차민석(2009), “기업가정신의 확장과 활성화”, 「중소기업연구」, 제31권, 제1호, pp.109-129.
6. 배종태 · 차민석 · 김영환 · 이정우 (2012), “Entrepreneurial Career Stage Models: Case Studies of Successful Role Model Entrepreneurs,” 「경영학 연구」, 제41권, 제1호, pp.89-109.
7. 이병욱(2008), 아사히야마 동물원에서 배우는 창조적 디자인 경영, 국일미디어.
8. 조지프 파인2세, 제임스 길모어(2001), 고객 체험의 경제학, 세종서적.
9. 이상준 · 차민석 · 배종태 (2012) “기술이전 성과의 영향요인 및 전담조직의 역할: 국방 · 공공 연구소 다중사례연구,” 기술경영경제학회 하계학술대회, 6월29일, 제주 서귀포시 국제컨벤션센터.
10. 장대철 · 차민석 (2009), “비대칭 협상력 상황에서 협력전략 연구: 대기업-중소기업 관계의 게임이론 적용,” 「중소기업연구」, 27호, 253-270.
11. 정재용 · 황혜란 · 이병헌, 공학기술과 경영, 지호, 2006
12. 정지용 · 차민석 · 배종태(2002), “배태조직 및 창업자 특성이 벤처기업 창업과정에 미치는 영향”, 「기업가정신과 벤처연구」, 제5권, 제2호, pp.61-92.
13. 정형지 · 홍대순(2007), 제3세대 R&D 그 이후, 경덕출판사.
14. 차민석 · 김영배 · 배종태 (2009), “사용자 혁신 시스템과 정부정책”, 「기술혁신연구」, 제17권, 특별호, pp.1-36.
15. 차민석 · 배종태 (2002), “벤처기업의 성장단계와 지식활동 간의 관계분석,” 「기업가정신과 벤처연구」, 제5권, 제3호, pp.83-110.
16. 차민석 · 안상현 · 이정우 · 김영환 (2012), “청년기업가를 위한 창업지원체세 설계와 정책방안 수립,” 「기업가정신과 벤처연구」, 제15권 1호, pp.93-125.
17. 차민석 · 배종태 (2012), “신생벤처의 지식기반 성장모델과 지식전략 유형,” 「중소기업연구」, 제34권, 제1호, pp.23-38.
18. 칼레츠키, 아나톨, 위선주 역, (2011) 「자본주의 4.0」, 컬처앤스토리.

1. Abetti, P. A. (2000), "Accelerated growth: helping companies get and stay on the fast track," International Journal of Manufacturing Technology and Management, Vol. 3, No.1, pp.15-30.
2. Adizes, I. (1979), "Organizational passages - diagnosing and treating lifecycle problems of organizations," Organizational Dynamics, Vol. 8, No.1, pp. 3-25.
3. Ajimal, K. S. (1985), "Force field analysis-A framework for strategic thinking," *Long Range Planning*, 18(5), 55-60.
4. Ajzen, I. (1985), "From Intentions to Actions: A Theory of Planned Behavior. In J. Kuhl & J. Beckman (Eds.), Action Control: From Cognition to Behavior: 11-39. Berlin: Springer-Verlag.
5. Aldrich, H. E. (1999), Organization Evolving, London: Sage Publications.
6. Aldrich, H.E. (1990), "Using an Ecological Perspective to Study Organizational Founding Rates," Entrepreneurship Theory and Practice, Vol. 14, Spring, pp.7-24.
7. Ardichvilia, A., R. Cardozo, and S. Ray(2003), "A Theory of Entrepreneurial Opportunity Identification and Development," Journal of Business Venturing, Vol.18, No.1, pp. 105-123.
8. Astin, A. W. (1985). Involvement: The cornerstone of excellence. *Change,* August/July, pp. 35-39
9. Avolio, B. J. (2007). Promoting more integrative strategies for leadership theory-building. American Psychologist, 62(1), 25.
10. Avolio, B. J., & Gardner, W. L. (2005). Authentic leadership development: Getting to the root of positive forms of leadership. The leadership quarterly, 16(3), 315-338.
11. Avolio, B. J., Gardner, W. L., Walumbwa, F. O., Luthans, F., & May, D. R. (2004). Unlocking the mask: A look at the process by which authentic leaders impact follower attitudes and behaviors. The leadership quarterly, 15(6), 801-823.
12. Bae, Z.-T., M.-S. Cha, Y. Kim, J. Lee, (2012), "Entrepreneurial Career Stage Models: Case Studies of Successful Role Model Entrepreneurs," Korean Management Review, Vol. 41, No.1, pp.89-109.
13. Baumol, W. J.(1990), "Entrepreneurship : Productive, Unproductive and Destructive," Journal of Political Economy, Vol.98, No.5, pp.893-921.
14. Bosma, N., S. Wennekers, and J. E. Amorós(2012), Global Entrepreneurship Monitor 2011 Extended Report : Entrepreneurs and Entrepreneurial Employees Across the Globe, Global Entrepreneurship Research Association(GERA), Babson Park, MA10 : Babson.
15. Baker and R.E. Nelson, (2005) "Creating something from nothing: resource

construction through entrepreneurial bricolage", Administrative Science Quarterly, 50, pp.329–366.

16. Baker, A. Miner and D. Eesley, (2003), "Improvising firms: bricolage, retrospective interpretation and improvisational competencies in the founding process," Research Policy, Vol. 32, pp. 255–276.

17. Barney, J. (1991). "Firm Resources and Sustained Competitive Advantage," Journal of Management, Vol.17, No. 1, pp.99-120.

18. Baum, R. J. (1995), "The Relation of Traits, Competencies, Motivation, Strategy, and Structure to Venture Growth," Frontiers of Entrepreneurship Research, pp.547-561.

19. Baumol, W. J.(1990), "Entrepreneurship : Productive, Unproductive and Destructive," Journal of Political Economy, Vol.98, No.5, pp.893-921.

20. Beach, L. R., & Wise, J. A. (1980). "Decision Emergence: A Lewinian Perspective," Acta Psychologica, 45(1-3), 343-356. doi:http://dx.doi.org/10.1016 /0001-6918 (80) 90042-6

21. Begley, T.M. & Boyd, D.P. (1987). Psychological characteristics associated with performance in entrepreneurial firms and smaller businesses. Journal of Business Venturing, 2, 79–93.

22. Bhave, M. (1994), "A Process Model of Entrepreneurial Venture Creation," Journal of Business Venturing, Vol.9, No.2, pp.223–242.

23. Bird, B. (1988), "Implementing Entrepreneurial Ideas: The Case for Intention," Academy of Management Review, Vol.13, No.3, pp.442-453.

24. Bloodgood, J. M., Sapienza H.J., & Carsrud, A. L. (1995). The Dynamics of New Business Start-ups: Person, Context, and Process. Advances in Entrepreneurship, Firm Emergence, and Growth, 2, 123-144.

25. Brockhoff, K. and Chakrabarti, A. K., (1988), "R&D/marketing Linkage and Innovation Strategy: Some German Experience," IEEE Transations on Engineering Management, Vol. 35, No. 3, pp.167-174.

26. Brown, T. & Kirchhoff, B. (1997), "The Effects of Resource Availability and Entrepreneurial Orientation on Firm Growth," Frontiers of Entrepreneurship Research, BKERC.

27. Brug, J., van Lenthc, F. J., & Kremers, S. P. J. (2006). Revisiting kurt lewin: How to gain insight into environmental correlates of obesogenic behaviors. American Journal of Preventive Medicine, 31(6), 525-529. doi:http://dx.doi.org/ 10.1016/ j.amepre.2006.08.016

28. Burt, R. S. (1992), Structural Holes: The Social Structure of Competition, Cambidge,

MA: Harvard Business Press.

29. Cha, Min-Seok and Zong-tae Bae (2000), "Relationship between Knowledge Acquisition Activities and the Performance Along Growth Stages of Korean Ventures," Proceedings of Informs-Korms: Information and Knowledge Management in the 21st Century, Seoul, Korea, June 18-21.
30. Cha, Min-Seok and Zong-Tae Bae, "Entrepreneurial Potentiality in the Process of Opportunity Realization: Modeling and Testing of Multiple-level Emergence," Babson College Entrepreneurship Research Conference(BCERC), Babson College, Wellesley: MA, USA, June 4-6, 2009
31. Cha, Min-Seok and Zong-Tae Bae, "Toward the Theory of Venture Growth: A Driving Force and Four Growth Bases," BKREC (Babson-Kauffman Foundation Entrepreneurship Research Conference), Babson Park, MA, USA, June 4th-8th, 2003.
32. Cha, Min-Seok, and Zong-Tae Bae. (2010), "Entrepreneurial journey: Emergence from entrepreneurial intent to opportunity realization," Journal of High Technology Management Research, Vol. 21, pp.31-42.
33. Chandler, G.N. and Lyon, D.W., (2001), "Issues of Research Design and Construct Measurement in Entrepreneurship: The Past Decade," Entrepreneurship Theory and Practice, Vol.25, No.4, pp.101-113.
34. Chandler, Gaylen N. and Steven H. Hanks, "Measuring The Performance of Emerging Business: A Validation Study," Journal of Business Venturing, 1993, pp.391-408
35. Chesborough, H. (2003), Open Innovation: The New Imperative for Creating and Profiting from Technology, Boston, MA: Harvard Business School Press.
36. Christensen, C. M. (1997), The Innovator's Dilemma, Boston: Harvard Business School.
37. Cohen, W. M. and Levinthal, D. A. (1990), "Absorptive capacity: a new perspective on learning and innovation,"Administrative Science Quarterly, Vol. 35, No. 1, pp.128-152.
38. Cohen, W. M., & Levinthal, D. A. (2000). Absorptive capacity: A new perspective on learning and innovation. In Robert L. Cross, Jr & Sam B. Israelit (Eds.), Strategic learning in a knowledge economy (pp. 39-67). Boston: Butterworth -Heinemann. doi:DOI: 10.1016/B978-0-7506-7223-8.50005-8
39. Covin J. G. and Slevin D.P. (1986), "The development and testing of an organizational-level entrepreneurship scale". In Frontiers of Entrepreneurship Research, Ronstadt R, Homaday JA, Peterson R, Vesper KH (eds). Babson College:

Wellesley, MA; pp.628-639.

40. Cyert, R. M. and March, J. G. (1963), A Behavioral Theory of the Firm, Prentice-Hall, Englewood Cliffs, NJ.

41. Davenport, Thomas H. and Laurence Prusak, Working Knowledge, Harvard Business School Press, 1998.

42. Davidsson, P. and Wiklund, J. (2001), "Levels of Analysis in Entrepreneurship Research: Current Research Practice and Suggestions for the Future," Entrepreneurship Theory and Practice, Vol.25, No.4, pp.81-99.

43. Dess, G.G. & Beard, D.W. (1984). Dimensions of organizational task environments. Administrative Science Quarterly, 29, pp.52-73.

44. Dew, N., Velamuri, S. R., and Venkataraman, S. (2004), "Dispersed knowledge and an entrepreneurial theory of the firm," Journal of Business Venturing, Vol.19, pp.659-679.

45. Dodge, H. R. and Robbins, J. E. (1992), "An empirical investigation of the organizational life cycle model for small business development and survival," Journal of Small Business Development, Vol. 30, No. 1, pp.27-37.

46. Dodge, H. R., Fullerton, S., and Robbins, J. E. (1994), "The stage of the organizational life cycle and competition as mediators of problem perception for small businesses," Strategic Management Journal, Vol. 15, No. 2, pp.121-134.

47. Drucker, P.F. (1985), "Purposeful Innovation and the Seven Sources for Innovative Opportunity," in Innovation and Entrepreneurship: Practice and Principles, Chapter 2, New York: Harper and Row, pp.30-36.

48. Eisenhardt, Kathleen M. et al. (1990), "Organizational Growth: Linking Founding Team, Strategy, Environment, and Growth among U.S. Semiconductor Ventures," Administrative Science Quarterly, 35, pp.504-529.

49. Eysenck, H. J. "There is nothing more practical than A good theory" (kurt lewin) - true or false? Advances in psychology (pp.49-64) North-Holland. doi:http://dx. doi.org/10.1016/S0166-4115(08)60064-3

50. Flamholtz, E. (1995), "Managing organizational transitions: implications for corporate and human resource management," European Management Journal, Vol. 13, No. 1, pp.39-51.

51. Flamholtz, E. G. and Randle, Y. (2007), Growing Pains: Transitioning from an Entrepreneurship to a Professionally Managed Firm, New York : John Wiley & Sons.

52. Gardner, W. L., Avolio, B. J., & Walumbwa, F. O. (Eds.). (2005). Authentic leadership theory and practice: Origins, effects and development (Vol. 3). Elsevier.

53. Gardner, W. L., Avolio, B. J., Luthans, F., May, D. R., & Walumbwa, F. (2005). "Can you see the real me?" A self-based model of authentic leader and follower development. The Leadership Quarterly, 16(3), 343-372.Hayek, F. A.(1945), "The Use of Knowledge in Society," American Economic Review, Vol.35 No.4, pp.519-30.

54. Grandstrand, O. Bohlin, E., Oskarsson, C. and Sjöberg, N. (1992), "External Technology Acquisition in Large Multi-technology Corporations," R&D Management, Vol. 22, No. 2, pp.111-133.

55. Greiner, L. E. (1972), "Evolution and Revolution As Organizations Grows," Harvard Business Review, Vol. 50, No. 4, pp.37-46.

56. Gupta, Vishal. K., Yayla, A., Sikdar, A., & Cha, M.-S., (forthcoming) "Institutional environment for entrepreneurship: Evidence from the developmental states of South Korea and United Arab Emirates." Journal of Developmental Entrepreneurship.

57. Hamel, G., & Prahalad, C. K. (1989). Strategic Intent. Harvard Business Review, 67(3), 63-76.

58. Hamel, G., & Prahalad, C. K. (1994). Competing for the future. Boston: Harvard Business School Press.

59. Harris, J.D., S. G. Johnson, & D. Souder (2013). "Model Theoretic Knowledge Accumulation: The Case of Agency Theory and Incentive Alignment," *Academy of Management Review*, Vol. 38, No. 3, pp.442-454.

60. Hayek, F. A.(1945), "The Use of Knowledge in Society," American Economic Review, Vol.35 No.4, pp.519-30.

61. Hippel, E. Von. (1986). Lead users: a source of novel product concepts. *Management Science*. Retrieved from http://phttp://pubsonline.informs.org/doi/abs/10.1287/mnsc.32.7.791

62. Hippel, E. Von. (1989). Cooperation between rivals: informal know-how trading. *Industrial Dynamics*. Retrieved from http://link.springer.com/chapter/10.1007/978-94-009-1075-1_7

63. Hippel, E. Von. (1994). "Sticky information" and the locus of problem solving: implications for innovation. *Management Science*. Retrieved from http://pubsonline.informs.org/doi/abs/10.1287/mnsc.40.4.429

64. Hoselitz, B.F. (1963), "Entrepreneurship and Traditional Elites," Explorations in Entrepreneurial History, 2d ser. 1, pp.36-49.

65. Huber, G. P. (1991), "Organizational Learning: The Contributing Process and The Literatures," Organization Science, Vol. 2, No. 1, pp.88-115.

66. Katz, J. A. (1988). Intentions, hurdles, and start-ups: An analysis of entrepreneurial follow-through. Frontiers of Entrepreneurship Research, 43-57.
67. Katz, J. and Gartner, W. B. (1988), "Properties of Emerging Organizations," Academy of Management Review, Vol. 13, No. 3, pp.429-441.
68. Kazanjian, R. K. (1988), "Relation of Dominant Problems to Stages of Growth in Technology-Based New Ventures," Academy of Management Journal, Vol. 31, No. 2, pp.257-279.
69. Kazanjian, R. K. and Drazin, R. (1989), "An Empirical Test of a Stage of Growth Progression Model," Management Science, Vol. 35, No. 12, pp.1489- 1503.
70. Kazanjian, R. K. and Drazin, R. (1990), "A stage-contingent model of design and growth for technology based new ventures," Journal of Business Venturing, Vol. 5(3): 137-150.
71. Kelly, D. J., S. Singer, and M. Herrington(2012), Global Entrepreneurship Monitor 2011 Global Report, Global Entrepreneurship Research Association, Babson Park, MA10 : Babson.
72. Kim, L. (1998), "Crisis construction and organizational learning: capability building in catching-up at Hyundai Motor,"Organisation Science, Vol. 9, No. 4, pp. 506-521.
73. Kim, Y., W. Kim, and T. Yang (2012), "The Effect of the Triple helix System and Habitat on Regional Entrepreneurship : Empirical Evidence from the U. S.," Research Policy, Vol.41, No.1, pp.154-166.
74. Kirzner, I. M.(1997), "Entrepreneurial Discovery and the Competitive Market Process : An Austrian Approach," Journal of Economic Literature, Vol.35, pp. 60-85.
75. Kolb, D.A. (1974), "On management and the learning process," in Organizational Psychology, Prentice-Hall, Englewood cliffs, New Jersey, 2nd ed..
76. Kuratko, D. F. & Hodgetts, R. M (2007). Entrepreneurship: Theory, Process, Practice. Mason: Thomson South-Western.
77. Lane, Peter J. and Michalel Lubatkin, (1998), "Relative Absorptive Capapcity and Interorganizational learning," Strategic Management Journal, Vol 19, pp.461-477.
78. Lee, J. & Venkataraman, S. (2006). Aspirations, market offerings, and the pursuit of entrepreneurial opportunities, Journal of Business Venturing, 21, 107-123.
79. Levinthal, D. and Warglien, M. (1999), Landscape Design: Designing for Local Action in Complex Worlds, Organization Science.
80. Levinthal, D., & March, J. G. (1981). A model of adaptive organizational search.

Journal of Economic Behavior & Organization, 2(4), 307-333. doi:http://dx.doi.org/10.1016/0167-2681(81)90012-3

81. Levinthal, Daniel A. and James G. March (1993), "The Myoia of Learning," Strategic Management Journal, vol.14, pp.95-112.

82. Lewin K. (1943). "Defining the Field at a Given Time." Psychological Review. 50: 292–310.

83. Lewin, K. (1951) Field theory in social science: selected theoretical papers. D. Cartwright (ed.). New York: Harper & Row.

84. Lewin, K. (2008) [1946]. Resolving social conflicts & Field theory in social science. Washington, D.C.: American Psychological Association.

85. Lippitt, G. L. and Schmidt, W. H. (1967), "Crises in a developing organization," Harvard Business Review, Vol. 45, No.6, pp.102-112.

86. Low, M.B. and MacMillan, I.C. (1988), "Entrepreneurship: Past Research and Future Challenges," Journal of Management, Vol.14, pp.139-162.

87. Lumpkin, G. T., Dess, G.G. (1996). Clarifying the Entrepreneurial Orientation Construct and Linking it to Performance. Academy of Management Review, 21(1), 135-172.

88. March, J.G. (1991), "Exploration and exploitation in organizational learning," Organization Science, Vol. 2, No. 1, pp.71-87.

89. Martinelli, A. (1994), "Entrepreneurship and Management," in Smelser, N.J. and Swedberg, R. (Eds.), The Handbook of Economic Sociology, Princeton: Princeton University Press, pp.476-503.

90. McClelland D.C.(1961), "Entrepreneurial Behavior," in The Achieving Society, Ch.6, Princeton, NJ:D.Van Nostraud, 205-258.

91. McMullen, J.S. and Shepherd, D.A, (2006), "Entrepreneurial Action and the Role of Uncertainty in the Theory of Entrepreneur," Academy of Management Review, Vol. 31, No.1, pp.132 -152.

92. McMullen. J. S., & Shepherd. A. (2006). Entrepreneurial action and the role of uncertainty in the theory of the entrepreneur. The Academy of Management Review, 31(1), 132-152.

93. Miller, D. and Friesen, P. (1982), "Innovation in Conservative and Entrepreneurial Firms: Two Models of Strategic Momentum," Strategic Management Journal, 3, pp.1-25.

94. Nonaka, I. (1994), "A Dynamic Theory of Organizational Knowledge Creation," Organization Science, Vol. 5, No. 1, pp.14-37.

95. O'Farrell, P. N. and Hitchins, D. W. N. (1988), "Alternative Theories of

Small-firm Growth: A Critical Review," Environment and Planning, Vol. 20, pp.1365-1382.

96. Penrose, E. T. (1959), The Theory of the Growth of the Firm, New York: Oxford University Press.

97. Phan, P. H. (2004), "Entrepreneurship Theory: Possibilities and Future Directions," Journal of Business Venturing, Vol.19, pp.617-620.

98. Politis, D. (2005), "The Process of Entrepreneurial Learning: A Conceptual Framework," Entrepreneurship Theory and Practice, Vol. 29, No. 4, pp. 399-424.

99. Priem, R.L., Butler, J.E. (2001a), "Is the Resource-Based Theory a Useful Perspective for Strategic Management Research?" Academy of Management Review, 26, (1), pp.22-40.

100. Quinn, R. E. and Kim, C. (1983), "Organizational Life Cycles and Shifting Criteria of Effectiveness: Some Preliminary Evidence," Management Science, Vol. 29, pp.33-52.

101. Reed, R. and DeFillipi, R. (1990), "Causal ambiguity, barriers to imitation and sustainable competitive advantage," Academy of Management Review, Vol. 15, No.1, pp.88-102.

102. Roberts, M. (1999), The challenge of growth. In Sahlman, W., Stevenson, H., Roberts, M., and Bhide, A. (Eds.), The Entrepreneurial Venture, Boston: Harvard Business School Press.

103. Shilling, M. (2012), Strategic Management of Technology Innovation, McGraw-Hill/Irwin.

104. Schumpeter, J. (1912). The Theory of Economic Development. Cambridge, MA: Harvard University Press.

105. Schumpeter, J. (1934). Capitalism, Socialism, and Democracy. New York: Harper & Row.

106. Scott, W. R.(1987), "The Adolescence of Institutional Theory," Administrative Science Quarterly, Vol.32, pp.493-511.

107. Scott, M. and Bruce, R. (1987), "Five stages of growth in small business," Long Range Planning, Vol. 20, No.3, pp.45-52.

108. Senor, D. & S. Singer (2010), Start-up Nation, New York: Grand Central Publishing.

109. Shane, S. and Venkataraman, S. (2000), "The Promise of Entrepreneurship as a Field of Research," Academy of Management Review, Vol.25, No.1, pp.217-226.

110. Shane, S.(2000), "Prior Knowledge and the Discovery of Entrepreneurial

Opportunities," Organization Science, Vol. 11, No.4, pp.448-469.

111. Shaver, K.G. and Scott, L.R. (1991), "Person, Process, Choice: The Psychology of New Venture Creation," Entrepreneurship Theory and Practice, Vol. 16, pp.23-45

112. Shepherd, D. A. & Krueger, N. F. (2002), "Intentions-Based Model of Entrepreneurial Teams Social Cognition," Entrepreneurship: Theory and Practice, 167-184.

113. Smith, K. G., Mitchell, T. R., and Summer, C. E. (1985), "Top level management priorities in different stages of the organizational life cycle," Academy of Management Journal, Vol. 28, No. 4, pp.799-820.

114. Spender, J.C., "Making Knowledge the Basis of a Dynamic Theory of the Firm," Strategic Management Journal , Vol.17, 1996, pp.45-62.

115. Starbuck, W. H. (1983), "Organizations as Action Generators," American Journal of Sociology, 48(1), 91-115.

116. Steers, R. M. & Braustein, D. N. (1976), A behaviorally-based measure of manifest needs in work settings. Journal of Vocational Behavior, 9, 251-266.

117. Stevenson, H.H., M.J. Roberts and H.I. Grousbeck. (1985), New Business Ventures and the Entrepreneur, Irwin, Homewood, IL.

118. Stinchcombe, A.L. (1964), "Social Structure and Organizations," in March, J.G. (Ed.) , Handbook of Organizations, Chapter 4, Chicago: Rand McNally & Company, pp.142-193.

119. Storey, D. J. (1994). Understanding the Small Business Sector. London: Routledge.

120. Strauss, A., and Corbin, J. (1990), Basics of Qualitative Research: Grounded Theory Procedures and Techqniques, Sage Publications.

121. Teece, D. J., Pisano, G and Sheun, A. (1997), "Dyanmic Capabilities and Strategic Management," Strategic management journal, vol 18:7, pp.509-533.

122. Timmons, J., and S. Spinelli, Jr. (2009), New Venture Creation: Entrepreneurship for the 21st Century, Boston: McGraw-Hill.

123. Urban, G.L. and E. von Hippel (1988), "Lead User Analyses for the Development of New Industrial Products," Management Science, Vol. 34, No. 5, pp.569-582.

124. Van de Ven, A.H. (1986), "Central Problems in the Management of Innovation," Management Science, 32(5), 590-607.

125. Van de Ven. A. H., Polley, D. E., Garud, R., and Venkataraman, S. (1999), The Innovation Journey, New York : Oxford University Press..

126. Venkataraman, S (1997), "The Distinctive Domain of Entrepreneurship Research:

An Editor's Perspective," In: Katz, J.A. and Brockhaus, R.H. (Eds.) Advances in Entrepreneurship, Firm Emergence, and Growth, Vol.3, JAI, Greenwich, CT.

127. von Hippel, Eric (1988), The Sources of Innovation, New York: Oxford University Press.

128. von Hippel, Eric (2005), Democratizing Innovation, Cambridge MA: MIT Press.

129. Walumbwa, F. O., Avolio, B. J., Gardner, W. L., Wernsing, T. S., & Peterson, S. J. (2008). Authentic leadership: Development and validation of a theory-based measure. Journal of management, 34(1), 89-126.

130. Walumbwa, F. O., Wang, P., Wang, H., Schaubroeck, J., & Avolio, B. J. (2010). Retracted: Psychological processes linking authentic leadership to follower behaviors. The Leadership Quarterly, 21(5), 901-914.

131. Werner, C. M., Sansone, C., & Brown, B. B. (2008). Guided group discussion and attitude change: The roles of normative and informational influence. Journal of Environmental Psychology, 28(1), 27-41. doi:http:// dx.doi.org/10. 1016/j.jenvp. 2007.10.002

132. Wernerfelt, B. (1984), "A resource-based view of the firm," Strategic Management Journal, Vol.5, pp.171-180.

133. Winter, S.G. (1984), "Schumpeterian Competition in Alternative Technological Regimes," Journal of Economic Behavior and Organization, Vol. 5, pp. 287-320

134. Zahra, S. and George, G. (2002), "Absorptive Capacity: A Review, Reconceptualization, and Extension," Academy of Management Review, Vol. 27, No. 2, pp.185-203.

Stanford University (STVP) Educators Corner, http://edcorner.stanford.edu/

Kauffman Foundation: http://www.eventuring.org/, http://www.kauffman.org/

PWC Money Tree Survey: http://www.pwcmoneytree.com/

MIT Entrepreneurship Center, http://entrepreneurship.mit.edu/

Stanford Business School, Center for Entrepreneurial Studies: http://www.gsb.stanford.edu/ces/

Babson College, The Arthur M. Blank Center for Entrepreneurship: http://www3.babson.edu/eship/

Baron & Shane, Entrepreneurship: A Process Perspective (Website): http://baron.swlearning.com/

National Business Incubation Association, http://www.nbia.org/
Stanford Technology Venture Program: http://stvp.stanford.edu/
National Venture Capital Association: http://www.nvca.org/
Baylor University, John F. Baugh Center for Entrepreneurship: http://www.baylor.edu/business/entrepreneur/
기술신용보증기금: http://www.kibo.co.kr
벤처기업협회: http://www.venture.or.kr
한국사회적기업진흥원: www.socialenterprise.or.kr
중소벤처기업부(舊 중소기업청): www.mss.go.kr (www.smba.go.kr)
한국벤처캐피탈협회: www.kvca.or.kr/
한국특허정보원: http://www.forx.org

# 미주(Notes)

## 제 1 장

1) 크리스텐슨 교수의 "How to Measure the Life"의 주제에 관한 YouTube, TED talk 등에서 강연을 찾아보길 권유한다. 각자의 영성과 종교가 다르지만, 솔직하고 진실한 이야기는 수익창출에 골몰하기 쉬운 경영자에게도 '타인에게 긍정적인 영향'을 주는 것이 가장 심원한 측정지표가 될 수 있다는 것을 설득력 있게 이야기한다. 자신이 총장 선거에 나가서 낙선한 이야기와 하버드경영대학원 MBA 동기였던 Jeff Skilling, 엔론 전회장의 이야기와 동기 모임에서 만난 성공한 듯 보이는 이들의 황폐화된 내면상태에 대한 이야기도 설득력있게 다가온다. https://youtu.be/tvos4nORf_Y
2) Christensen & van Bever, The Capitalist Dilemma, Harvard Business Review, 2014 June 이슈: https://hbr.org/2014/06/the-capitalists-dilemma
3) 이를테면 최근의 저성장 현상은 금융화(financialization)와 높은 상관관계를 보이고 있다. 이는 실물경제의 규모보다 훨씬 더 큰 금융경제의 현금이 투자처를 제대로 찾지 못하고 있다는 것을 암시하고 있다. Jordà, Ò., Schularick, M., & Taylor, A. M. (2017). Macrofinancial history and the new business cycle facts. *NBER Macroeconomics Annual*, 31(1), 213-263.
4) Schumpeter, J. A. (1942; 2013). *Capitalism, socialism and democracy*. Routledge.
5) Christensen & van Bever, The Capitalist Dilemma, Harvard Business Review, 2014 June 에서 단기실적의 위험을, Lagoarde-Segot, T. (2017). Financialization: towards a new research agenda. *International Review of Financial Analysis,* 51, 113-123.
6) 신고전주의 성장모델로 설명하지 못하는 현상들을 폴 로머는 '내생적 성장'이라는 이론으로 설명해냈다. Romer, P. M. (1994). The origins of endogenous growth. *The journal of economic perspectives*, 8(1), 3-22.
7) Schumpeter, J. A. (1939). *Business cycles* (Vol. 1, pp. 161-74). New York: McGraw- Hill. Schumpeter, J. A. (1942; 2013). *Capitalism, socialism and democracy*. Routledge.
8) O'Reilly, C. A., & Pfeffer, J. (2000). *Hidden value: How great companies achieve extraordinary results with ordinary people*. Harvard Business Press.
9) Kaplan, R. S., & Norton, D. P. (1996). *The balanced scorecard: translating strategy into action*. Harvard Business Press.
10) Griggs, D., Stafford-Smith, M., Gaffney, O., Rockström, J., Öhman, M. C., Shyamsundar, P., & Noble, I. (2013). Policy: Sustainable development goals for people and planet. *Nature, 495*(7441), 305-307.
11) Drucker, P. F. (1999). *Adventures of a Bystander*. Transaction publishers.

## 제 2 장

1) 인공지능은 수차례의 부침을 겪었는데, 이제는 생활과 산업에서 진지하게 고려할 만한 서비스를 제공하고 있다. 창업자의 이름을 딴 IBM의 왓슨은 체스에서 시작하여 언어인식, 대화, 시각 인식, 감정인식에까지 영역을 확장하고 있다. 자세한 내용은 왓슨 사이트를 추천한다. https://www.ibm.com/watson/
2) 2015년 가을에 유럽 챔피온을 꺾었고, 2017년에는 중국의 챔피온을 이기고, 이세돌이 안긴 1패를 제외하고 전승을 거두고 바둑계를 은퇴하였다. https://deepmind.com/research/alphago/
3) https://3dprint.com/162252/adidas-smart-factory-3d-printing/
4) Kant, I. (2013). *Immanuel Kant's critique of pure reason*. Read Books Ltd.
5) 관련 신문보도를 보면, 인간 압승과 24.5:10이라는 점수 차이를 이야기하지만, 구글 번역, 네이버 파파고, 시스트란 번역기 등 현재 시중에서 사용가능한 인공지능 번역은 속도와 사용자 인터페이스 면에서 아직 부족함을 보여주고 있다. 질적인 완성도가 낮은 용도에서 이용 가능하겠다. http://www.yonhapnews.co.kr/bulletin/2017/02/21/0200000000AKR20170221160600017.HTML
   http://www.hani.co.kr/arti/science/science_general/783587.html
   http://www.yonhapnews.co.kr/bulletin/2017/02/22/0200000000AKR2017022219625 1017.HTML
6) 차민석(2012), 회복탄력성과 지속가능성, 그리고 기회실현력, c-TED
7) 본 장은 2011년 c-TED에서 발표한 내용을 바탕으로 하였음.

## 제 3 장

1) Zong-Tae Bae, Min-Seok Cha, Youngwhan Kim, Jungwoo Lee, (2012), "Entrepreneurial Career Stage Models: Case Studies of Successful Role Model Entrepreneurs," Korean Management Review, Vol. 41, No.1, pp.89-109.
2) 대인관계적 신경생물학 연구에서는 초기 애착관계의 중요성에 대한 제기를 넘어서 부모와 양육자(Caregiver)와의 관계가 뇌신경들의 연결 속에 남아서 안정성 토대(Secure base)의 역할을 한다는 점을 강조한다. 어른이 된 이후에도 안정성의 토대는 세상을 탐험하고 실패를 극복하는데 있어서 중요한 기지의 역할을 한다.
   Siegel, D. J. (2001). Toward an interpersonal neurobiology of the developing mind: Attachment relationships,"mindsight," and neural integration. Infant mental health journal, 22(1-2), 67-94.
3) 기업가정신과 스타트업에 대해서 두려움을 느끼는 경우에는 투자자의 시각에서 자신의 시간과 지식, 자원을 나눠서 투자하는 방법으로 기업가가 될 수 있다. 많은 사람들이 이러한 시도를 하고 있는데, 이를 구체화하고 성공시킨 투자자 겸 기업가인 패트릭 맥기스의 최근 저작을 보는 것도 좋겠다. Patrick J. McGinnis, The 10% Entrepreneur: Live Your Startup Dream Without Quitting Your Day Job, Portfolio (April 12, 2016). 나는 직장에 다니면서 12개의 사업을 시작했다, 문수민 번역, 비즈니스북스, 2016.

## 제 4 장


1) 최근 인터뷰에서 하버드 경영대학원의 크리스텐슨 교수가 '혁신자의 딜레마(Innovator's Dilemma)'에서 1997년 제안한 와해성 혁신(Disruptive Innovation)이 최근 위협적인 톤으로 널리 사용되는 것 때문에 약간의 회의감을 표현하기도 한다. 혁신이 체계화되고 가속화되면 산업도 사회도 불안정해지기 때문에, 이러한 원인으로서 호명되고 있다.

2) Christensen, C. M. (2013). The innovator's dilemma: when new technologies cause great firms to fail. Harvard Business Review Press. 1997년에 소개된 개념으로, 제철용광로, 인텔의 저장디스크, 프로세서 등의 사례를 통해서 입증된 이론이다.

3) McGrath, R. G. (2013). Transient advantage. Harvard Business Review, 91(6), 62-70.

4) d'Aveni, R. A., & Gunther, R. E. (1995). Hypercompetitive rivalries: Competing in highly dynamic environments. Free Pr.

5) Williamson, O. E. (1979). Transaction-cost economics: the governance of contractual relations. The journal of Law and Economics, 22(2), 233-261.

6) Weick, K. E. (1995). Sensemaking in organizations (Vol. 3). Sage.

7) Goffee R, Jones G. Creating the best workplace on earth. Harv Bus Rev. 2013 May;91(5) 98-106
https://hbr.org/2013/12/building-the-organization-of-your-dreams

8) Leijonhufvud, A. (1967). Keynes and the Keynesians: A suggested interpretation. The American Economic Review, 57(2), 401-410.

9) Seligman, M. E., & Csikszentmihalyi, M. (2014). Positive psychology: An introduction. In Flow and the foundations of positive psychology (pp. 279-298). Springer Netherlands.

10) Seligman, M. E. (2004). Authentic happiness: Using the new positive psychology to realize your potential for lasting fulfillment. Simon and Schuster.

11) Schmalensee, R. (1985). Do markets differ much?. The American economic review, 75(3), 341-351.

12) Rumelt, R. P. (1991). How much does industry matter?. Strategic management journal, 12(3), 167-185.

13) McGahan, A. M., & Porter, M. E. (1997). How much does industry matter, really?. Strategic management journal, 15-30.

14) Lawrence, Paul R., and Nitin Nohria (2001). Driven: How Human Nature Shapes Our Choices. San Francisco: Jossey-Bass.

15) Maslow, A. H. (1943). A theory of human motivation. Psychological review, 50(4), 370.

16) Maslow, A. H., Frager, R., & Fadiman, J. (1970). Motivation and personality (Vol. 2, pp. 1887-1904). New York: Harper & Row.

17) Cuddy, A. (2012). Your body language shapes who you are. San Francisco, CA: TEDGlobal.

18) Kolligian Jr, J., & Sternberg, R. J. (1991). Perceived Fraudulence in Young Adults: Is

There an'Imposter Syndrome'?. Journal of personality assessment, 56(2), 308-326.
19) Gordon, R. S. (2003). Overcoming the systems librarian imposter syndrome. Libres, 13(2).
20) Khurana, Rakesh. From Higher Aims to Hired Hands: The Social Transformation of American Business Schools and the Unfulfilled Promise of Management as a Profession. Princeton: Princeton University Press, 2007.
21) Gardner, W. L., Avolio, B. J., Luthans, F., May, D. R., & Walumbwa, F. (2005). “Can you see the real me?” A self-based model of authentic leader and follower development. The Leadership Quarterly, 16(3), 343-372.
22) http://www.chronicle.com/article/Jonathan-Haidt-Decodes-the/130453
23) Haidt, J. (2012). The righteous mind: Why good people are divided by politics and religion. Vintage. 저서에서는 올바름에 대한 판단토대가 다양하다는 것을 설문과 실험 결과를 통해서 보여주고 있음. www.moralfoundations.org/ 에서는 다양한 자료들을 갖추고 있음.
24) Lisa Feldman Barrett (2017). How Emotions are Made: The Secret Life of the Brain. Houghton Mifflin Harcourt.
25) Welp, L. R., & Brown, C. M. (2014). Self-compassion, empathy, and helping intentions. The Journal of Positive Psychology, 9(1), 54-65.
26) Terry, R. W. (1993). Authentic leadership: Courage in action. Jossey-Bass.
27) Kahneman, D. (2011). Thinking, fast and slow. Macmillan.
28) Amabile, T. M. (1983). The social psychology of creativity: A componential conceptualization. Journal of personality and social psychology, 45(2), 357.
Amabile, T. M. (1996). Creativity in context: Update to the social psychology of creativity. Westview press.
29) Amabile, T., & Kramer, S. (2011). The progress principle: Using small wins to ignite joy, engagement, and creativity at work. Harvard Business Press.
30) Mayer, J. D. (2001). Primary Divisions of Personality and their Scientific Contributions: From the Trilogy-of-Mind to the Systems Set. Journal for the Theory of Social Behaviour, 31(4), 449-477. 에서 밝히고 있듯이 내면상태에 대해서 17세기 이후 전통적으로 triology of mind가 받아들여졌고, 단순함의 장점이 있으나 의식, 역할, 심리모델 등 다른 요소들이 심리체계를 구성하고 있다고 볼 수 있음.
31) Amabile, T., & Kramer, S. (2011). The progress principle: Using small wins to ignite joy, engagement, and creativity at work. Harvard Business Press.
32) Catmull, E. (2008). How Pixar fosters collective creativity. Cambridge, MA: Harvard Business School Publishing.

## 제 5 장

1) en.wikipedia.org/wiki/History_of_the_graphical_user_interface
2) Smelser, N. J. (2009). The odyssey experience: Physical, social, psychological, and

spiritual journeys. Univ of California Press.

3) https://namu.wiki/w/%EC%9B%94-E

4) http://www.mercurynews.com/2016/07/05/californias-economy-is-bigger-than-all-but-five-nations-world-bank-data-says/
https://www.nextbigfuture.com/2016/06/california-economy-larger-than-world.html

5) https://www.quora.com/What-is-the-origin-of-the-word-entrepreneur

6) Aldrich, H. (1999). Organizations evolving. Sage.에서 보면 신생기업의 생존과 성장에 의도, 다양성, 선택의 과정의 작용 등 다원의 변이, 선택, 유지의 진화기제를 기업들의 생존에 적용한 것을 볼 수 있다. 2002년 콜라라도 볼더에서 개최된 뱁슨-카우프만 기업가정신 연구학회의 박사 콘소시엄으로 참여를 하면서 학계를 이끌어가는 다양한 분야의 학자들이 기업가정신 분야에 참여하기 시작한 것을 볼 수 있었다. 이들 학자들이 활약하는 ASQ와 AMJ, Management Science 등은 경영학계에서도 1,2,3위를 다투는 세계의 저명한 학술지들이다. 국내 대학들에서 세계적인 연구를 한다고 했을 때 각 분야의 최상급의 저널들과 함께 이들 저널의 위상을 인정하는 편이다. 특히, 미국에서 교수를 하고 승진을 하기 위해서는 A급 중에서도 최고의 저널에 제1저자로 많이 싣는 것이 종신교수가 되는 길이라고 일컬어지기도 한다. Sharplin, A. D., &Mabry, R. H. (1985). The relative importance of journals used in management research: An alternative ranking. Human Relations, 38(2), 139-149. 에서도 언급을 하고 있다. 세계적인 학자와의 대화는 좋은 이론들을 어떻게 평생에 걸쳐서 구축해가는지 학문적 여정을 살펴볼 수 있는 좋은 기회이다. 분야를 일구어가는 외로운 길을 걸어오다가 어느 순간 주변의 인정을 받고, 마치 투명한 대양을 만난 듯이 따뜻한 환대를 받는 듯한 단계에 이른다.

7) Haidt, J. (2012). The righteous mind: Why good people are divided by politics and religion. Vintage.

8) Kahn, W. A. (1990). Psychological conditions of personal engagement and disengagement at work. Academy of management journal, 33(4), 692-724.

9) 워런 베니스는 그의 대표적인 단독저작인 『*On Becoming Leaders*』에서 진정한 자기자신의 모습을 인식하고 자연스럽게 표현하는 것이 리더십을 발휘하는 길이라고 밝히고 있다. 근대적 시민으로서 자기자신의 목소리를 내고 참여하는 활동은 리더가 아니라도 구성원으로서도 필요한 일이다. 이는 우리가 봉건적인 패러다임에서 벗어나 근대화(Modernized)가 되는 것의 조건이기도 하고(Inkeles, 1975), 창의적이고 혁신적인 조직에 필요한 다양한 관점과 고유한 경험의 공유와 통합의 과정의 전제조건이다.
Bennis, W. (2009). On becoming a leader. Basic Books.
Inkeles, A. (1975). Becoming modern. Ethos, 3(2), 323-342.

10) 고객체험여정은 가치에 대한 반대의 시각을 제공한다. 고객과 만나는 모든 접점에서 고객관점에서 느끼는 편이성과 가치, 느낌들을 이해하는 것이 제품뿐 아니라 모든 사용자 경험에서의 가치를 높이고, 문제의 중심에서 해결되는 과정을 이해할 수 있다.
Richardson, A. (2010). Using customer journey maps to improve customer experience. Harvard Business Review, 15(1).

11) 사용자혁신은 솔루션이 실제 쓰이는 곳에 비롯되는 새로운 기능들이 추가되어, 디자인은 세련되지 않더라도 기업의 입장에서는 유심히 관찰하고, 독려해야 할 현상이다. 생

산자혁신은 기술중심이 되기 쉽고, 사용자의 필요에 대한 이해도 한계가 있기 때문이다. 이 분야의 최고 권위자인 MIT의 von Hippel 교수는 최근 혁신의 도구들이 보편화되어 급속도로 사용자혁신이 확산되고, 제자들도 하바드경영대학원 등 유수의 대학에서 학자로서 성가를 높이고 있다.

12) 아모스 트베르스키와의 만남을 통해 새로운 연구의 흐름을 만들었고, 함께 만들어간 직관적인 시스템 1 사고와 의식적인 시스템 2 사고의 차이가 만들어내는 차이를 규명하였다. 이러한 공로를 인정받아서 2002년 노벨상을 받는다. 대니얼 카네만의 연구에서 손실에 대한 회피 등의 본능적인 직관의 오류를 잘 보여준다. 가진 것에 대해서 더 가치를 부여하고, 확률적인 계산 등의 합리적인 계산과는 다른 기댓값으로 판단을 하기 때문에 경제현상에서도 비합리적인 선택들이 나타난다. 심리학적인 연구결과가 행동경제학에 영향을 미치게 되었고, 이러한 공로를 인정받아서 노벨상을 받게 된다. 구글토크에서는 이러한 적용부분과 한계에 대해서도 이야기를 하고 있다. TED 에서도 두 가지 자의식, 두 가지 시스템의 차이에 대해서 이야기를 하고 있다. 카네만은 연구그룹을 만들어가면서 지속하였는데, 정반대의 의견을 가진 학자와도 교류하면서 협업의 결과를 내놓고 있다. 대표적으로 전문가적 직관을 연구한 클라인 박사가 있다. Kahneman, D., &Klein, G. (2009). Conditions for intuitive expertise: a failure to disagree. *American psychologist*, *64*(6), 515.
https://www.youtube.com/watch?v=CjVQJdIrDJ0
https://www.ted.com/talks/daniel_kahneman_the_riddle_of_experience_vs_memory?language=ko
https://www.youtube.com/watch?v=XgRlrBl-7Yg

13) 팍스콘은 노동자들의 투신자살로 곤혹을 치르고 인사관리의 문제를 드러내었다. 과학적 관리법을 도입하여 수만명의 종업원을 완전히 파악하지도 지원하지도 못하는 가운데 반복된 공정에 투입을 하였기 때문이다. 이러한 문제 때문인지 2016년 공장을 자동화 기계로 교체하는 시도를 하였지만, 성공하지는 못하였다. 하지만, 이러한 계획을 바꾸지는 않았고, 앞으로 이를 교체하려는 시도를 계속하리라 보인다. 인간관계적 관리로 성숙해지는 방법보다는 좀 더 통제가 손쉬운 인공지능화된 자동화생산 설비로 아이폰 등을 생산하게 될 가능성이 높아지고 있다.
https://www.theverge.com/2016/12/30/14128870/foxconn-robots-automation-apple-iphone-china-manufacturing

14) Shapiro, D. A. N. I. E. L. (2016). Negotiating the nonnegotiable: How to resolve your most emotionally charged conflicts. New York, NY: Viking.

15) Weick, K. E. (1993). The collapse of sensemaking in organizations: The Mann Gulch disaster. Administrative science quarterly, 628-652.

16) 셈코는 하버드경영대학원에서 수학하고 고향으로 돌아간 리카르도 셈러 사장이 자신만의 독특한 자율경영체계를 정립하면서 유명해졌다. 구성원들이 자율적으로 팀을 구성하고 뽑아서 쓰고, 목표도 자율적으로 정하고 업무방식도 그러한데도 회사가 좋은 성과를 내고 몰입도도 높다. 한국과 같이 일사분란한 실행조직 중심의 산업 생태계에서는

찾아보기 힘든 사례이기 때문에 더욱 흥미롭다.

https://www.ted.com/talks/ricardo_semler_how_to_run_a_company_with_almost_no_rules

www.semco.com/

17) 조직건강에 대한 멕킨지 컨설팅의 연구결과는 다음의 책에 소개되어 있다. 조직의 건강 지표에는 방향성, 리더십, 문화와 분위기, 책임, 조정과 통제, 역량, 동기부여, 외부지향성, 혁신과 학습 등이 있다. 이들은 조합에 의해 내부 정렬, 실행 능력, 새롭게 하는 능력 등으로 발휘될 수 있다. 한국조직은 이 중에서 실행능력이 뛰어난 것으로 나온다.

Keller, S., & Price, C. (2011). Beyond performance: How great organizations build ultimate competitive advantage. John Wiley & Sons.

이를 한국에 적용한 대한상공회의소의 보고서는 아래의 웹주소에서 볼 수 있다. 한국조직은 상명하달식의 효율적인 실행조직이 80% 수준에 육박해서 리더십과 변화, 학습, 혁신 등의 외해적 환경변화 앞에서는 매우 위험한 상태에 빠질 수 있다. 변화에 대한 방향설정을 잘 한다면, 일사분란하게 적응해 갈 수 있는 잠재력도 물론 있다. 구성원들의 입장에서는 혁신과 야근의 피로감이 누적되어서 변화에 대한 적응력이 낮고 몰입도도 점점 떨어질 수 있는 한계가 있다. 이를 극복하고, 구성원들의 웰빙을 높여가는 것도 한국기업이 가진 과제이다. 보다 창의적인 조직문화를 위해 수평적이고 효과적인 회의 문화를 정착하는 것도 중요해 보인다.

https://www.korcham.net/nCham/Service/Economy/appl/KcciReportDetail.asp?SEQ_NO_C010=20120930690&CHAM_CD=B001

18) 패스트컴퍼니 순위에서 최근 아마존이 강세를 보이고 있지만, 여전히 구글은 가장 혁신적인 기업 중 하나이다. 지메일, 구글어스, 구글 스칼라, 구글 아트컬쳐 프로젝트, 픽셀폰, 자율운행차, 증강현실을 도입한 구글글래스 등 혁신적인 제품과 서비스를 소개하고 있기 때문이다.

https://www.fastcompany.com/most-innovative-companies/2017

혁신적인 기업들의 특성은 팀조직을 기반으로 한 집단 창의성에서 비롯된다고 할 수 있다. 구글에서도 캠퍼스 분위기의 회사 안에서 새로운 프로젝트에 속해서 신기술과 신서비스를 개발한다. 혁신 기업들의 집단 창의성에 대한 추천강연으로 하바드경영대학원의 린다 힐 교수의 집단 창의성에 관한 TED를 추천한다. 세계에서 가장 창의적 기업들의 창의적 마찰, 민첩과 통합을 통해 구성원 모두의 창의성을 이끌어내는 사례들과 모델을 소개하고 있어 매우 유익하다. [How to manage for collective creativity: What's the secret to unlocking the creativity hidden inside your daily work, and giving every great idea a chance? Harvard professor Linda Hill, co-author of "Collective Genius," has studied some of the world's most creative companies to come up with a set of tools and tactics to keep great ideas flowing — from everyone in the company, not just the designated "creatives."]

Source: http://www.ted.com/talks/linda_hill_how_to_manage_for_collective_creativity

19) 테레사 애머빌 박사의 연구는 스탠포드 시절부터 최근 하버드경영대학원에 이르기까지 창의성에 대한 연구와 내재적 동기에 대한 연구로 일관되고 있다. 이러한 30년 넘는 오

랜 기간 동안 한가지 주제에 대한 일관성과 다양한 연구 협업의 경험이 그녀를 세계적인 대가의 역량을 갖게 해주었다고 보인다. 평균 1-2년에 한편씩 꾸준히 해당 주제에 대한 새로운 논문을 발표하였고, 상당한 인용횟수를 통해 학계에 영향을 미쳐오고 있다. 아이들의 예술적 창의성에 대한 고전이된 실험연구에서부터 다양한 세팅에서 연구가 진행되었다. 단독 연구와 공동연구가 꾸준히 있어왔고, 맥락, 외재적 보상, 사회적 영향에 대해서도 관심이 많아 보인다.


Amabile, T. M. (1982). Children's artistic creativity: Detrimental effects of competition in a field setting. Personality and Social Psychology Bulletin, 8(3), 573-578.

Amabile, T. M. (1983). The social psychology of creativity: A componential conceptualization. Journal of personality and social psychology, 45(2), 357.

Amabile, T. M., & Gitomer, J. (1984). Children's artistic creativity: Effects of choice in task materials. Personality and Social Psychology Bulletin, 10(2), 209-215.

Amabile, T. M., Hennessey, B. A., & Grossman, B. S. (1986). Social influences on creativity: The effects of contracted-for reward. Journal of personality and social psychology, 50(1), 14.

Amabile, T. M. (1988). A model of creativity and innovation in organizations. Research in organizational behavior, 10(1), 123-167.

Amabile, T. M. (1990). Within you, without you: The social psychology of creativity, and beyond.

Amabile, T. M., Goldfarb, P., & Brackfleld, S. C. (1990). Social influences on creativity: Evaluation, coaction, and surveillance. Creativity research journal, 3(1), 6-21.

Amabile, T. M. (1993). Motivational synergy: Toward new conceptualizations of intrinsic and extrinsic motivation in the workplace. Human resource management review, 3(3), 185-201.

Amabile, T. M., Hill, K. G., Hennessey, B. A., & Tighe, E. M. (1994). The Work Preference Inventory: assessing intrinsic and extrinsic motivational orientations. Journal of personality and social psychology, 66(5), 950.

Amabile, T. M. (1996). Creativity in context: Update to the social psychology of creativity. Westview press.

Amabile, T. M. (1997). Motivating creativity in organizations: On doing what you love and loving what you do. California management review, 40(1), 39-58.

Hennessey, B. A., & Amabile, T. M. (1998). Reality, intrinsic motivation, and creativity.

Amabile, T. M. (1997). Entrepreneurial creativity through motivational synergy. The Journal of Creative Behavior, 31(1), 18-26.

Collins, M. A., & Amabile, T. M. (1999). I5 motivation and creativity. Handbook of creativity, 297, 1051-1057.

## 제 6 장

1) 개리 클라인 박사는 인간의 직관이 매우 뛰어난 창의성을 보여준다는 것을 여러 사례를 통해서 보여준다. 캐너먼 교수가 직관을 편향(Bias)이라고 표현하는 것에 동의하지 않고, 전문적 직관은 주어진 정보에서 최상이거나 참신하고 돌파적인 해결책을 마련한다는 것이다. 산불로 둘러쌓인 위급한 상황에 이를 벗어나기 위해 바람 반대방향으로 불을 지르거나, 전염병의 원인이 모기라는 것을 밝혀내거나, 유전정보가 단백질이 아니라 DNA에 담겨있고, 이중 나선을 구성한 4가지 분자들의 배합에 의한 것이라는 것을 3차원 모형으로 보여준 것 등이다. 전쟁터의 위급한 상황에서 적의 전략을 알아채고 새로운 전술을 구사하여 승리를 이끌어내는 것도 전문가적 직관에 의한 것이다. 미리 짜놓은 계획이 아니고, 즉각적으로 직관적으로 영감처럼 등장하는 통찰은 창의적인 과정이기도 하다.
   Klein, G. (2013). Seeing what others don't: The remarkable ways we gain insights. Public Affairs.
2) 창의적인 혁신들은 일상과 세상의 모습을 바꾸어놓을 수 있다. Maker 운동이 본격화되어 3D프린팅도 학습교구 등으로 보급되기 때문에 디자인 사고와 행동을 익혀보는 것도 창의성을 실재화하는데 도움이 될 것이다.
   mostepicstuff.com/17-innovations-that-can-change-the-face-of-earth-forever
   www.dailyicon.net/2008/10/two-lamps-by-life-goods/
   www.redferret.net/?p=9153
   voolas.com/eccentric-japanese-inventions/

## 제 7 장

1) Leonard-Barton, D., & Swap, W. C. (1999). When sparks fly: Igniting creativity in groups. Harvard Business Press.
2) Treffinger, D. J., Selby, E. C., & Isaksen, S. G. (2008). Understanding individual problem-solving style: A key to learning and applying creative problem solving. Learning and individual Differences, 18(4), 390-401.
3) Hill, L. A., Brandeau, G., Truelove, E., & Lineback, K. (2014). Collective genius: The art and practice of leading innovation. Harvard Business Review Press.
4) Christensen, C., & Raynor, M. (2013). The innovator's solution: Creating and sustaining successful growth. Harvard Business Review Press.
5) Tokatli, N. (2011). Creative individuals, creative places: Marc Jacobs, New York and Paris. International Journal of Urban and Regional Research, 35(6), 1256-1271.

## 제 8 장

1) 본 장은 김상민과 차민석 (2016) 최근논문에서 진성 리더십에 대해 저자 작성한 부분에 기반하여, 확장하고 심화하여 진정한 리더십으로 정립한 내용임.

## 제 9 장

1) Seligman, M. E. (2012). Flourish: A visionary new understanding of happiness and well-being. Simon and Schuster.
2) 연합뉴스, 2017년 8월2일자, 머스크 "엄청난 도취감과 끔찍한 비참함 느껴"…조울증 시사
3) Musk, E. (2007). Once a physicist: Elon Musk. Physics World, 20(3), 50.

## 제 10장

1) 흔히 홀라크러시라고 부르는 방식의 자기조직화된 학습조직은 보다 민주적이고 혁신적인 조직설계의 가능성을 보여준다. 하버드경영대학원에서 수학하고 본국으로 돌아가서 가업을 이어받은 뒤 오랜 기간 혁신조직인 셈코를 실현한 셈러의 TED 강연은 눈여겨볼만하다. 원래 조직문화는 매우 경직되어 있었고, 수직적인 조직이 수평적이고 자율적으로 바뀌는데는 십년이 넘게 걸린 것으로 추정된다. 오랜 동안의 조직탐험 여정의 결실로 현재의 셈코의 긍정적인 성취가 나온 것이다. 아래의 TED talk에서 또 눈여겨 볼 CEO는 헤퍼넌 사장이다. 소프트웨어 기업에서 수직적인 질서를 완화하고 소통과 협력을 높이는 노력도 성공적이다. 아직까지 수평적 자기조직화를 실현하는 조직은 해외사례들이 많지만, 앞으로 보다 실험적이고 혁신적이고 고무적인 조직설계가 수평적인 의사소통을 지원하고 지능화되는 정보통신 인프라에 기반하여 국내외에 보다 많아질 가능성이 있다.
www.ted.com/talks/ricardo_semler_how_to_run_a_company_with_almost_no_rules?utm_campaign=tedspread-a&utm_medium=referral&utm_source=tedcomshare
www.ted.com/talks/margaret_heffernan_why_it_s_time_to_forget_the_pecking_order_at_work?utm_campaign=tedspread-a&utm_medium=referral&utm_source=tedcomshare

## 제 11 장

1) Miller, W. L., & Morris, L. (2008). Fourth generation R&D: Managing knowledge, technology, and innovation. John Wiley & Sons.

# 부 록

## 부록 1 자기학습 기회 : 대규모 개방 온라인강좌 [MOOC] 리스트

athome.harvard.edu/archive/archive.asp
ci.columbia.edu/ci/
edcorner.stanford.edu/
globetrotter.berkeley.edu/conversations/
graduateschool.paristech.org/?langue=EN
ko.khanacademy.org/
library.educause.edu/
mitworld.mit.edu/
mooc.org/
mooc.utas.edu.au/courses
ocw.jhsph.edu
ocw.mit.edu
ocw.uci.edu
shc.stanford.edu/
webcast.berkeley.edu/
www.coursera.org/
www.gsb.stanford.edu/news/audiovideo.html
www.kmooc.kr/
www.kocw.net
www.ksg.harvard.edu/multimedia/videoarchive.html
www.ocwconsortium.org
www.oid.ucla.edu/Webcast/
www.openlearning.com/malaysiamoocs
www.princeton.edu/WebMedia/lectures/
www.researchchannel.org/prog/
www.yale.edu/

## 부록 2 지속가능한 팀빌딩 활동지

창의적 팀활동 기록 20 . . .

(팀명: )

팀대표:________, 서기________, 구성원: ________, ________,

________, ________, ________,

| 주제 | 팀활동 주제 | | | 활동 만족도 |
|---|---|---|---|---|
| **창의성의 본질 (10분)** | **_______은 ( )라고 생각합니다.**<br>**기타의견:**<br><br>**_______는( )라고 생각합니다.**<br><br>**배우고 싶은 롤모델은? ( , )!** | | | **별점 (5개기준)**<br>☆☆☆☆☆ |
| **다양성(15분)** | **구성원의 강점은 무엇인가요? 호기심, 창의성, 친절, 공감, 실행, 자원, 네트워** | | | ☆☆☆☆☆ |
| 창의적이다 | ( ) – ( ) | | ( ) - ( ) | 정형적이다 |
| 열정적이다 | ( ) – ( ) | | ( ) - ( ) | 늘 침착하다 |
| 지속추진력 | ( ) – ( ) | | ( ) - ( ) | 초기제안능력 |
| 폭넓은관계 | ( ) – ( ) | | ( ) - ( ) | 깊은 관계 |
| ( ) | ( ) | | ( ) | ( ) |
| **열망,소명, & 문제의 발견 (15분)** | **질문. 우리지역사회에서 우리가 해결하고 싶은 사회적 문제는 무엇인가요?**<br>( )<br>**질문. 우리나라에서 해결했으면 하는 사회적 문제는 무엇인가요?**<br>( )<br>**질문. 지구상에서 해결했으면 하는 사회적 문제는 무엇인가요?**<br>( ) | | | ☆☆☆☆☆<br><br>우리가 공감 하는 문제는?<br>( ) |
| **다양한 의견, 해법/대안 도출 (15분)** | **가장 신선한 아이디어:**<br><br>**가장 적합한 아이디어:**<br><br>**가장 엉뚱한 아이디어:** | | | ☆☆☆☆☆<br><br>가장 혁신적인 아이디어의 제안자는?<br>( ) |
| **질문과 토의: [15분]**<br><br>**우리팀에서 제시된 질문리스트** | Q1.<br><br>Q2.<br><br>Q3 | | | ☆☆☆☆☆<br><br>선정된 질문 제안자는?<br>( ) |
| **향후 후속작업 [10분]** | 향후 아이디어를 객관적인 기준으로 평가하고 실행하는 계획을 짜봅시다. | | | |

## 부록 3 연구주제 설정 - 창의적 팀활동

20　 .　 .　 .

(팀명:　　　　　　　　　　) 팀대표:________, 서기________,

구성원:　　________,　　________,　　________,　　________,

| 학습활동 | 연구주제: | 활동 만족도 |
|---|---|---|
| **주제설정<br>(10분)** | **사업현상에서 가장 와닿고 현장에서 풀어야 할 문제는 무엇인가?<br>그 문제의 원인 혹은 결과, 해결방안 중 아는 것은 무엇인가?<br>가장 알고 싶은 (현상, 원인, 해결, 해결방안, 전반) 부분은?** | **별점 (5개기준)<br>☆☆☆☆☆** |
| **유형(15분)** | 연구의 관심 영역과 방법들을 표시하시오.<br>혁신 ( ) - 인사조직( ) - 마케팅 ( ) - 재무회계 ( ) - 운영( ) - 정보 ( ) | ☆☆☆☆☆ |
| 현상의 범위 | 지역( ) - 국내 ( ) - 아시아 ( ) - 미주 ( ) - 세계 ( ) | |
| 관심수준 | 심리( ) - 개인 ( ) - 집단팀 ( ) - 조직 ( ) - 거시 ( ) | |
| 사업단계 | 아이디어( ) - 연구개발 ( ) - 창업 ( ) - 성장 ( ) - 성공 ( ) - 전반 ( ) | |
| 핵심변수 | 핵심현상을 주제어로 적어보자. | |
| **가용자원<br>(10분)** | **우리가 다룰 수 있는 툴과 지식기반들은 무엇인가?<br>문헌정리 툴 (　　　　　　), 자료분석툴 (　　　　　　),<br>원어문헌 정리 (　　　　　　), 통계해석 (　　　　　　),<br>기술적 글쓰기 (　　　　　　), 발표자료제작 (　　　　　　)** | 우리에게<br>필요한 역량은<br>무엇인가?<br>(　　　　) |
| **문제설정<br>(15분)** | **질문. 관심있는 주제를 질문으로 설정해보시오.<br>(　　　　　　　　　　　　　　　　)<br>질문. 질문에 대한 답변이 가치있고, 흥미로우며, 가능하고, 시기적절한가?<br>(　　　　　　　　　　　　　　　　)<br>질문. 현재 우리가 알고 있는 것은 무엇인가?** | **☆☆☆☆☆<br><br>우리가 공감<br>하는 문제는?<br>(　　　　)** |
| **문헌(1시간)<br>(Literature)** | **기존의 대가들이 연구해놓고, 기관들이 조사해놓은 결과들을 모아보자.<br>해외 (기관, 논문, TED, MOOC, YouTube, Medium, Google Scholar)<br>국내 (국회도서관, RISS, 학위논문, 정책 연구소, 기업연구소, 신문기사 등)<br>주제어:<br>핵심논문 3-10개:** | **☆☆☆☆☆<br>주된 문헌** |
| **탐구(1hr)<br>(Explorative Study)** | **우리가 예상하는 질문에 대한 해답을 추론해보자.<br>해당 가설이 사실인지를 보기 위해서 사례조사를 해보자.<br>- 사례가 예상한 패턴으로 나타나는가?<br>- 실험/테스트, 설문조사 등의 방법에 대해서도 고려해보자.** | **☆☆☆☆☆<br>주된 조사** |
| **실행(1-4hr)<br>(Actioning)** | **1. 사례조사를 하기 위한 질문/조사항목 리스트를 만들어보자.<br>2. 사례선택을 하고, 2차자료나 이메일/ 직접 인터뷰를 하자.<br>3. 해당 사례에 대한 자료를 기본 데이터베이스화하자.<br>4. 해당 사례의 자료를 분석하여, 명제를 검증해보자.<br>5. 추가적인 자료수집과 분석이 필요한지 보자** | **☆☆☆☆☆<br>선택 사례<br>(　　　　)** |
| **관점<br>(Perspective)<br>및 통합적<br>이야기<br>(Synthesized stroymaking)** | **1. 논리와 근거에 맞는 명제를 제시해보자.<br>2. 명제와 이해를 바탕으로 새롭게 알게 된 탐구결과를 정리하자.<br>3. 새로운 이해를 바탕으로 원래 풀고자 했던 문제를 풀어보자.<br>4. 향후 다시 연구조사를 한다면 어떻게 하면 되겠는가?<br>5. 문제-질문-기존연구들-조사절차-분석결과-시사점 순으로 체계적으로 내용을 정리해보자. 발표에서는 기존에 풀지 못한 문제이거나 생활밀착의 동기 등을 흥미롭게 제시를 하도록 하자.** | **☆☆☆☆☆<br><br>핵심 적용사항<br>(　　　　)** |

## 부록 4 자기강점, 미덕의 평가

Value in Action (VIA) 행동가치 설문에는 다음 문항이 포함되어 있다.

자료원: www.authentichappiness.org
번역참조: 마틴 셀리그만, 김인자 (역), 긍정심리학, 물푸레, 2009

• 지혜와 지식

– 호기심, 세상에 대한 관심: 언제나 세상에 대해 관심이 많고, 싫증을 잘 낸다. ( )
– 학구열: 새로운 것을 배울 때 전율을 느낀다. ( )
– 판단력, 비판적 사고, 열린 마음: 판단력이 필요한 주제가 있을 때면 매우 이성적으로 사고한다. ( )
– 창의성, 독창성, 실천성 지능, 세상을 보는 안목: 어떤 일을 하는데 필요한 새로운 방법을 찾는 것을 좋아한다. ( )
– 사회성 지능, 대인관계 지능, 정서 지능: 어떤 성격의 단체에 가도 잘 적응할 수 있다. ( )
– 예견력: 세상의 이치를 가장 잘 아는 지혜의 가장 성숙한 강점; 항상 꼼꼼히 생각하고 더 큰 것을 볼 줄 안다. ( )

• 절제력: 동기를 알맞게 조절하여 적절한 때에 표출하는 능력

– 자기통제력: 적절한 시기가 올 때까지 자신의 욕망, 욕구, 충동을 자제한다; 내 정서를 다스릴 줄 안다. ( )
– 사려, 신중함, 조심성: 나중에 후회할만한 말이나 행동을 하지 않는다; 다칠 위험이 있는 일은 하지 않는다. ( )
– 겸손과 겸양: 시선을 받기보다는 자신의 일을 훌륭히 수행하는 데 힘쓴다; 다른 사람들이 나를 칭찬할 때면 슬거머니 화제를 돌린다. ( )

• 정의감

– 시민 정신, 의무감, 협동 정신, 충성심: 한 집단의 탁월한 구성원; 어떤 단체에 가입하면 최선을 다한다. ( )
– 공정성과 평등 정신: 모든 사람에게 똑 같은 기회를 준다; 싫어하는 사람도 공정하게 대한다. ( )
– 지도력: 일일이 참견하지 않고도 사람들이 단합해 일하도록 이끌어준다. 누구에게도 원한을 품지않고, 모든 사람들에게 관대하며, 옳은 일은 단호하게 추진하는 인도주의 정신을 겸비해야 한다. ( )

• **용기**

– 호연지기와 용감함: 호연지기는 어렵고 위험해서 다른 사람이 꺼려도 아랑곳 하지 않는 정서적 지적 태도; 강력한 반대도 무릎쓰고 내 주장을 고수할 때가 많다. 고통과 좌절 때문에 내 의지를 굽히지 않는다. (　)

– 끈기, 성실, 근면: 시작한 일은 끝을 낸다; 한번 시작한 일을 끝까지 해낸다. 딴전 피우지 않는다. (　)

– 지조, 진실, 정직: 진솔하게 말하고 참되게 행하는 신실함; 약속은 반드시 지킨다. 솔직하게 말한다. (　)

• **사랑과 인간애**

– 친절과 아량: 선행을 베푸는 일을 즐겨한다; 자발적으로 이웃을 도와준다. 다른 사람의 행운을 나의 일처럼 좋아한다. (　)

– 사랑할 능력과 받을 줄 아는 능력: 자신에게 느끼는 것과 똑 같은 감정으로 타인을 느끼고, 밀접한 관계를 소중히 여긴다; 본인의 기분과 행복 못지않게 내 기분과 행복에 관심을 기울이는 사람이 있다. 다른 사람이 베푸는 사랑도 잘 받아들인다. (　)

• **영성과 초월성**: 다른 사람, 미래, 더 크고 영원한 것에 닿는 정서적 강점

– 감상력: 모든 분야의 미, 빼어난 작품과 기교를 감상할 줄 안다; 아름다움과 경이로움을 보고 전율한 적이 있다. (　)

– 감사: 자신에게 일어난 일을 늘 기쁘게 생각하며, 절대 당연한 것으로 받아들이지 않는다; 항상 고마움을 전할 시간을 마련한다. 아무리 하찮은 일이라도 항상 고맙다고 말한다. 내가 받은 은혜로운 일에 대해서 생각한다. (　)

– 희망, 낙관주의, 미래지향성: 최고가 될 날을 기대하며 계획을 세우고 그 계획대로 실천한다; 항상 긍정적인 면만 본다. 내가 하고 싶은 일을 하기 위해 계획을 세운다. (　)

– 영성, 목적의식, 신념, 신앙심: 더 큰 목적과 의미에 대한 믿음이 크다. 삶의 목적이 뚜렷하다. 사명감이 투철하다. (　)

– 용서와 연민: 잘못한 사람을 용서하고 만회할 기회를 준다. 과거의 것을 문제 삼지 않는다. 복수하지 않는다. (　)

– 명랑함과 유머감각: 잘 웃고 다른 사람에게 웃음을 선사한다. 되도록 일과 놀이를 잘 배합한다. 우스갯소리를 잘 한다. (　)

– 신명, 열정, 열광: 활기가 넘치고 열정적이다. 무슨 일을 하든 전력투구한다. (　)

## 부록 5 내면상태 체크리스트(Inner Work Life Checklist)

*자료원: The Progress Principle by Teresa Amabile and Steven Kramer, HBR Press, 2011 (테레사에머빌, 스티븐 크레이머, 윤제원 번역, 전진의 법칙, 정혜, 2013)의 내용을 바탕으로 팀활동용 보완정리*

### 기본기록사항

이름: 소속팀:

날짜: 20 년 월 일

자신의 주업무에 투입하는 시간: 시간

(예: 9:00 ~ 18:00 = 8시간)

오늘 업무 중에서 집중, 몰입, 행복을 경험한 시간: 시간

오늘 감사한 일은 몇 가지인가요? 가지 (하루 3-5가지)

대표적인 한 가지를 들라고 한다면 무엇입니까?

오늘 협업한 팀원/파트너 숫자: 명

### 본인의 업무의욕

오늘 주업무와 관련해 이런 느낌을 받았다…( 각7점 만점 )

1. 내가 맡은 업무/공부에서 전진이 있었다. ( )점
2. 창의적인 일을 했다. ( )점
3. 수준 높은 결과를 얻었다. ( )점
4. 도전의식이 생겼다. ( )점
5. 인정받게 될 수도 있다는 생각에 동기부여되었다. ( )점
6. 주입무에 흥미를 느껴 동기부여 되었다. ( )점

### 팀과 조직의 업무성과

오늘 주업무와 관련해 팀 작업에 대해 이런 느낌을 받았다. (각7점 만점)

1. 팀이 잘 협력했다. ( )점
2. 팀이 우수한 결과를 냈다. ( )점
3. 팀이 전진을 이뤄냈다. ( )점
4. 팀이 정체되었다. ( )점
5. 팀에게 좌절이 있었다. ( )점
6. 팀이 보람있는 일을 했다. ( )점

## 근무환경에 대한 인식

주업무를 진행할 때 각각의 근무환경이 어느 정도 수준이었다고 생각합니까? (1점 전혀 아님, ~4점 보통, ~7점 매우 높음)

1. 업무/공부에 대한 자유 혹은 자율성 ( )점
2. 업무/공부에서 느낀 시간 압박 ( )점
3. 프로젝트 목표의 명확성 ( )점
4. 프로젝트 관리자의 격려나 지원 ( )점
5. 팀의 창의성에 대한 임원/최고경영진의 격려 ( )점

## 감정 및 느낌

오늘 전반적으로 이런 느낌을 받았다. (1점 전혀 아님, ~4점 보통, ~7점 매우 높음)

1. 실망스러웠다. ( )점
2. 즐겁지도 실망스럽지도 않았다. ( )점
3. 행복했다. ( )점

## 오늘 기억에 남는 일

주업무들과 관련해 특별히 기억나는 오늘 있었던 사건 '하나'를 간략하게 서술하시오.

## 주업무관련 현상/사건에 대한 질문

팀/동료/지인 중 에서 명 명이 이 현상/계기/사건에 대해 알고 있는가? 명
이 사건이 각각에 미친 영향에 점수를 매기시오. (1점 전혀 아님, ~4점 보통, ~7점 매우 높음)

- 프로젝트에 대한 당신의 느낌 ( ) 점
- 오늘 프로젝트와 관련된 당신의 주업무 수행 정도 ( ) 점
- 오늘 프로젝트와 관련된 다른 팀원들의 주업무 수행정도 ( ) 점
- 장기적으로 프로젝트에 미칠 전반적인 영향 ( ) 점

## 작은성공, 진전과 좌절 (1분)

- 작은 성공(Small wins)이나 문제의 돌파구 발견 등 오늘 의미있었던 일 한 두 가지:
- 작은 좌절(Setbacks)이나 위기상황으로 발전할 수 있는 일과 관련된 일 한 두 가지:
- 오늘 의미(Meaning)있었던 일은? 최근 보람있었고 행복했던 일은 무엇인가요?

## 내면상태의 원인진단: 업무와 정서 (1분): 해당 사항에 체크하고 간략하게 기록하기

- 오늘 발견한 업무의 촉진제(Catalysts)는 무엇이 있었나요?
  - **(목표, 자율성, 자원, 시간, 도움, 독려, 학습, 아이디어 소통)**
- vs. 업무의 억제제(Inhibitors)는 무엇이 있었나요?
  - **(애매함,억압, 자원부족, 시간부족, 회피, 도움실패, 꾸짖음, 조급 등)**
- 오늘 발견한 정서적인 영양분(Nourisher)은 무엇이 있었나요?
  - **(존중, 격려, 공감, 소속감)**
- vs. 정서적인 에너지를 사라지게 하는 독극물(Toxins)은 무엇이 있었습니까?
  - **(노력 무시, 낙담케 함, 어려움 방치, 대립 등)**

## 부록 6 갈등관리 – 창의적 팀활동 20 . . .

(팀명: ) 팀대표:________, 서기________,
구성원: ________, ________, ________, ________,

| 주제 | 팀활동 주제: 갈등관리 | | | 활동 만족도 |
|---|---|---|---|---|
| **갈등의 본질 (10분)** | **갈등은 ( )라고 생각합니다.<br>협상은( )라고 생각합니다.<br>팀에서 관계가 원만한 중재자는? ( , )!** | | | **별점 (5개기준)**<br>☆☆☆☆☆ |
| **성격다양성 (15분)** | **구성원의 성격은 어떠한가요? 성격충돌 (Personality Clash)**<br>: 성격에 따른 수용과 판단, 선호와 소통의 방식이 차이가 남을 이해하자. | | | ☆☆☆☆☆ |
| 내향적이다 | ( ) – ( ) | ( ) – ( ) | | 외향적이다 |
| 개방적이다 | ( ) – ( ) | ( ) – ( ) | | 폐쇄적이다 |
| 예민하다 | ( ) – ( ) | ( ) – ( ) | | 느긋하다 |
| 수용적이다 | ( ) – ( ) | ( ) – ( ) | | 비판적이다 |
| 한결같다 | ( ) – ( ) | ( ) – ( ) | | 변덕부린다 |
| 논리적이다 | ( ) – ( ) | ( ) – ( ) | | 감성적이다 |
| 구체적이다. | ( ) – ( ) | ( ) – ( ) | | 직관적이다 |
| **강점미덕의 차이 (10분)** | **각자 자신에게 가장 중요하고 발휘하고자 하는 미덕은 무엇인가?<br>각자 3-5개 우선수위 최상위의 강점으로서의 미덕을 적어보자.**<br>( ) ( )<br>( ) ( )<br>( ) ( ) | | | ( ) |
| **도덕과 정의에 대한 기준 (15분)** | **질문. 도덕적으로 해결되어야 할 문제는 무엇인가?<br>( )<br>질문. 공평하게 나누는 것이 좋은가? 기여대로 받는 것이 바람직한가?<br>( )<br>질문. 지구상에서 인권 등의 해결해야 할 윤리적 문제는 무엇인가요?<br>( )** | | | ☆☆☆☆☆<br><br>**우리가 공감하는 문제는?<br>( )** |
| **공통가치와 비전** | **우리가 공통으로 중요하게 생각하는 가치와 목적지는 무엇인가?** | | | |
| **프로젝트 목표** | **우리가 공동으로 추구할 목표는 무엇인가?** | | | |
| **프로젝트 수행규칙 (15분)** | **질문. 서로 존중하기 위해서 어떤 규칙이 필요한가?<br>:<br>질문. 각자 필요한 최소한의 권한과 권리는 어디까지인가?<br>:<br>질문. 어느 정도 친밀한 관계를 원하는가? 서로 기대의 차이는?<br>:** | | | ☆☆☆☆☆<br><br>**기본 규칙:<br>( )** |
| **갈등해결 절차합의 [15분]<br><br>우리팀에서 제시된 질문리스트** | **갈등이 발생하면 다음과 같은 절차로 해결합니다. [변경가능]<br>1. 도대체 무엇이 문제이고 어떤 일이 벌어지고 있는가?<br>2. 공동의 목표와 공통의 가치, 원칙을 상기한다.<br>3. 사람문제와 일의 문제를 분리하거나 최대한 존중한다.<br>4. 각자 원하는 이익을 살펴보고, 승승의 해결책을 찾는다.<br>5. 서로 동의할 수 있는 판단기준으로 해결대안 중 선택한다.** | | | ☆☆☆☆☆<br><br>**추가된 절차는?<br><br>제안자는?<br>( )** |

## 부록 7 팀프로젝트 평가: 팀원 자기 및 동료평가(CATME)

퍼듀대학에서 만든 자기-동료평가 방법에 대한 소개.
캣미 설문을 어떻게 하는지를 알아보자.

1) 우선 www.catme.org 로 가서
   왼쪽 하단, New Users: 아래에 있는 Request Faculty Account 클릭
2) Request faculty account (왼쪽 하단) 클릭하면 아래와 같이 가입페이지가 뜬다.
3) 가입정보에서 이름, 성, ____ University, CATME용으로 기입한 각자 메일주소, 시간대 등 기입한대로 설정하면 가입이 된다.

메일을 받지 못한 경우는 보통 기관/기업/조직, gmail, daum, naver 메일 등에서 자체적인 방화벽이 설정되어 있어서 그런 경우도 있고, 계정이 없는 사람들도 메일이 잘 안 가는 것 같다. 미국 국내용으로 우선 제작되어서 메일링 서비스에 기술적 제약이 있을 수도 있겠다.

어째든 계정으로 로그인을 하면, 이메일주소 등으로 연계된 팀상호평가 설문서가 뜬다.

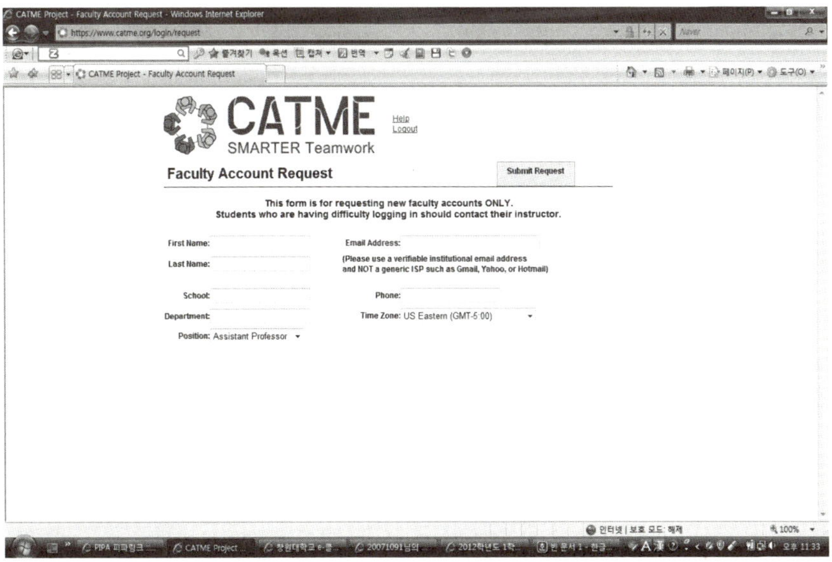


사진출처: www.catme.org

교직원(faculty) 계정 요청(account request) -

first name: 이름

last name: 성

school: 소속대학 혹은 기업/기관/조직명

department: 전공 예) 경영 administration

position: instuctor / graudate/ undergraduate 신분

phone: 82 10 - XXXX - XXXX 예) 8210-2590-4534

time zone: GMT + 9:00 (그리니치 표준시간 기준 한국시간 대)

➔ 작성 후 summit request

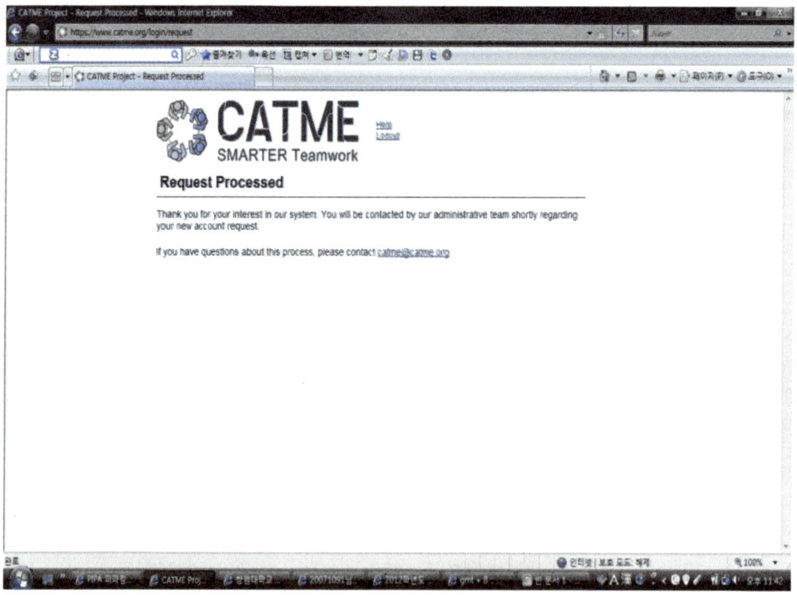


사진출처: www.catme.org

➔ 가입이 되면 해당 메일주소로 인증 메일이 온다. (캡쳐사진: 이상은 제공)

CATME Team To에서 메일 확인 후 자신의 이메일 입력, 비밀번호 입력하면, 소속된 팀의 설문지가 나타남

➔ (팀원들 이름이 동시에 뜨며, 그 아래 o칸을 각각 클릭)

CATME 팀워크 효과성에 대한 팀원피드백 설문지 해석(영한)

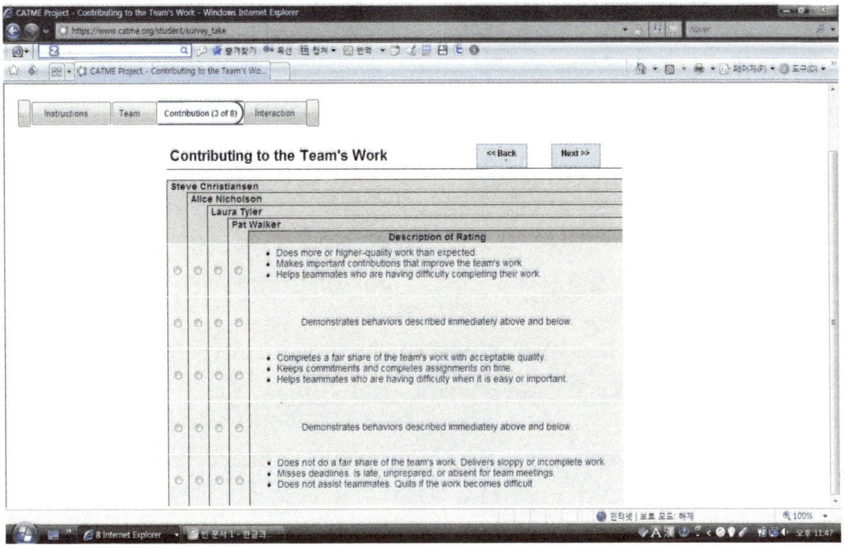


사진출처: www.catme.org

## 부록 8 행동기반 팀워크에 대한 기여도 평가항목 (Contributing to the Team's Work)과 저자해석

(자료원: www.catme.org)

Does more or higher-quality work than expected.
기대 이상으로 더 높은 수준의 일을 했다.

Makes important contributions that improve the team's work.
팀웍/과제를 개선하는데 중요한 공헌을 했다.

Helps teammates who are having difficulty completing their work.
팀구성원이 하는 일이 어려울 때 도왔다.

Demonstrates behaviors described immediately above and below.
위와 아래에 기술된 행동들의 중간 쯤을 보여준다.

Completes a fair share of the team's work with acceptable quality.
수용할 만한 수준으로 팀과제의 적절한 부분을 완료

Keeps commitments and completes assignments on time
계속 몰입을 했고, 과제를 시간맞춰 끝냄.

Helps teammates who are having difficulty when it is easy or important.
팀원이 어려움을 겪고 있을 때 쉽거나 중요한 경우에 도움

Does not do a fair share of the team's work. Delivers sloppy or incomplete work.
공정한 적정수준의 팀웍을 하지 않음. 엉성하고 불완전하게 함

Misses deadlines. Is late, unprepared, or absent for team meetings.
일정을 놓침: 늦거나 준비안되었거나 모임에 안나옴.

Does not assist teammates. Quits if the work becomes difficult.
팀원을 도와주지 않음. 일이 힘들면 관둠.

Asks teammates for feedback and uses their suggestions to improve.
팀원들에게 피드백을 요청하고, 그 제안을 개선에 활용한다

Provides encouragement or enthusiasm to the team.
격려나 열정을 팀에게 제공한다

Makes sure teammates stay informed and understand each other.
팀원들이 정보를 공유하고 서로 이해하고 있다는 것을 확인한다

Asks for and shows an interest in teammates' ideas and contributions.
팀원의 아이디어와 공헌을 요청하고 관심을 보인다

Respects and responds to feedback from teammates.
팀원들의 피드백을 존중하고 반응한다

Participates fully in team activities.
팀활동에 전적으로 참여한다

Communicates clearly. Shares information with teammates.
의사소통을 분명하게 한다. 팀원과 정보를 공유한다.

Listens to teammates and respects their contributions
팀원에게 귀기울이고 그들의 공헌을 존중한다.

Watches conditions affecting the team and monitors the team's progress.
팀에게 영향을 미치는 여건을 살피고, 팀의 진전을 주시한다

Makes sure that teammates are making appropriate progress
팀원들이 적절한 진전을 보여주는지 확인한다.

Gives teammates specific, timely, and constructive feedback.
팀원에게 구체적이고 적절하며 건설적인 피드백을 제공한다

Missing basic qualifications needed to be a member of the team.
팀의 구성원으로서 필요한 기본적인 자격을 갖추지 못한다

Unable or unwilling to develop knowledge or skills to contribute to the team.
팀에 기여하는 지식이나 스킬을 개발 할 수도 없고, 의도도 없다

Unable to perform any of the duties of other team members.
다른 팀원의 일을 어느 것도 수행할 능력이 없다

## 부록 9 진정한 경영 전문가의 서약 (The Authentic Master of Management Oath)

출처: http://mbaoath.org/take-the-oath/

다음은 본문에서 소개된 인간행동에 대한 전문가인 노리아 교수와 경영대학의 윤리에 대해 연구해온 라케쉬 교수가 주도하고 있는 경영학석사 과정의 졸업생들이 진정한, 참된 전문가(True Profession)로서 전문역량과 함께 사회에 공헌하는 자세와 행동에 대한 서약을 의료인의 자세와 같이 갖추도록 노력하고 있다. 사회를 형성하고 운영하는 경영자들의 영향을 생각할 때, 당연히 가져야 할 자세이지만 이를 명시적으로 맹세함으로서 심화하고 사회조직의 문화를 바꾸어가는데 긍정적인 역할을 할 것으로 기대한다. 전공과 상관없이 자신의 팀, 부서와 사업 경영에 있어서 되새겨보고 점검해야 할 항목들이다. 구체적인 내용과 서약에 대한 참여는 아래 전문경영자 선서의 자료출처이기도 한 웹페이지(MBAOath.org)를 통해서 가능하다.

**경영 리더로서 나는 사회에서의 나의 역할을 인식한다.**

As a business leader I recognize my role in society.

1. **나의 목적은 사람들을 이끌고 자원을 경영하여 한 사람이 혼자서 만들 수 없는 가치를 만들어내는 것이다.**

   My purpose is to lead people and manage resources to create value that no single individual can create alone.

2. **나의 결정은 내 조직의 안과 밖에 있는 개인들의 안녕에 오늘도 내일도 영향을 준다.**

   My decisions affect the well-being of individuals inside and outside my enterprise, today and tomorrow.

- 따라서, 나는 다음과 같이 약속한다:

Therefore, I promise that:

• 나는 나의 사업체를 충성과 돌봄으로 경영할 것이다. 그리고 개인의 이해관계를 사업체나 사회적 비용으로 우선시 하지 않을 것이다.

I will manage my enterprise with loyalty and care, and will not advance my personal interests at the expense of my enterprise or society.

• 나는 나와 사업체의 행동을 관장하는 법규와 계약의 표현과 정신을 이해하고 지킬 것이다.

I will understand and uphold, in letter and spirit, the laws and contracts governing my conduct and that of my enterprise.

• 나는 부패와 불공정한 경쟁, 혹은 사회에 해로운 사업 방식을 피할 것이다.

I will refrain from corruption, unfair competition, or business practices harmful to society.

• 나는 나의 사업체에 의해 영향을 받는 모든 사람들의 인권과 존엄성을 보호할 것이다. 그리고, 차별과 착취에 반대할 것이다.

I will protect the human rights and dignity of all people affected by my enterprise, and I will oppose discrimination and exploitation.

• 나는 미래 세대가 삶의 표준을 발전시키고 건강한 지구를 누릴 권리를 보호할 것이다.

I will protect the right of future generations to advance their standard of living and enjoy a healthy planet.

• 나는 사업체의 성과와 위험을 정확하고 정직하게 알릴 것이다.

I will report the performance and risks of my enterprise accurately and honestly.

• 나는 내 자신과 다른 이들을 개발하는데 투자하고, 경영 전문직이 지속가능하고 수용적인 번영을 진전시키고 창출하는 것을 도울 것이다.

I will invest in developing myself and others, helping the management profession continue to advance and create sustainable and inclusive prosperity.

- 이러한 원칙들에 따라 나의 전문가적 책무를 수행할 때에, 나의 행동이 섬기는 이들의 신뢰와 존중을 이끌어내는 성실성의 예를 제시해야 한다. 나의 행동과 이러한 표준을 지키는데 있어서 동료와 사회에 책임있는 자세로 남을 것이다.
  In exercising my professional duties according to these principles, I recognize that my behavior must set an example of integrity, eliciting trust and esteem from those I serve. I will remain accountable to my peers and to society for my actions and for upholding these standards.

- 자유의지로, 명예를 걸고 서약하는 바이다.
  This oath I make freely, and upon my honor.

# Executive Summary

This is a meta-text to help the lifelong learners to get the bigger picture of authentic life journey and learn some process and framework to voyage the DUCI(Dynamic, Uncertain, Complex, Indeterminate) business and life environment. The text consists of authentic awareness, creative unlearning and learning, resolution with innovative organization and authentic leadership, and entrepreneurial journeying with RLR(Recognition-Learning- Resolution) process. RLR cycle can be applied to authentic leadership and entrepreneurial journey in different senses.

The first theme is self-awareness which is the foundation of the all the journey and leadership. It is mostly avoided questions ever since it is arised in the adolescent period of life. In realy, selfhood changes everyday, so the recognition of mindstate, RAINS(Reasons, Affect, Intent, Needs, Senses) is daily work to do. Learning can be effective with LEAPS model (Listening, Exploration, Action, Perspective, and Story-making) which is based upon Kolb's model. Resolution of the challenges in the selfhood can be possible with self-regulation, self-expression, and actualization of the envisioned. Demian effect can happen to not only Sinclair but to anybody who have the right role model and tutors. However, many could also experience the 'Imposter effect' that they believe they don't deserve the position or privilege they already have.

Authentic leadership arise out of the question "What the hack is going on here? What is the problem? What can be done?". The problems and conflicts that the community or organizations have could be partly resolved through ARCH leadership. ARCH stands for authentic, righteous, compassionate, and holistic selfhood and influences. The first question is true and fundamental inquiry to make a difference in the organization. We need more of that questions and heedful approach to the matter. Authenticity means that you have belief and value to stand up for from your root of whole being. There comes some criticism on the veritable approach to leadership that Authentic leadership neglect the intersubjective and contextual dimension to be benevolent to most of the members and ecology. Righteousness can be explicit but relative. So the compassion needs to part in to deal with relational and ethical issues. We should treat anybody to their full character in holistic manner to be fair. Scientific address or objective principle might be superficial regarding the RAINS of humanity.

Although you might assume you could be mightly heroic, you need a community or an organization to be effective and innovative. All the changes can be possible with the engagement of members, users, and many stakeholders. Transformation of your selfhood can be possible within you range of practice or learning efforts in long run. However, the ecological transformation only permit a shot if you prepare a verified and collaborative forces. As an educator and researcher, we need scholarly community to discuss the genuine agendas and absorb the knowledge in frontier with lessor flaws. If you want to change any bureaucratic and closed institution, you need to build a supportive and authentic community before you try to. In reality the pain and problem you experience can not be isolated but prevalent one if you try to listen to them in the more empathetic stance or manner. For example, we suffer from the disengagement of members and strick and bureaucratic procedures. The point is that the solution-set should be designed and examined before it is applied to the context. The transformation can be effective if there is timely trends and changes in the task and general environment.

The life is a journey. So, the meta-journey is improtant. You should find out where you are and are going to arrive. The Authentic journey mapping or meta-journey mapping is multi-layered framework. Entrepreneurial Journey Model or five S&S-stage model provides to get the minimum milestones you'd better check and Mnemonic processes like LEAPS, DICE, and RLRs are those you should turn on. The business can be a SHIP(Sustainable solution, Habitat for coevolution, Innovative organization, Platform for mutual benevolence) to carry the value to all the stakeholders of the ecology. It can be possible with Innovative organziations which have CAR(Creative, Appreciative, and Responsible) meta-management and RIER (Relational, Innovative, Executive, and Resulting) management. Management itself should be matured with additional and collective efforts. The purpose and performance indices should be developed to measure ARCH impact in the ecology. The environmental concerns should be a bottom-line as well in addition to organizational, process, market, social and financial criteria.

This is meta-text that provide practical tools and agglomeration perspective on our private, public, and professional life based on the management theory and cases. The STREAM model overarches the all the disciplinary studies to create and deliver value to the ecology. We should extend the bar of management to the level of medical science and law to make effective social and economic habitats and respected scholarship. Management should be more than just hired hands but aspired architect of social and economic institutions in the planet. Keywords: Authentic leadership, Creative Community, Innovative Organization, Entrepreneurial Journey, Meta-Journey.

* This research is financially supported by Changwon National University in 2015~2016

■ 저자 약력 ■

**차민석**(車玟錫 : Cha, Min-Seok)

현재 국립창원대학교, 경영대학 경영학과 부교수 및 학과장으로 봉직하고 있으며, 연구 및 교육의 전문분야는 이노베이션, 기업가정신, 리더십, 조직학습, 조직개발, 인사관리임.

기술경영경제학회 편집위원 및 조직위원, 중소기업학회 이사, 전략경영학회 이사, 한국인사조직학회 이사 및 지식경영학회 편집위원(역임), 창원대학교 사회적기업지원센터 설립센터장(역임), 한국경영학회, 중소기업학회, 전략경영학회, 인사조직학회, 기술경영경제학회, 인적자원관리학회, 산업경제학회, 상업교육학회, 대한경영학회, 연세경영연구, International Small Business Journal, Technological Forecast and Strategic Change 등의 국내외 학술지 논문심사, KAIST 혁신 및 기업가정신 연구센터(선임급 연구원), 에코프론티어 지속가능성 사업부(책임급 연구원), 서울시립대학교 경영대학원(통계학), 서울교육대학교 교육대학원 연구방법, 세종대, 한양대, 광운대, 한성대 학부 및 경영대학원(2009년 Best Teacher 선정 및 상금, 창원대학교 경영학과(2012년 Best Teacher Award 선정 및 상금)에서 조직론(조직심리, 조직행동, 조직이론, 조직개발론, 조직구조론), 인사관리, 연구방법론, 사례조사방법론, 인간관계론, 창의성과 기업가정신 등의 과목을 가르치고 있음. 혁신조직 (신생벤처, 창의적 수업조직, 의료조직, 공공기관, 혁신 클러스터)의 조직학습, 혁신, 리더십 및 긍정조직행동을 연구하고 있으며, 저서 National Entrepreneurial Assessment for the Republic of Korea (공저), 기고문 3편, 국내외 전문경영 학술지에 27편을 출간한 바 있음. Academy of Management, BCERC (Babson College Entrepreneurship Research Conference), PICMET (Portland International Center for Management of Engineering and Technology), ICSB (International Council for Small Business)와 국내 소속 경영전문 학회들과 인문사회과학기술융합학회등을 포함하여 40여회의 국내외 학술발표 하였고, 20회 이상의 프로젝트를 중소기업 정책 분야, Global Entrepreneurship Monitor, 기술혁신 및 기업가정정신 분야 학술과제, 중소기업 및 공공기관 컨설팅으로 수행하였음.

**2008년 2월 한국과학기술원 경영공학과 졸업 (경영공학박사: Ph.D)**
학위논문: 신생벤처의 성장이론: 기업가적 의지에 의한 기회실현

**1999년 2월 한국과학기술원 경영공학과 졸업 (경영공학석사 : M.S.)**
학위논문: 벤처기업의 성장단계별 지식획득전략에 대한 연구

**1997년 2월 한국과학기술원 산업경영학과 졸업**

- 차민석 & 배종태. (2017). 신생벤처의 지식기반 성장과 기업가적 여정: 조직학습의 지식적합성과 내적 추동력의 근거. 중소기업연구, 39(1), 89-121.
- 김상민 & 차민석. (2016). 오센틱 리더십이 구성원의 심리적 웰빙과 정서적 몰입에 미치는 영향. 산업경제연구, 29(1), 347-382.

- 차민석(2015), “고용유연성의 딜레마, 조직시민행동 위기,” 인사관리, 한국인사관리협회
- 차민석(2014), “기업가정신 살리는 기술금융의 딜레마와 해결방안 모색,” 조세금융신문,
- Choi J., Ahn S.H., Cha, M.-S., (2013), “The effects of network characteristics on performance of innovation clusters,” *ExpertSystemswithApplications*,
- 차민석, 유효상, (2012), “전문가적 사용자혁신 및 기업가정신 사례 : 심장판막수술법의 개발과 사업화,” 대한경영학회지, 25권, 7호, 2905-2914.
- Zong-Tae Bae, Min-Seok Cha, Youngwhan Kim, Jungwoo Lee, (2012), “Entrepreneurial Career Stage Models: Case Studies of Successful Role Model Entrepreneurs,” *Korean Management Review*, Vol.41, No.1, pp.89-109.

e-mail: mincha@changwon.ac.kr

저자와의
협의하에
인지생략

**진정한 리더십과 혁신조직 실현**

2017년 8월 25일 제1판 1쇄 인쇄
2017년 8월 30일 제1판 1쇄 발행

저 자 차 민 석
발행인 김 광 식
조 판 아 람 기 획

07285
발행처 서울특별시 영등포구 선유로3길 10, 617호
도서출판 **탑 북 스**
등 록 2009.12.21 제 2016-000101 호
전 화 02)365-2223 팩스 02)365-2224



정가 20,000 원

ISBN 979-11-87343-29-5-93320